# 읽기 격차의 해소

식과 조력으로 나의 식견을 넓힐 수 있었으며 집필 작업에 필요한 정보들도 직간접적으로 얻었다. 특히 제5장의 초안을 작성에 도움을 준 EEF의 피터 헨더슨(Pete Henderson)에게 감사를 표한다.

바쁜 와중에도 불구하고 기꺼이 시간을 내어 이 책의 초고에 대해 유익한 의견을 준 제시 리케츠(Jessie Ricketts) 박사님과 케이트 네이션(Kate Nation) 교수님께 감사의 마음을 전한다.

특히 나의 동료 교사들에게 고마움을 전한다. 그들의 통찰력, 애정, 진솔한 피드백은 내가 현실 속 교실을 드러내고 바쁜 교사들을 위한 분명하고 간결한 글을 쓸 수 있도록 도와주었다. 아울러 훌륭한 학교 사례 연구를 통해 읽기의 특권을 증명해 준 소피아 톰슨(Sonia Thompson), 사이먼 콕스(Simon Cox)과 베키 존스(Becci Jones)에게도 진심으로 감사드린다.

편집장 애너매리 키노(Annamarie Kino)와 라우틀리지(Routlege) 팀이 보내 준 지속적인 지지와 신뢰에도 감사드린다. 마지막으로 이 책이 완성되는 과정에서 중요하고 힘든 일들을 도맡아서 지원해 준 내 동반자이자 비공식 편집자인 케이티(Katy)에게도 고마움을 전한다.

읽는 법을 배우는 순간, 당신은 영원히 자유로울 수 있을 것이다.

– 프레더릭 더글러스(Frederick Douglass)

서문

    유창하고 능숙하게 읽는 능력에 의해 학생의 성공 여부가 결정될 것이다. 읽기가 중요하다는 사실은 누구나 인정하지만 여전히 교실에는 모든 교과목의 성취에 관여하는 치명적인 읽기 격차가 존재한다. 읽기 격차는 교실 활동뿐 아니라 부모의 소득, 교육 수준, 책 보유 정도 등 여러 요소와 관련이 있다. 이 격차를 해소하기 위해 교사 모두가 확신을 가지고 읽기를 지도할 수 있는 지식과 기술을 갖추어야 한다.

    『읽기 격차의 해소』에서 저자 알렉스 퀴글리는 읽기의 흥미로운 역사와 과학적 접근법을 살펴보고, 아동들이 성공적인 독자로 성장할 수 있는 가장 효과적인 방법에 대한 많은 증거와 쟁점을 소개한다. 또한 이 책은 교육 경력과 무관하게 교사라면 누구나 활용할 수 있는 실용적인 전략은 물론 난독증과 같은 문제에 대처하는 방법, 기술 장비의 역할 등을 제시하고 교사들이 '읽기 위한 학습'과 '학습을 위한 읽기'를 전문적으로 가르칠 수 있도록 도움을 주고 있다. 이 책을 읽으면 읽기가 어떻게 학교 교육과정에서 모든 학생의 어려움을 해소하는 데에 핵심적인 역할을 하는지를 이해할 수 있을 것이다.

이 책은 학생에게 필요한 읽기 의지와 읽기 기술을 지도하는 방법과 모든 교사가 학교 안팎의 독서 문화를 조성할 수 있는 실현 가능한 해결책을 제공한다.

알렉스 퀴글리는 15년 이상 경력을 가진 전직 영어 교사이자 학교장으로 현재는 EEF(Education Endowment Foundation 교육기금협회)에서 교사들의 연구 자료 이용을 지원하고 있다. 그는 트위터(@HuntingEnglish)와 블로그(www.theconfidentteacher.com)에서 정기적인 활동을 하고 있으며, 그의 주요 저서로는 『어휘 격차의 해소(Closing the Vocabulary Gap)』, 『자신감 있는 교사(The Confident Teacher)』 등이 있다.

# 역자 서문

　우리는 '격차의 시대'에 살고 있다. 사회·경제·문화적 요인의 불평등으로 발생하는 격차는 다양한 영역에서 뿌리를 내리며 사회 전체의 성장을 가로막는다. 교육 분야에서 학업 성패를 좌우하는 읽기의 격차 문제는 과거부터 상존했던 난제였지만, 이미 벌어진 격차는 좁히기 어렵다는 선입견 탓인지 교육적 이슈가 되지는 못했다. 그러나 코로나19의 대유행으로 학습 공백이 장기화됨에 따라 학습 격차가 교육 담론으로 부상하면서 자연스럽게 읽기 격차에도 주목하게 되었다.

　일찍이 인지심리학자 키스 스타노비치(Keith Stanovich)가 사회학 이론의 '마태효과(Matthew effect)'라는 개념을 적용하여 읽기 격차를 예견했다. 이 마태효과는 성경 마태복음 25장 29절에서 따온 것으로, 읽기 능력이 뛰어난 아동은 그 발달 속도가 빠르지만 읽기 능력이 부진한 아동은 발달 속도가 느리게 되어 결국 시간이 갈수록 읽기 발달의 격차가 증폭되는 사회적 현상을 말한다.

　최근 우리나라의 국제학업성취도평가(PISA) 결과는 한국의 읽기 교육의 현주소를 보여 준다. 한국교육과정평가원 보고서에 따르면, 우리

당신이 어떤 일을 잘하면 보통 더 즐기게 된다. 아동의 독해 능력에 따라 독서량이 결정되는 것 역시 자연스러운 현상이다.[9] 따라서 교사가 읽기 교육의 질을 향상시키면 학생의 읽기 능력도 향상되고 나아가 책 읽기를 즐기면 독서 빈도까지 높아질 것이다.

가정의 책장에 얼마나 많은 책이 꽂혀 있는지와 무관하게 학생이 책을 얼마나 잘 읽고, 또 많이 읽는지에 영향을 미치는 존재는 교사이다. 교사는 학생의 학교생활에 의미 있는 영향을 미친다.

교사가 모든 학생이 학교에서 강렬하고 다채로운 독서 경험을 가질 수 있도록 책임을 다한다면, 학생은 성공적인 읽기 능력을 갖고 교사가 선사하는 상상력과 지식의 나래에 기쁨을 만끽할 수 있을 것이다.


## ◑ 읽기의 어려움

일반적으로 학생들은 학교에서 많은 시간을 학문적 읽기에 할애한다. 유년기에는 마법 여행에 관한 책을 읽고, 청소년기가 되면 묵직한 교과서를 읽는다. '읽기 위한 학습(learning to read)'의 관습적 행위와 '학습을 위한 읽기(read to learn)'를 넘나드는 행위는 학창 시절 교실 안팎에 항상 존재한다. 읽기에 미숙한 학생들이 읽기 실패를 자주 경험하면 학교생활에 대한 기대와 참여 의지는 감소할 수밖에 없다.

어떤 학생은 학교에서 마주하는 학문적 암호를 해독하는 데에 어려움을 겪는다. 그들은 매번 글을 읽거나 학문적 암호를 풀어야 할 때마다 동원해야 하는 머릿속의 정보량이 고갈된 상태이기 때문이다. 이와 정반대로 대부분의 교사와 성취도가 높은 학생은 쉽고 유창하게 읽는다. 이들에게 읽기는 말로 표현할 수 없는 기쁨을 선사하는 동시에 무언가를 배우기 위한 필수적인 수단을 제공하는 활동이다. 교사는 스스로가 생각하기에도 읽기 능력이 탁월한 수준이므로 미숙한 초보 독자들이 직면하는 읽기 장벽의 현주소를 인식하기 어려울 수 있다.

다음 문장을 읽어 보자.

꿈는 교사들은 영향향배되 판뭄 눅라이나. 그마나 그않이 룬
룬 을기엉 를 가너혈 수 엃극 판뭄가너터극 을률삳 극미상K히 용극 남나는다.

상하로 반전된 두 문장을 이해하기 위한 당신의 인지적 노력을 상기해 보자. 당신은 두 문장을 읽는 잠깐 동안에 우리가 읽기 과제에 얼마나 능숙한지, 읽기에 미숙한 학생은 읽기를 얼마나 어렵게 느꼈을지 깨달았을 것이다. 철자에 소리를 대응시키기, 단어의 결합 방식을 인식하기, 글의 관습에 따라 읽기, 풍부한 배경지식 활성화하기 등이 어려운 사람이라면 읽기는 괴로운 행위일 수 있다.

우리의 뇌에는 읽기에 필요한 방대한 배경 지식(background knowledge)이 이미 구축되어 있으므로 뒤쳐 다른 글꼴로 적힌 단어나 대소문자가 뒤섞인 단어가 있는 문장이라도 그 의미를 쉽게 파악할 수 있다. 심지어 몇 세기 전만 하더라도 '우리가여러읽기전략에능숙해지면글의내용을이해할수있고거대한읽기장벽도넘을수있다.'처럼 띄어

쓰기가 없는 문장이 보편적이었다.

읽기 전략에 대한 지식을 보유한 이들은 미량의 잉크 자국 같은 특수 암호를 해독하기가 너무나 쉽다. 하지만 우리가 글을 읽는 동안 0.001초 내로 동원하는 읽기 전략은 교실 속 수많은 학생에게는 불가사의일 수 있다.

교사라면 심각한 읽기 장벽(barriers to reading)에 부딪친 학생들을 지도하기 위해 고투한 경험이 적지 않을 것이다. 그리고 이는 학생을 어떻게 하면 잘 도울 수 있는지를 알고자 하는 강한 열망으로 이어진다. 교실에서는 늘 학생 간의 읽기 격차가 존재한다. 꼭 문단 전체를 이해하지 못하거나 전문 용어가 빼곡하게 나열된 어려운 설명을 제대로 파악하지 못하는 수준이 아니더라도, 겨우 단어 몇 개를 이해하지 못하는 것이 결국엔 읽기 중단으로 이어질 수도 있다. 독해력(reading comprehension)이라는 근소하고 숨겨진 격차는 점차 학업 성패까지 가르게 된다.

미국 국가시험에서 출제된 다음의 문장 몇 개를 살펴보자.


피부의 열기를 식히거나 바다 표면에 새끼손가락 자국을 만들 정도의 산들바람은 조금도 없었다. 저 루이자 메이(Louisa May)는 유리 테이블에 놓인 장난감처럼 물 위를 유영했다.

－「바다에서의 조우(An Encounter at Sea)」,
2017 KS2 SATs 독해 시험

최근 SATs 읽기 시험 문제로 나온 위 문장은 당시 수많은 10대 학생을 당황하게 했다. 전문 독자인 우리는 이 문장을 읽자마자 글의 배경을 상상할 수 있다. 이 글의 배경이 바다라는 단서에서 '루이자 메이(Louisa May)'라는 이름을 '배'의 의미로 연결할 수 있다. 이처럼 우리의 단어 지식은 우리의 문법 지식(grammar knowledge)과 연결되고 이야기와 이야기 구조에 대한 우리의 심층 지식을 빠르게 동기화하여 글에서 묘사한 의미를 파악한다. 우리는 여러 지식과 여러 읽기 기술을 동원하여 '바다(sea)'와 '저(the)' 사이 단어를 연결해 행간의 의미를 파악할 수 있다. 실제로 우리는 이 문장 정도는 가뿐히 해석할 수 있을 것이다.

하지만 여기서 배의 이름을 추론하기 위한 문법적 단서를 파악하지 못한 학생의 경우는 어떠한가? 어떤 장면을 환기시키도록 작가가 직유법과 은유법을 결합한 표현이 오히려 그들의 독해를 방해하지 않았을까? 이들은 '새끼손가락 자국(baby-finger crease)'의 의미를 해독할 수 있었을까?

어쩌면 어떤 학생은 'the'라는 관사를 발견하고선, 직유법 표현으로 해석하여 두 문장을 연결했을지도 모른다. 하지만 그렇게 하지 못한 학생도 있을 것이다. 이처럼 겉으로는 드러나지 않는 지식과 독해의 미미한 격차가 누적되면 결국 교실에서 누가 얼마나 잘 배우고 기억하는지의 차이로 나타난다.

다음은 GCSE 종교 교과서에 실린 내용의 일부이다. 다음 지문에서 수많은 10대 학생의 독해를 곤란하게 했던 요소는 무엇일까?

이슬람의 세 번째 기둥은 자카(Zakah)이다. 자카는 희사(가난한 사람을 돕기 위해 기부하는 행위)를 뜻한다. 이미 저축을 상당히 한 이슬람교도의 경우, 매년 빈곤층을 돕기 위하여 저축한 금액의 2.5%를 의무적으로 내야 한다. 많은 이슬람교도는 라마단이 끝날 무렵 얼마나 희사할지 산출해서 그에 맞는 금액을 헌납한다.

이슬람교도는 자카를 바침으로써 그들이 소유한 모든 것이 신으로부터 왔고 신께 귀속되며, 신을 기억하기 위해 가진 부를 사용하고, 가난한 자에게는 베풀어야 한다고 시인한다. 그리하여 자카는 인간을 욕망으로부터 해방하고, 자기수양과 정직성을 가르친다.

자카는 말 그대로 정화 또는 정수를 의미한다. 이슬람교도는 자카를 바치는 행위가 그들의 영혼을 정화하고 이기심과 탐욕을 제거하는 데에 도움이 된다고 믿는다.

- AQA 주관 GCSE 시험의 종교 교과목 교육과정 A: 이슬람 관련
지문(GCSE Religious Studies for AQA A: GCSE Islam),
플레밍(M. Fleming), 스미스(P. Smith) & 월든(D. Worden) 저,
p. 40[10]

능숙한 성인 독자라면 이 지문들을 응집성 있게 연결하기 위해 노력하는 자신을 발견할 수 있을 것이다. 게다가 이슬람에 대해 더 많은 배경 지식까지 갖고 있다면 지문의 내용을 훨씬 수월하게 이해할 수 있다. '자카(Zakah)'와 '라마단(Ramadan)'과 같은 이슬람 신앙과 관련한 전문 용어만이 아니라 '의무적으로(compulsory)', '시인하다

(acknowledging)', '자기 수양(self-discipline)' 등의 학문적 어휘를 포함하여 더 많은 어휘 지식을 소환할수록 독해가 수월할 것이다.

이처럼 필수적인 배경 지식 및 단어 지식과 함께 'this', 'for', 'it'과 같이 쉬워 보이는 단어들도 실제로는 내용 이해에 중요한 '결속 기제(cohesive ties)'로 작용한다. 즉 이와 같은 단어는 문장과 아이디어를 연결하는 핵심적인 역할을 한다. 독해력이 약한 독자들에게 이러한 결속 기제는 독해의 결정적 지표가 될 수 있다. 가령 교사들이 이 지문을 학생들에게 소리 내어 읽어 줄 때 결속 기제를 강조하여 읽는 노력만으로도 그들의 독해를 도울 수 있다.

모든 교사가 언어학을 전공한 것은 아니므로 문법적 표지 대신 삽입어구[주로 괄호(bracket)라고 함]와 같이 문법적 관습을 통한 간접적 접근으로 읽기를 지도하는 방식도 있다. 위와 같이 '결속 기제' 역할을 하는 단어는 고도로 능숙한 독자(experienced reader)에게는 쉽게 각인되어 어떻게 문장이 연결되고 있는지를 알려 주지만 학문적 읽기에 필요한 지식과 연습 경험이 부족한 학생에게는 그렇지 않다.

이슬람 종교에 대한 이 한 단락을 읽기 위해 세상사 지식, 읽기 방법, 글 구조, 문장 구조, 단어 지식이 필요하다. 이 모든 요소가 마치 오케스트라 연주처럼 조화롭게 읽기 행위를 구성한다.[11]

중학교에서 교과서를 읽는 고학년 학생의 경우에는 위와 같이 이해하기 어려운 정보 글(informational texts)을 자주 읽는다. 다만 아쉽게도 영국 학교의 교사 대다수가 학문적 읽기 교수법을 거의 훈련받지 못했기 때문에[12] 대부분의 학생은 스스로 수영을 하든 침몰하든 알아서 물속에서 살아 나와야 하는 상태로 방치된다. 읽기의 과학에 무지한 교사라면 책상에서 책을 읽으면서 이해가 되지 않아 헤매거나 도움의 손길을 요청하는 학생이 있어도 눈치 채지 못할 것이다.

다음 학년으로 한 단계 올라갈 때마다 학생이 체감하는 읽기의 난도는 점점 높아진다. 따라서 교사는 학생이 학교 안팎에서 겪는 읽기 장벽의 근본적인 원인을 알려 주고, 읽기 난도의 오름폭에 맞게 조절하며 읽을 수 있도록 도와주어야 한다. 국제 읽기 능력 평가(PIRLS, Progress in International Reading Literacy Study)에서 영국 학생들은 이야기 글보다 설명 글 읽기에서 더 낮은 점수를 보였는데,[13] 이는 글의 장르가 읽기에 큰 영향을 미칠 수 있음을 시사한다. 중학교에서는 정보 글의 비중이 상당히 높아진다는 점을 감안하면 교사는 이 문제에 대하여 세심한 주의를 기울여야만 한다.

전문 독자의 입장에서는 읽기 경험이 충분하지 않은 학생이 겪는 읽기의 어려움을 간과할 수 있다. 루이자 메이에 대한 글을 읽든 이슬람 종교에 대한 글을 읽든, 교사는 학생이 세상사 지식을 성공적으로 개발할 수 있도록 해야 한다. 이를 위해 교사는 '학습을 위한 읽기'의 필수 전략을 효과적으로 가르쳐야 하며, 동시에 학생의 머릿속 어휘사전에도 깊은 관심을 가져야 한다.

## ◐ 교사의 지식 격차

미국의 심리학자인 리 슐만(Lee Shulman) 교수는 교육의 복잡한 속성을 자연재해 때 응급실 의사가 겪는 경험으로 적절하게 비유한 바 있다.[14] 그는 분명 학기말 직전, 비바람이 몰아치는 듯한 목요일 오후 수업에 익숙했을 것이다. 교육 현장이 지닌 고도의 복잡성을 암시하는 그의 비유는 학생들이 다양한 읽기 지식, 읽기 격차와 장벽을 가지고 있는 현상에도 맞아떨어진다. 읽기를 이해하고 가르치는 일은 교사에게도 어려울 수밖에 없다.

읽기 능력은 학교에서 터득하는 기능임이 일찌감치 증명되었지만 아쉽게도, 교사들은 읽기 지도(teaching reading)에 대한 양질의 훈련(training)을 거의 받지 않고 있다. 거의 한 세기가 넘도록 아동을 위한 효과적인 읽기 지도법에 관하여 소위 '읽기 전쟁(reading war)'이라고 불리는 논쟁이 이어졌다.[15] 실제로 대부분의 교사는 오랜 기간 동안 이어져 온 학문적 논쟁에 귀를 기울이지 않았고, 대신 파닉스(phonics, 발음 중심의 어학교수법), 유창성, 어휘 지도, 독해 등을 훈련할 수 있는 방법을 대충 꿰맞춰 수업했다. 읽기 교수법 훈련이 되지 않은 중학교 교사의 대다수는 학생에게 필요한 읽기 능력의 범위를 제대로 파악하지 못하고 있다.

아동이 읽기를 배우는 방법, 읽기에 내재된 복잡한 과정, 아동이 느끼는 읽기 어려움에 대해 전문성을 갖춘 교사는 사실 그렇게 많지 않다. 난독증(dyslexia)과 같이 특수한 주제는 아직도 여러 논쟁거리를 가지고 있다.[16] 그래서 난독증 아동을 위한 읽기 지도법은 대체로 명확하지 않고 일부 모순되는 내용이 있기도 하다. 그렇다면 과연 교사들은 무엇을 믿어야 할까? 또 수많은 읽기 연구의 성과를 공부할 시간은 어떻게 확보해야 할까?

교사가 아동 발달 단계, 모든 학교급 및 교육과정에 걸쳐 새롭게 밝혀진 읽기 연구의 성과들을 공유하기에는 전문적인 훈련 수단과 시간이 매우 부족하다.

KS1(Key Stage 1) 단계의 교사에게는 읽기 학습에 대한 지식, 체계적인 발음 교수법, 어휘 지식을 개발하는 방법에 대한 지식이 반드시 필요하다. 반면에 초기 KS2(Key Stage 2) 단계에서는 어려운 독해 문제와 복잡한 구조의 글 읽기를 지도해야 하므로 이전 단계와 차별화된 교사 지식이 필요하다. 실제로 KS3(Key Stage 3) 단계의 읽기 활동은 KS2 단계와 유사하다고 한다. 그럼에도 불구하고 초등학교에서 중학교로 전환(transition)되는 결정적인 시기에 교사의 지식 개발을 위한 시간과 노력은 지나치게 부족하다.[17] 소설 작품 읽기가 상당한 비중을 차지했던 6학년과 달리, 7학년(중학교 1학년)에는 학교 수업의 대부분이 강도 높은 정보 글 읽기에 중점을 두고 있기 때문에 현저한 변화가 일어나는 시기이다.

물론 중학교 교사는 교과 전문성 개발을 최우선으로 두어야 하지만 동시에 역사가나 지리학자 또는 과학자의 독특한 읽기 방법도 개발해야 한다. 영국의 7학년 학생 4명 중 1명의 읽기 능력은 '기대치보다 낮은' 수준이며, 이러한 학생에게는 교사의 교과 전문성 개발 노력이 큰 도움이 되지 않는다는 사실을 반드시 기억해야 한다.

모든 과학자는 학문적 읽기를 통해 더 박식해지고 유능해진다. 학생이 과학 교과서를 과학자처럼 전략적으로 읽을 수 있으려면 세심하면서도 전문적인 교사의 지도가 필요하다. 그렇다고 해서 중학교 과학 교사가 읽기 교육에 치중하는 것은 바람직하지 않다. 다수의 학생은 이미 적정 수준의 읽기 능력을 갖추었기 때문이다. 다만 교과 교육과정에 영향을 미칠 것으로 짐작되는 읽기 활동에는 그에 적절한 지원과 훈련을 제공할 필요가 있다.

이상에서 언급한 주장의 타당한지 알고 싶다면 동료 교사 중에서 난독증이 있거나 낮은 수준의 이해력을 지닌 학생 지도에 자신 있는 교사가 몇 명이나 있는지를 확인해 보면 된다. 그 결과를 보면 아마도 정신이 번쩍 들 것이다.

대부분의 아동이 학교에 입학한 첫 해에는 읽기 학습에 성공한다. 하지만 아동의 읽기 능력은 청소년기에 이르기까지 꾸준히 발달하는 속성이 있다. 그러므로 모든 교사는 반드시 발달 단계별 읽기 교수법에 대한 지식을 가지고 지도해야 한다. 교사가 유능한 독자라고 해서 반드시 유능한 교사인 것은 아니다.

초등학교 교사들이라면 카펫 위에서 책을 읽는 스토리 타임이 학생에게 즐거움과 행복함을 느끼게 한다고 확신할 것이다. 하지만 이것을 기억하자. 읽기는 우리가 생각하는 것처럼 '자연스럽게' 발달하는 능력이 아니므로 교사는 읽기에 내재한 어마어마하게 복잡한 과정과 읽기를 효과적으로 가르치는 방법을 폭넓게 알아야 한다.

읽기 교수법에 대한 교사의 지식 격차(teacher knowledge gap)는 학업 성취도 평가를 대비해야 하는 교실에서 더욱 악화될 수 있다. 교사 연수의 기회는 적고, 교사가 평가 결과에 대해 많은 책임을 져야하는 체제이기 때문이다. 이에 교실에서는 지엽적인 연습 문제를 많이 풀도록 지도할 수밖에 없다. 주로 SATs 시험을 대비하는 수업에서는 이해하기 쉽도록 작게 쪼개진 지문을 독해하는 활동을 하는데 이는 오히려 읽기 발달을 저해한다. 교사가 학생의 독해 능력, 유창성, 독서 지구력 강화 등을 발달시키는 훈련 대신에, 한 편의 글을 쪼개서 읽는 방식의 시험 문제를 과도하게 연습시키게 되면 정작 학생은 유능한 독자가 갖추어야 할 필수 지식을 쌓지 못하게 된다.

영국 교육 기준청(Ofsted, Office for Standards in Education) 소속 아동 돌봄 및 기능 사무국(Children's Services and Skills)이 영국의 교육과정을 평가한 보고서에 따르면, 초등학교 교육과정에 과학, 역사, 기술 등과 같은 기초 교과목(foundation subjects) 과정이 부실한 실정이다.[18] 물론 교사의 SATs 시험 성적에 대한 책임과 부담이 이같은 결과를 초래했음에 충분히 공감한다. 하지만 모순적이게도 읽기 연구자들은 학생이 기초 교과목을 통해 얻는 주요 배경 지식이 학교 교육과정에서 접하는 복잡한 학문적 글의 읽기 능력을 좌우한다고 주장했다.[19] 이처럼 읽기 능력은 학교 교육과정에 많은 도움이 되기도 하지만, 학교 성적을 결정하는 요인이 되기도 한다.

중학교 교사들은 수업 운영의 편의를 위해 파워포인트 슬라이드의 협소한 공간 안에 복잡한 글을 추려 넣는다. 실제로 영어학 관점에서 볼 때 교과서의 언어는 학문적 영어에 접근하기 쉽게끔 갈수록 아주 평이해지고 있다.[20] 파워포인트가 수업 매체로는 실용적일지 몰라도 글의 복잡성을 단순화하는 수단으로 전락한다면 학생들은 장문의 복잡한 글을 읽는 연습 기회를 박탈당하게 된다.

대학 도서관의 깜깜한 통로를 탐험할 준비가 된 학생은 얼마나 될까? 또 얼마나 많은 학생이 폭넓고 심도 있게 글을 읽지 못해 읽기 특권이라는 통로에서 낙오될까?

안타깝게도 읽기는 항상 학교 교육과정의 우선순위에서 밀릴 수밖에 없는 처지이다. 교사들 저마다의 사정으로 인해 읽기 교육은 우선순위에서 밀리고 있다. 실제로 교사들을 대상으로 실시한 온라인 설문조사에서 4학년 담임 교사의 15%만이 매일 아이들에게 책을 읽어주고 있다고 응답했다.[21] 우리는 이제 다음과 같은 질문을 해야 한다. 읽기 교육이 부족한 현실에서 가장 고통 받는 사람은 누구인가? 정답은 책 한 권도 없는 빈 책장을 가진 학생들이다.


## ◖ 학교 안팎의 읽기 격차 해소하기

읽기는 우리에게 어떤 이점을 줄까?

읽기는 공동체 문화에 대한 지식을 저장하고 공유할 수 있는 수단으로 우리 삶에 지대한 영향을 미친다. 문해력과 건강, 부와 행복은 불가분의 연결 고리로 맺어져 있다. 그 연결 고리는 단지 목적을 위한 수단이 아니며, 그 자체만으로 인생의 가장 큰 보상이라고도 할 만하다.

　나에게 있어 읽기는 직장 생활을 위해 반드시 필요한 행위였지만 한 편으로는 지극히 개인적인 행위이기도 했다. 책에 몰입하는 시간은 내 게 세상의 관문을 열어 주는 시간이었다. 나는 학문적 읽기 능력을 기반 으로 대학교에 진학할 수 있었다. 중학교를 졸업한 이후에는 부모님이 학술도서에 대한 이해를 도와주지는 못했어도, 그 시절을 돌이켜 보면 부모님께서 자연스럽게 조성한 풍부한 독서 환경에 큰 영향을 받았다. 당시에 어머니는 내게 끊임없는 이야깃거리를 제공했고, 아버지는 날 마다 《리버풀 에코(Liverpool Echo)》와 《데일리 미러(Daily Mirror)》 라는 신문을 나와 함께 읽고 스포츠 뉴스에 대한 이야기를 나눴다.

　나는 자녀들과 함께 읽기의 즐거움을 향유하고 책을 공유하는 시간 을 최대한 가지려고 한다. 또한 아이들이 매일 독서 활동을 할 수 있도 록 돕고 있기도 하다. 만약 내 어린 딸이 과학이나 정치학에 호기심이 생긴다면 나는 온라인으로 책을 주문해서 다음날 손에 쥐어 줄 것이 다. 매일 밤 아이들과 책을 읽는 시간은 아이들의 읽기 능력을 향상시 킬 뿐만 아니라,[22] 더 많이 읽고 독서를 지속적으로 즐기는 계기를 만 들어 줄 것이다. 또한 책을 한 권씩 읽어 나갈수록 아이들의 어휘 지식 은 풍부해지면서 학업 성취도 역시 더 높아질 것이다. 나의 자녀들에 게 즐거움과 목적이 있는 읽기는 자기충족적 예언이 되었다.

　모든 아동에게 읽기를 즐기는 태도와 학습 의욕은 조기에, 특히 취 학 전에 형성된다.[23] 학교 밖에서 물질적, 문화적 자원이 부족한 학생 은 입학하면서부터 학습 의욕이 점차 줄어든다. 교사는 이러한 학생들을 지원하기 위해 온 힘을 다해야 한다. 이들의 읽기 기능을 신속하게 발달시키고 유지시킬 때, 성공적인 독서 경험을 제공할 수 있게 된다. 아동의 읽기 능력이 향상되도록 조기에 지원하면 이들은 학교생활에서 무수한 이점을 누릴 수 있다.

근거 기반 연구에서는 소설과 신문 읽기가 10대 학생의 읽기 능력을 향상시킨다는 점에 주목한다.[24] 주로 정보 글을 읽는 10대 학생들은 허구적인 글(fiction)에 등장하는 풍부한 단어, 아이디어, 지식들에 규칙적으로 노출될수록 학업성취에 큰 도움이 된다. 교사가 정보 글을 전략적으로 읽도록 가르치는 동시에 재미 삼아 읽을 만한 소설들을 읽도록 독려한다면 학생은 역사학자, 과학자 또는 지리학자처럼 능숙하게 읽을 수 있게 된다.

이것만큼은 단순한 진리이다. 성공적인 읽기는 학업 성취도에 영향을 미친다. 읽기는 고도의 학습 기술을 반영한다.

그렇다면 모든 교사가 읽기를 효과적으로 가르치기 위해서는 어떤 지식이 필요할까? 지금까지의 노력을 바탕으로 더 나은 읽기 교육을 하려면 어떤 계획을 세워야 할까?

우리는 다음과 같은 계획을 세울 수 있다.

① 학생이 어떻게 '읽기 위한 학습'에서 '학습을 위한 읽기'로 나아가는지를 전문적으로 이해할 수 있는 교사를 양성하라.

② 풍부한 읽기 활동을 할 수 있는 교육과정을 개발하고 실행하라.

③ 읽기 접근성, 읽기 활동, 읽기 능력 향상에 중점을 두고 가르쳐라.

④ 학생에게 읽기 방법을 설명하고, 시범 보이고, 환경을 조성하여 그들이 전략적이고 박식한 독자가 되도록 하라.

⑤ 학생이 목적을 갖고 독서를 즐길 수 있는 동기를 부여하라.

⑥ 학교 안팎의 독서 문화를 조성하라.

## ◖ 요약

- 읽기 격차는 취학 전 조기에 나타나며, 교사의 적절한 지도가 없다면 시간이 지날수록 그 격차는 더 커진다. 초등학교와 중학교 사이의 전환기에는 읽기 격차가 더 급격해지며 이로 인한 여러 문제가 발생할 수 있다.

- 책을 매일 읽는 것이 중요하다. 부모나 양육자와 매일 책을 읽는 아동은 그렇지 않은 아동에 비하여 1년에 최대 100만 개의 단어를 더 들을 수 있다.

- 학교에서의 읽기 활동은 대체로 더 복잡한 글을 읽어야 하며, 상당한 배경 지식과 읽기 기능이 필요하다. 정보 글은 허구적인 글에 비해 전문적이고 생소한 어휘와 다소 보편적이지 않은 글 구조를 사용하므로 학생들이 읽기에는 어려울 수 있다.

- 교사가 늘 학문적 읽기 방법으로 가르칠 것이라고 생각하겠지만 실제로는 효과적인 읽기 교수법 및 읽기 발달의 이해에 있어 교사 간의 지식 격차가 존재한다.

- 읽기는 고도의 학습 기술을 반영하므로 교사는 학생의 읽기 동기와 읽기 능력을 키워 주어야 한다.

# ◖● 주석

1. Mullis, I. V. S., Martin, M. O., Foy, P., & Hooper, M. (2017). *PIRLS 2016 international results in reading.* Retrieved from http://tims sandpirls.bc.edu/pirls2016/international-results.

2. Department for Education (2019). *National curriculum assessme nts at key stage 2 in England, 2019 (interim).* Retrieved from www. gov.uk/government/publications/national-curriculum-assessmen ts-key-stage-2-2019-interim/national-curriculum-assessment s-at-key-stage-2-in-england-2019-interim.

3. Sullivan, A., & Brown, M. (2013). *Social inequalities in cognitive scores at age 16: The role of reading.* London: Centre of Longitudinal Studies.

4. Department for Education (2018). *The childcare and early years survey of parents 2017.* Retrieved from https://assets.publishing. service.gov.uk/government/uploads/system/uploads/attachme nt_data/file/766498/Childcare_and_Early_Years_Survey_of_Pa rents_in_England_2018.pdf.

5. Logan, J. A. R., Justice, L. M., Yumuş, M., & Chaparro-Moreno, L. J. (2019). When children are not read to at home: The million-word gap. *Journal of Developmental & Behavioral Pediatrics, 40*(5), 383 –386. doi:10.1097/DBP.0000000000000657.

6. Clark, C., & Picton, I. (2018). *Book ownership, literacy engagement and mental wellbeing.* London: National Literacy Trust.

7. Taboada, A., Tonks, S., Wigfield, A., & Guthrie, J. T. (2009). Effects of motivational and cognitive variables on reading comprehension. *Reading & Writing Quarterly, 22,* 85–106; Breadmore, H., Vardy, E. J., Cunningham, A. J., Kwok, R. K. W., & Carroll, J. M. (2019). Literacy development: A review of the evidence. Retrieved from https://educationendowmentfoun dation.org.uk/public/file s/Literacy_Development_Evidence_ Review.pdf.

8. Sullivan, A., Moulton, V., & Fitzsimons, E. (2017). *The intergenerational transmission of vocabulary.* Working paper, Centre for Longitudinal Studies. Retrieved from https://cls.ucl.ac.uk/wp-co ntent/uploads/2017/11/CLS-WP-201714-The-intergenerational -transmission-of-vocabulary.pdf.

9. Van Bergen, E., Snowling, M. J., de Zeeuw, E. L., van Beijsterveldt, C. E. M., Dolan, C. V., & Boomsma, D. I. (2018). Why do children read more? The influence of reading ability on voluntary reading practices. *Journal of Child Psychology and Psychiatry, 59*(11), 1205–1214.

10. Fleming, M., Smith, P., & Worden, D. (2016). *GCSE religious studies for AQA A: GCSE Islam.* Oxford: Oxford University Press, p. 40.

11. Best, R. M., Floyd, R. G., & Mcnamara, D. S. (2008). Differential competencies contributing to children's comprehension of

narrative and expository texts. *Reading Psychology, 29*(2), 137–164. doi:10.1080/02702710801963951.

12. Mullis, I. V. S., Martin, M. O., Foy, P., & Hooper, M. (2017). *PIRLS 2016 international results in reading.* Retrieved from http://tim ssandpirls.bc.edu/pirls2016/international-results.

13. 위의 책.

14. Shulman, L. (2004). *The wisdom of practice: Collected essays of Lee Shulman: Volume 1.* San Francisco, CA: Jossey-Bass.

15. Castles, A., Rastle, K., & Nation, K. (2018). Ending the reading wars: Reading acquisition from novice to expert. *Psychological Science in the Public Interest, 19*(1), 5–51. https://doi.org/ 10.1 177/1529100618772271.

16. Elliott, J. G., & Grigorenko, E. L. (2014). *The dyslexia debate.* New York, NY: Cambridge University Press.

17. Education Endowment Foundation (2019). *Improving secondary literacy.* London: Education Endowment Foundation.

18. Ofsted (2018). *An investigation into how to assess the quality of education through curriculum intent, implementation and imp act.* December 2018, No. 180035. Retrieved from https://assets. publishing.service.gov.uk/government/uploads/system/uploa ds/attachment_data/file/766252/How_to_assess_intent_and_

implementation_of_curriculum_191218.pdf?_ga=2.94315933.
1884489255.1566838991-1949876102.1566494836.

19. Willingham, D. (2017). *The reading mind: A cognitive approach to understanding how the mind reads.* San Francisco, CA: Jossey-Bass.

20. Biber, D., & Gray, B. (2016). *Grammatical complexity in academic English.* Cambridge, UK: Cambridge University Press.

21. Teacher Tapp (2018). What teacher tapped this week. No. 60, 19 November. Retrieved from https://teachertapp.co.uk/what-teacher-tapped-this-week-60-19th-november-2018.

22. Dickinson, D. K., Griffith, J. A., Golinkoff, R. M., & Hirsh-Pasek, K. (2012). How reading books fosters language development around the world. *Child Development Research, 2012.* http://dx.doi.org/10.1155/2012/602807.

23. Chapman, J., Tunmer, W., & Prochnow, J. (2000). Early reading-related skills and performance, reading self-concept, and the development of academic self-concept: A longitudinal study. *Journal of Educational Psychology, 92,* 703-708. doi:10.1037/0022-0663.92.4.703.

24. Jerrim, J., & Moss, J. (2019). The link between fiction and teenagers' reading skills: International evidence from the OECD PISA Study. *British Educational Research Journal, 45*(1), 181-200.

# II. 읽기의 역사

> 글을 읽을 수 있는 사람은 그렇지 않은 사람보다 사물을 보는 능력이
> 2배 뛰어나다.
>
> — 메난드로스(Menander), 기원전 4세기

익숙한 장면을 상상해 보자. 한 반의 학생들이 방금 쉬는 시간까지 같이 놀았던 이야기로 재잘재잘 수다를 떨며 교실로 입장하고 있다. 학생들은 교사의 주의에 따라 이제 말소리를 줄이고 자기 자리에 앉아 넓적한 판에 글자를 쓸 준비를 한다.

이 점토판(clay tablets)과 교실은 약 5,000여 년 전 메소포타미아 수메르 지역(Sumer, 현재는 이라크 남부 일대로 추정)에서 볼 수 있다.

장구한 세월이 흐르는 동안, 우리가 읽는 책은 작은 점토판에서 반짝거리는 전자 태블릿으로 발전했다.

수메르의 학생들은 당시의 학교로 추정되는 '서판의 집(tablet house)'에서 수년 동안 언어를 배웠다. 이곳에서는 교사가 작은 점토판의 앞면에 글자를 쓴 틀을 만들어 주면 학생들은 그 글자를 보고 암

기해 뒷면에 베껴 쓰는 방식으로 배웠다. 이 방식은 오늘날까지 전해 오는 전통적인 언어 교수법을 연상시킨다. '글자 보기(look) - 글자 가리기(cover) - 글자 쓰기(write) - 글자 확인하기(check)'로 이루어지는 고대의 문자 교육법이다.

초기 메소포타미아 점토판의 크기는 약 가로 3인치(약 7.6cm) 정도로 작았으며, 모양은 지금의 스마트 폰과 비슷했다. 이 점토판들을 담은 주머니는 인류 최초의 '책'이 되었다.

단어나 구를 그림으로 상징화한 그림문자(pictogram)의 초기 모습은 이집트의 대표적인 상형문자라고 알려져 왔으나 지금은 수메르의 설형문자(cuneiform)가 인류 최초의 문자라고 일반적으로 인정된다.

읽기의 기원은 수메르에서 시작되었다. 설형문자라는 말은 라틴어 '뾰족한 도구(nail)'에서 그 어원을 찾을 수 있다. 말랑말랑한 점토판에 갈대로 만든 뾰족한 필기구를 사용해 글자를 새겼는데 점토판에 새겨진 모양이 까마귀 발자국처럼 보인다고 해서 비롯된 것이다. 다음 설형문자를 한번 읽어 보자. 그림 2.1은 설형문자의 글자들이다.

He          el          pe

**그림 2.1 메소포타미아의 설형문자**

자 이제, 한 번 더 설형문자를 읽어 보자. 잠시 휴식을 취하거나 커피

한 잔을 마신 뒤에 책을 덮고 당신의 시각적 기억력(visual memory)에 의존하여 종이에 방금 전에 본 '글자'들을 한 번 써 보고, 그림 2.1의 설형문자를 다시 확인해 보자.

결과는 어떠한가? 이 원시적인 글자들을 기억했는가?

이렇게 복잡한 초기의 상징과 언어를 시각적으로 기억하는 일이 상당한 인지적 부담을 준다는 사실은 명백하다. 이로써 우리가 왜 적은 수의 기본 글자에 다양한 소리들을 결합하여 알파벳(alphabets)과 같은 가히 혁명적인 문자를 창안하게 되었는지 그 이유를 깨닫게 된다. 수천 개의 설형문자를 익히려면 적어도 6년 이상의 고된 노력이 필요하기 때문이다. 하지만 문자의 발전 덕분에 지금의 아이들은 국립도서관에서 이런 초기 문자를 따라 쓰는 놀이를 마음껏 즐길 수 있다(그림 2.2 참고).

수메르 문화와 읽기의 기원에 대한 진실은 셰익스피어(Shakespeare)의 인생처럼 미스터리로 점철된 불완전한 역사로 남아 있다. 고대 사회에서 인간의 말소리를 점토나 돌에 새기기 시작한 이유는 당시 곳곳에서 오갔던 거래 및 계약 사항들을 명시해 두기 위해서였다는 사실이 밝혀지기까지도 오랜 시간이 걸렸다.

아마도 개인적인 즐거움을 위한 독서는 수메르의 고대 문명보다 훨씬 뒤늦게 출현했으리라 생각된다. 그 대신 고대의 읽기는 주로 가축 판매량을 기록하는 일처럼 당시의 생계에 중요한 상업 업무와 직결되었다. 왕실의 여성은 글 읽기를 배웠으나 이들은 극히 소수에 불과했으며, 글 읽기를 배우는 사람들은 남성에 국한되었다. 고대 수메르와 이집트의 문명에서는 100명 중에 1명 정도만이 글 읽기를 배웠을 것으로 추정된다. 아마도 직업 서기관부터 왕에 이르는 지배층의 읽기 능력은 권력과 지위에서 나오는 특권이었을 것이다.

**그림 2.2 점토판의 설형문자:** 점토판에 수메르 설형문자로 기록된 통치자의 회계 장부, 슈루팍(Shuruppak) 또는 아부 살라비크(Abu Salabikh)에서 출토. c.2500 BCE, 영국국립 박물관(British Museum), 런던(London). BM 15826

출처: 개빈 콜린스(Gavin Gollins) 저, 2010. http://commons.wikimedia.org/wiki/File:Sumerian_account_of_silver_for_the_govenor.JPG.

그래서 오늘날까지 전해 오는 메소포타미아의 격언 중에는 "배우지 못한 자는 보지 못하고 지나칠 수도 있으니 배운 자가 배운 대로 그들을 가르쳐라."라는 말까지 있다.

말랑말랑한 점토판부터 첨단 기술로 개발된 반짝거리는 태블릿을 읽기까지, 읽기의 역사 속에는 교사라면 누구나 보고 배워야 할 읽기 방법의 중요한 변모와 읽기 교육의 본질이 있다. 실제로 우리 모두가 읽기의 역사를 안다면 우리가 현재는 어떻게 읽고 있는지를 심층적으로 이해할 수 있으며, 미래에는 어떻게 읽어야 하는지를 다양하게 상상해 볼 수도 있다. 요컨대 우리는 모두 기억할 가치가 있는 읽기의 역사를 배워야 한다.


## ◗ 당신이 읽기의 역사를 안다면…

우리는 왜 초등학생에게 읽기의 역사라는 위대한 이야기를 들려주지 않을까?

프랑스의 라스코(Lascaux) 벽화와 같은 고대 동굴 벽화의 역사는 기원전 16000년경의 구석기 시대까지 거슬러 올라간다. 한편 가장 오래된 '책'으로 알려진 파피루스(Pruss Papyrus)는 기원전 2500~2350년경이라는 비교적 짧은 역사를 지닌다. 인류 역사에 있어 믿기 어려울 정도의 짧은 시간 동안 읽기 행위는 인간의 삶을 놀라울 정도로 탈바꿈시켰다. 읽기는 문명 발달의 중요한 수단인 동시에 이전 세대에서 다음

세대로 전하는 문명 발달의 기록 그 자체이다.

인류가 무언가를 읽을 수 있게 된 지는 약 5,000년도 채 지나지 않았다. 따라서 인간의 뇌는 아직 읽기 행위에 특화된 신경 구조로 발달되지는 못했을 것이다. 그 대신 우리는 말을 소리로 듣기 위한 청각 기관과 소리를 활자로 변환시키기 위한 언어 체계를 장악했다. 읽기 능력은 말하기나 걷기 능력처럼 선천적인 능력이 아니다. 읽기에 따른 두뇌 발달에 관한 지식은 어렵지만 교사가 어떻게 읽기를 가르쳐야 하는지 제대로 알려면 필수적이다. 교사는 교실 현장에서 읽기가 말하기보다 더 어렵고 '후천적인' 능력이라는 사실을 체감하게 될 것이며, 최상의 읽기 수업을 펼쳐야 할 책임감이 생길 것이다.

지금의 읽기 방식은 고대의 방식과 상당 부분 다르다. 우리가 문자를 읽는 방식은 고대 사회에서 담벼락에 나뭇가지로 가축의 판매량이나 거래 내역을 표시하기 시작했을 때부터 더 많은 내용을 그림문자로 나타낼 수 있게 되기까지 변화를 거듭했다.

수백 년의 역사 속에서 사람들은 단어문자(logogram)가 하나의 단어나 구를 하나의 글자로 나타낼 수 있다는 점에서 그림문자보다 더 쉬운 문자 체계라는 사실을 깨달았다. 소리를 철자(letters)로 나타낸 알파벳은 비교적 적은 철자로 많은 단어를 창조할 수 있으므로 이전의 문자 체계보다 효율성이 높은 문자 체계를 발명한 것이다. '부엉이(owl)'로 '부엉이의 울음소리(ow)'도 표현할 수 있듯이 말이다. 이로써 사람들은 적은 수의 철자로 더 많은 소리와 단어를 표현할 수 있게 되었다(그림 2.3 참고). 이러한 단어문자 체계의 특성은 훗날 아동의 읽기 지도를 위한 알파벳 학습의 기틀이 되었다.

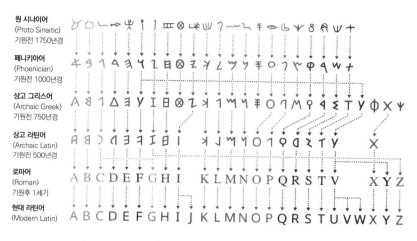

**그림 2.3 알파벳의 진화:** 맷 베이커(Matt Baker) 저, 2018.

출처: https://cdn.shopify.com/s/files/1/1835/6621/files/alphabet-bw_be19cb7a-4aed-4407-9d5 3-b73230415443.png. Creative Commons BY-SA-NC, UsefulCharts.com.

그리스와 로마 제국의 역사를 들여다보면 최초로 고대 사회가 글을 읽고 쓸 줄 아는 사회로 부상하는 모습을 볼 수 있다. 고대 사회가 모든 영역에서 번영과 선진화를 이룩할 수 있었던 이유는 문식 사회(literate societies)였기 때문이다.

고대 사회에는 '책' 읽기를 두려워했던 일부 회의론자가 있었다. 소크라테스(Socrates)는 구술 활동을 대체한 읽기 활동이 기억력을 감퇴시킬 것을 매우 우려하였다. 그러나 그의 제자였던 플라톤(Platon)이 스승인 소크라테스의 이야기를 '책'으로 기록했기 때문에, 오늘날

인류는 어떤 구전보다도 소크라테스의 말을 쉽게 기억할 수 있게 되었으니 그의 우려는 기우에 불과했다. 이와 반대로 아리스토텔레스의 제자였던 알렉산더 대왕(Alexander the Great)처럼 읽기를 열렬하게 사랑하고 읽는 행위 자체를 권위 있고 가치 있는 행위로 여긴 위인들도 있다. 비록 고대 사회에서는 책을 소유할 수 있는 대상이 부유한 지배 계급에만 국한되었지만 일부 노예들은 주인과의 원활한 소통을 위해 책을 읽도록 권유받기도 했다.

그리고 읽기는 고대 사회를 현대 사회로 끌어올린 원동력이 된 지식의 민주화를 견인하는 역할을 했으리라 생각된다.

고대 사회에서 읽기는 오늘날 전형적인 묵독, 즉 조용하고 사색하는 행위가 아니라 누군가에게 들리는 행위였다. 고대와 현대의 읽기 목적이 다른 것처럼, 고대의 쓰기 행위 역시 현재와는 현저히 다르다. 고대에서는 글자를 '스크립투라 콘티누아(scriptura continua)' 방식으로 썼다.[1] 이 방식에는 단어 사이의 띄어쓰기와 문장 부호처럼 일반적으로 생각하는 '글쓰기'의 구조적 특징들이 없다. 이 방식으로 쓴 필사본은 자연 발화에서 끊임없이 이어지는 말의 흐름을 그대로 모방한 듯한 모습이다. '읽는 행위'를 구술 행위와 동일시했던 시대적 특성을 생각해 보면 쉽게 납득할 만하다. 대부분의 사람들이 문맹이었기 때문에 대중을 상대로 한 낭독은 예사로운 일이었다.

시간이 지나면서 읽기는 소리 내지 않고 마음속으로 읽는 개인적 행위로 발전하게 된다. 기원후 383년경, 성 아우구스티누스(Saint Augustine)는 성 암브로스(Saint Ambrose)가 묵독하는 모습을 보고 크게 놀란 나머지 이를 「고백록」에 기록하였다. "그가 읽을 때 그의 눈은 책장을 훑고 머릿속으로는 의미를 찾고 있었지만, 그의 목소리는 전혀 들리지 않았으며 혀조차 움직이지 않았다."[2]

글쓰기 방식이 간편해지면서 자연스럽게 묵독도 훨씬 더 수월해졌다. 띄어쓰기를 비롯한 글쓰기의 여러 가지 구조적인 특징이 7세기경에 처음 등장했는데, 이때부터 읽기를 기본적으로 '조용한' 행위이자 주로 '읽는 사람의 머릿속에서' 일어나는 행위로 보았다.[3]

오늘날의 읽고 쓰기에서 볼 수 있는 또 하나의 특징은 구두점(punctuation)이다. 구두점 역시 비교적 최근의 발명품이다. 구두점은 기원전 200년경 비잔티움의 아리스토파네스(Aristophanes of Byzantium)가 처음 사용했다고 알려져 있긴 하지만, 당시에는 지금 우리가 알고 있는 문장 부호처럼 체계적이지 않았다.[4] 8세기에 이르러서야 한 문장이 끝난 지점을 마침표나 줄표로 표시했으며, 문단의 첫 글자는 대문자로 표기하였다.

읽기의 역사 중 가장 큰 부분을 차지하고 있는 종교적 읽기(religious reading)는 읽기 교육이나 읽기 학습과도 밀접한 관련이 있다. 읽는 행위는 한때 성경, 코란, 토라를 읽는 예배 행위의 일종이었다. 유대인 가족들은 읽기를 일종의 찬양과 같은 종교 의식으로 여기기도 했다. 또한 종교 단체에서 읽기 지도를 전담했던 적도 있지만 교회에서 대중에게 읽기 금지령을 내린 적도 있다는 사실로 미루어 볼 때 종교적 읽기에는 혼재된 역사가 존재한다. 알곤소(Algonse de Spina)는 이단(종교적 믿음에 위배되는 사상을 가진 사람들)의 시발점이 성 아우구스티누스가 기이하게 여겼던 조용하고 자율적인 묵독 행위라고 주장하기도 했다.[5] 묵독이 가져다준 읽기 혁명은 우리 삶의 방식을 돌이킬 수 없을 정도로 탈바꿈시켰다는 점에서 그의 생각이 완전히 틀린 것은 아닌 듯하다.

오늘날 저학년 학생의 읽기 방법이 수메르의 소년에게서 이어져 내려온 것이라면, 고학년 학생의 학구적인 읽기 태도는 꼼꼼하게 읽는 법을 터득했던 중세 시대의 종교학자로부터 전해져 왔을 것이다. 중세 시대의 학자들은 글을 꼼꼼하게 여러 번 읽었다. 중세 학자들은 글을 읽을 때에 먼저 '렉티오(lectio)' 과정을 통해 글에 대해 문법적 분석을 한 후, 문자 그대로의 의미인 '리테라(littera)'를 파악한다. 다음으로 논리적으로 생각할 만한 부분에서는 권위 있는 다른 주석자들의 논평을 읽는데, 이를 '센텐티아(sententia)' 과정이라고 한다. 이와 유사한 다시 읽기(rereading) 및 꼼꼼히 읽기(close reading)는 오늘날의 수업에서도 여전히 중요한 읽기 전략 중의 하나이다. 현대의 읽기 전문가들 역시 이 과정들을 바탕으로 한 읽기 전략들을 교실 내에서 활용하도록 권장한다.[6]

읽고 생각하는 행위가 따분하다고 불평하는 학생이 있다면, 교사는 그런 학생에게 중세 학자들이 얼마나 오랜 시간 동안 성경을 공부하고 메모하는 데에 공을 들였는지 알려 줄 수 있다. '주석(glosses)'이라 불리는 짤막한 메모는 오늘날까지 널리 사용되는 메모 방식과 매우 유사하다. 교실에서 글을 읽는 행위는 특권이 되었다. 실제로 13세기의 스페인의 알폰소(Alfonse el Sabio) 왕은 교사들의 건강이 심각하게 안 좋은 경우가 아니면, 책 전체를 한 문장도 빠짐없이 학생들에게 읽

어 주는 수업을 하라는 명령을 내렸다고 한다.[7]

교실에서의 읽기 행위가 어떻게 출현했는지 중세 교육사를 통해 확인할 수 있다. 이는 우리가 그야말로 '자연스럽게' 누리고 있는 오늘날의 교실 모습과 교육 방식의 일부이다. 그러나 초보 독자에게 읽기는 수메르 학자 또는 중세 시대의 수도자도 처음에는 그랬던 것처럼 여전히 부자연스럽고 어려운 행위로 느껴질 수밖에 없다.

학생이 글을 읽고, 메모하고, 다시 읽고, 새로운 의미를 발견하는 과정 속에서 최초로 읽었던 수메르인을 자연스럽게 닮는 동안 인류 역사상 가장 위대한 읽기 전통의 맥을 계승하게 된다.

그리고 지금 이 책을 읽고 있는 당신도 학생들과 함께 읽기 전통의 계승에 기여하고 있다.


## ◗ 세상을 바꾼 기계의 등장

1450년에는 모든 것이 변했다.

물론 이전에도 기술의 발달로 인한 읽기 혁명은 존재했었다. 기존의 점토판은 파피루스 두루마리와 동물 가죽을 얇게 펴서 만든 양피지로 대체되었고 중국에서 제조되었다고 알려진 종이는 글쓰기에 있어 손색이 없는 최고의 발명품이었다. 이 같은 재료는 읽기의 접근성을 높이고 문해력(literacy)에 파란을 일으켜 새로운 시대를 열었다.

종이 사용의 확산은 우리가 읽는 책들이 탄생하는 데 영향을 미쳤지만, 진정한 의미에서 세상을 변화시킨 발명품은 독일 출신의 천재적인 무명 금속 세공업자가 고안한 기계였다. 중세 시대는 1450년에 와서 막을 내리고 인쇄기와 활자의 등장으로 읽기 발달에 토대를 마련한 대항해 시대가 시작되었다.

독일 마인츠(Mainz)의 요하네스 구텐베르크(Johannes Gutenberg)는 정성 들여 손수 써야 하는 비싼 공예품으로서의 책이 아닌, 저렴하게 대량 인쇄할 수 있는 책을 제작하기로 했다. 이에 나무로 된 이동식 활자(moveable type, 나중에는 금속으로 만듦)를 발명하면서 종이 위에 유성 잉크로 손쉽게 활자를 찍을 수 있게 되었다. 그 결과 한 번에 42줄까지 동시에 인쇄할 수 있게 되면서 책 제작이 가속화되었다. 그가 살았던 스트라스버그(Strasburg)에는 인쇄기가 하나밖에 없었지만, 1450년에는 인쇄기가 1,700개로 급속히 늘어나면서 불과 30년 만에 27,000종의 책과 대략 1,000만 부의 인쇄물을 제작하기에 이른다. 노동집약적인 자필로 제작한 책은 희귀한 골동품으로 전락하여 완전히 자취를 감추었다.

그는 1486년 그의 고향인 마인츠에서 조용히 세상을 떠났으며 말년에는 장님이 되었다는 풍문도 있다. 그렇지만 메난드로스가 예언한 대로 결국에는 그의 획기적인 발명품으로 인해 세상 사람들이 그 전보다 사물을 보는 능력이 2배가 된 것이다.

인쇄기가 가져다준 파급력은 유럽 전역에 극적인 반향을 일으켰다. 독일의 마틴 루터(Martin Luther)는 종교 개혁을 일으키기 위해 인쇄물을 대중에게 배포하기로 결심했다. 영국으로 인쇄기를 도입해 온 윌리엄 캑스턴(William Caxton)은 라틴어로 쓴 책보다 영어로 쓴 책이 더 잘 팔린다는 사실을 깨달았다. 그가 인쇄기로 새롭게 간행한 영어 책은 유럽 전역에 발간되면서 유럽 종교에도 영향을 끼쳤으며, 나아가 문어체 영어(written English language)가 대중에게 전파되는 계기가 되기도 했다. 저렴하고 접근하기 쉬운 책의 등장이 읽기 혁명으로 이어지면서 대중의 종교적 신념과 일상생활은 돌이킬 수 없는 변화를 맞이했다.

주지하다시피 책에 대한 접근성의 변화는 교육을 재개념화했고, 훗날 학교 교육의 개혁과 함께 읽기와 문해력의 변화까지 선도했다. 개신교의 대중화와 경기 확장이 기폭제가 되어 성직자뿐만 아니라 대중 또한 성경 읽기에 대한 갈증을 느끼게 되었고, 16세기에 이르러 지금과 같은 학교 체계가 마련되었다. 이 당시에도 여전히 '평민'의 자녀들, 주로 소년들만이 대중 교육을 경험할 수 있었다. 깨어 있는 성직자들과 상인들의 도움으로 개교한 문법 학교(Grammar schools)에서는 라틴어 문법 위주로 가르쳤다. 누구나 예상할 수 있듯이, 문법 학교는 특성상 원천적으로 종교적 성향을 띠고 있어 종교적 읽기가 주로 이루어졌다. 그러나 전 세계적으로 대중들이 읽기를 갈망하면서 당시 학생들과 성인들은 로맨스와 모험 이야기를 구하러 다니기도 하였다.

1900년대에 이르러서는 영국인의 90%가 기능 위주의 읽기와 쓰기를 할 수 있게 되었다. 이러한 문해력은 생각보다 많은 이에게 자양분이 되어 그 파급력 역시 컸다. 당신은 메이휴(Mayhew)의 책 『런던 노동자와 런던 빈곤층(London Labour and the London Poor)』에서 번창하는 시립 도서관에 대한 이야기나 '고작 1페니의 쥐덫'을 만드는 가난한 사람들이 여가 시간에 셰익스피어의 희극과 밀턴(Milton)의 『실낙원(Paradise Lost)』에 대해 대화를 나누는 흥미로운 이야기를 읽어 볼 수 있다. 미천한 신분이었던 어떤 쥐덫 장인이 읽기에 대하여 다음과 같이 명쾌하게 정리하였다. "독서는 세상과 만물에 대하여 더 큰 통찰력을 주며, 손뿐만 아니라 머리로도 일할 수 있다면 비로소 노동이 즐거워지고 스스로가 자랑스러울 것이다."[8]

난 이따금씩 쥐덫 장인들의 후손이 지금의 교사가 되었으리라 상상해 본다.

백만장자인 금융가부터 쥐덫 장인에 이르기까지, 읽기와 문해력이 영국 대중에게 익숙해진 것은 불과 몇백 년밖에 지나지 않았다. 그리고 이 변화는 일과 여가 시간을 보내는 우리 삶의 전반을 바꾸어 놓았다. 이 책의 모든 독자는 바로 이 특별한 변화의 직접적인 수혜자이다.

인간이라는 하나의 생명체가 사물과 생각을 상징으로 나타내고 이들의 소리에 대응하는 문자와 알파벳을 고안하기까지 약 2,000여 년이 소요되었다. 그러나 지금의 학생들에게는 읽기에 요구되는 지식과 복합적인 통찰력을 기르는 데 대략 2,000일의 시간이 주어진다. 다행히도 학교의 출현과 종이와 책의 높은 접근성 덕분에, 교사들은 학생들의 읽기 발달에 기꺼이 도움을 줄 수 있게 되었다.

## ◗ 아동의 읽기: 그들만의 문학

처음부터 시작해 보자.

> 책이 우리 인생에 깊숙이 영향을 주는 것은 어쩌면 유년기에만 가능한 일일지도 모른다. 물론 세월이 흐른 후에도 책을 읽으면서 동경하고, 즐거워하며 기존의 생각들을 수정하는 사람이 있을 수 있다. 하지만 대체로는 책을 확증편향의 수단으로 전락시킨 자신을 발견할 가능성이 더 높다.
>
> – 『잃어버린 유년기(The Lost Childhood)』,
> 그레이엄 그린(Graham Greene) 저, p. 13[9]

수메르 학교의 소년들과 우리의 읽기 역사 속에서 가려진 수많은 소녀가 차별 없이 읽기를 배울 수 있게 되고 그들만의 문학이 자리 잡기까지는 수천 년의 세월이 걸렸을 것이다. 19세기 초, 아동에게 글을 읽게 한 주된 이유는 종교적이고 도덕적인 목적이었다. 하지만 이러한 읽기 목적은 결국 특정 지식이나 순수하게 즐거움을 얻기 위한 목적으로 대체되었다.

물론 역사가 기록되기 시작한 시점부터 이미 많은 아동이 이야기들을 읽으면서 환희를 경험했다. 고대 그리스의 희극 작가 아리스토파네스(Aristophanes)의 〈여자의 평화(Lysistrata)〉라는 작품에서 코러스는 "내가 어렸을 때 그들이 나에게 들려주곤 했던 우화"라고 말한다. 이렇듯 고대 사회에 아이들은 가족이나 친구들이 들려주는 신화,

전설, 설화의 매력에 흠뻑 빠져 있었다는 사실은 틀림없지만, 이러한 이야기가 그들만의 문학으로 발전하기까지 그 시간은 꽤 오래 걸렸다.

그리스의 이솝(Aesop) 우화에 거북이가 토끼를 앞지른 이야기와 양치기 소년에 대한 이야기가 나오는데, 이 우화를 베아트릭스 포터 (Beatrix Potter)가 1901년 작품에 등장하는 용감한 토끼의 모티프로 삼았음을 알 수 있다.

「베오울프(Beowulf)」의 앵글로색슨족에 대한 이야기를 보면 롤링 (J. K. Rowling)이 어떻게 걸출한 작품으로 거장들과 어깨에 나란히 할 수 있었는지 알 수 있다. 어쩌면 현대인 대다수는 학생의 생득권이자 귀중한 문화유산인 아동 문학(children's literature)을 소홀히 하고 있는지도 모르겠다. 물론 모두가 그렇지는 않겠지만 말이다.

인쇄기가 영국에서 등장한 이후, 아동을 위한 책들은 급속도로 발전했다. 과거에는 아이들에게 다소 딱딱한 종교나 문법 관련 책을 읽게 했지만, 독서를 갈구했던 당시의 아이들에게는 이런 책조차 치명적인 매력으로 다가왔다. 제임스 제인웨이(James Janeway)의 『아이들의 회심 이야기(A Token for Children)』(1671~1672)라는 책에서는 "몇몇 어린 아이들의 거룩한 삶과 아름다운 죽음"이라는 흥미로운 이야기가 나온다. 지금의 학생들이라면 어린아이들이 스스로 죄를 고하고 악함을 부정한다는 내용에 멈칫하겠지만, 당시의 책 판매량을 보면 아이들의 죽음과 불행한 결말이 대수롭지 않게 받아들여졌던 모양이다.[10]

수천 년 동안 전해 내려오는 전통적인 이야기들은 우리가 알고 있는 '전래 동화(fairy tales)'로 부활했다. '전래 동화'라는 이름은 17세기 프랑스(프랑스어로는 conte de fées)의 돌느와(d'Aulnoy) 백작 부인에 의해 만들어졌다.[11] 뜻밖에도 디즈니가 만든 현대판 이야기들의 원작은 다소 어둡고 현실적인 이야기이다. 실제로 그림 형제(Brother Grimm)의 『신데렐라(Cinderella)』에는 못된 새언니가 유리구두에 억지로 발을 넣기 위해 발가락을 자르는 잔인한 장면이 있으므로 사전 경고 없이 아동이 읽지 않도록 주의하길 바란다! 자칫하다가 "옛날 옛적에(Once Upon a Time)"로 시작하는 유명한 동화를 읽으며 혼탁하고 위험한 어른들의 세상을 마주할 수도 있다.

그동안 수많은 책과 유명한 전래 동화가 아동을 위해 쓰인 때는 17~18세기이지만, 아동 문학의 첫 황금기는 19세기 후반이었다. 루이스 캐럴(Lewis Carroll)이라는 필명으로 더 잘 알려진 찰스 도지슨(Charles Dodgson)은 동료인 로빈슨 더크워스(Robinson Duckworth) 목사의 딸과 함께 옥스퍼드 인근 강에서 즐겁게 뱃놀이를 하며 만든 이야기를 엮어 1865년에 『이상한 나라의 앨리스(Alice in Wonderland)』를 출판하게 되는데, 이 책은 당시 주를 이루던 경건하고 종교적인 이야기를 종식시키는 신호탄이 되었다. 얼마 지나지 않아 1883년에는 로버트 루이스 스티븐슨(Robert Louis Stevenson)이 12살인 자신의 의붓아들을 위해 쓴 『보물섬(Treasure Island)』을 출판하면서부터 아동만을 위한 모험 이야기가 등장하기 시작했다.

새로운 세기가 시작될 무렵 1901년에는 베아트릭스 포터가 그녀의 사비로 23권의 그림동화 〈피터 래빗(Peter Rabbit)〉 시리즈 중 첫 번째 이야기를 쓰게 된다. 아동도서에 들어간 그림의 힘은 단편적인 이야기들의 성공을 굳건히 했다. 비록 수많은 책이 포터의 작품보다 먼저 출판되었지만 그녀의 이야기에 동반된 스케치는 '세기의 독서'라고도 불릴 정도로 인류 역사의 새로운 시대를 여는 데에 기여했다.

『피터팬(Peter Pan)』, 『피터 래빗』, 『작은 아씨들(Little Women)』과 같은 아동도서는 즐거움을 선사할 뿐만 아니라, 우리의 어린 시절을 가장 잘 설명해 준다. 버지니아 울프(Virginia Woolf)가 말했듯이, "어린 시절의 기억은 가장 오래 지속되고 깊이 새겨진다."[12] 아동도서는 이런 의미로 우리의 뇌리에 깊이 박힌다. 아이들이 아동도서를 읽으며 마법의 비밀 정원과 네버랜드(Never lands)로 날아가는 동안, 오늘날까지 이어지는 학교 교육도 19세기에 함께 펼쳐진다.

『보물섬』과 같은 모험 이야기들은 교육용으로 인정받아서 수많은 학생을 위한 교재로 사용된다. 기술의 발달로 책을 더욱 저렴하게 생산할 수 있게 되면서, 도서관을 찾는 이들은 많아졌고 허구의 글과 사실적인 글(non fiction)을 망라하는 모든 장르의 책들이 우리 아이들 삶에서 뗄 수 없는 존재가 되었다. 그렇지만 안타깝게도 모든 학생에게 이러한 기회가 주어지는 것은 아니라는 사실은 우리 모두 알고 있다.

종이책(paper books), 전자책(E-books), 오디오 책 등과 같은 다양한 종류의 책과 글에 둘러싸여 있는 지금, 우리는 무궁무진한 정보가 손끝에 놓여 있는 현실에 살면서 이처럼 괄목할 만한 성과를 당연시할 수도 있다.

「아서왕 전설(Arthurian legend)」, 「신데렐라」, 『톰 브라운의 학창 시절 이야기(Tom Brown's School days)』를 재해석하여 우리에게 익히 알려진 마법사 이야기를 집필한 작가 롤링과 캐서린 런델(Katherine Rundell), 맬로리 블랙맨(Malorie Blackman), 마이클 모퍼고(Michael Morpurgo) 등의 작품은 연극, 블록버스터 영화, 그 외의 다양한 매체로 재창작되었다. 우리는 이러한 작가들과 함께 아동 문학의 새로운 황금기를 살고 있다. 예술에 버금가는 아동용 그림책들은 매년 수천 권 이상씩 출판되고 있다.

이 훌륭한 책들이 수많은 학생의 삶을 비추는 거울이 되기에는 아직도 갈 길이 멀지만, 계층과 인종의 현실이 책에 서서히 반영되기 시작하였다.[13] 우리가 아동 문학의 위대한 전통을 토대로 읽기에 조명을 비춘다면, 이러한 이야기들은 학생 자신을 들여다볼 수 있는 거울 역할을 하는 동시에 세상을 내다볼 수 있는 창이 되어 줄 것이다.

어린 독자를 위한 문학은 풍부하고, 수백만 권의 책과 보편적인 교육 그리고 폭넓은 독서 활동이 있음에도 불구하고 풀리지 않는 의문이 있다. 아동의 독서 문화가 유튜브 채널과 유비쿼터스 기술의 발달로 인해 더 이상 돌이킬 수 없는 변화를 맞이할 것인가?

## 🌓 읽기의 죽음? 아니면 읽기의 신세계?

우리는 길지 않은 5,000년의 읽기 역사 속에서도 읽기 행위가 그 어느 때보다 빠르게 변하는 시대에 살고 있다. 우리는 점토판 위에 글자를 새기는 학생부터 전자 태블릿을 스크롤 하는 학생에 이르기까지의 여정을 지나 왔다.

읽기 혁명으로 새로운 시대가 열릴 때마다 읽기 행위뿐만 아니라 사회 전체가 변하고 있다. 모바일 기술과 인터넷의 등장으로 우리는 어지러울 정도로 빠르게 급변하는 읽기의 변천 과정을 추격하고 있다. 우리가 사는 방식에 있어서 급격한 변화를 마주했을 때의 자연스러운 반응은 두려움뿐이다. 이 두려움은 이미 우리가 알고 있듯, 오래전부터 내려온 고귀한 전통이다. 철학자 소크라테스는 책이 언젠가는 인간의 기억력과 구술 능력을 감퇴시킬 것이라며 크게 두려워하지 않았던가.

우리가 지금 이 순간에도 본연의 읽기 행위가 스크롤을 빠르게 내리면서 대충 읽는 행위로 대체될지 모르는 미래를 두려워하는 게 과연 의미가 있을까? 우리는 소크라테스가 품었던 회의론적인 두려움을 다시 재현할 것인가?

존경받는 작가이자 교육학 교수인 매리언 울프(Maryanne Woolf)는 우리의 독서 습관에 돌이킬 수 없을 정도로 해로운 변화를 가져올 것이라는 두려움에 대해서 다음과 같이 날카롭게 지적하였다. "내가 과학자로서 우려하는 점은 우리 같은 전문 독자들이 수 시간 나아가 수년 동안 매일 화면상의 글을 읽으면서, 내용이 길고 어려운 글을 이해하는 데에 필요한 주의력을 조금씩 망가뜨리고 있는 것인가 뿐이다."[14] 지금 우리는 지각 변동에 버금가는 격변의 한가운데에 놓여 있지만 기술이 지닌 한계에 그 근거가 있다는 사실을 알고 있다. 우리는 이미 오래전에 텔레비전이 우리의 심층적인 사고 활동에 도움이 되지 않는다고 결론 내렸다. 그래서 영유아의 언어 발달 시기에는 텔레비

전에서 나오는 사람들이 말하는 모습을 시청하는 것이 책 읽기에 비해 그다지 이롭지 않다.[15] 전자책 읽기가 종이책 읽기보다 독자와 공유하는 상호작용이 더 적다는 연구 결과도 있다.[16]

그렇다면 우리는 기술 장비들을 두고 두꺼운 책을 다시 지니고 다녀야 할까? 아마 우리는 둘 다 어느 정도는 읽어야 할 것이다.

최근 연구에 따르면 디지털 기술 기반의 책 읽기보다 종이로 된 책 읽기가 교육에 더욱 효과적이라는 결과가 나왔지만, 이는 제한된 시간 동안 비문학 장르의 글을 읽었을 때에 더 확실한 효과가 있다고 한다.[17] 학생들은 종이책은 공부로, 전자책은 오락거리로 받아들이는 것일까? 아니면 울프가 우려한 바대로 스크롤, 작업 전환, 멀티태스킹이 우리의 읽기 집중력에 영향을 미치는 것일까?

이렇게 새롭게 밝혀지는 연구 결과들은 교사에게 아주 중요한 질문을 던지고 있다.

- 학생이 글을 읽을 때 주의를 기울이고 있는가?
  교사는 그것을 어떻게 알 수 있는가?

- 학생이 기술 장비로 글을 읽을 때, 어느 정도의 노력을 기울이고 있는가?
  대충 훑어보고 넘어가며, 사실상 겉핥기 수준의 읽기만 하고 있지는 않은가?

- 교사가 학생을 매체와 관계없이 적극적이고 전략적인 독자가 되게 하려면
  어떻게 책임져야 하는가?

노트북을 버려야 할까? 그건 아닐 것이다. 교사가 시간을 되돌릴 수

는 없다. 따라서 학생들에게 디지털 공간에서 읽는 방법을 훈련시키는 것이 최선의 방책이다. 교사는 학생들이 책을 읽어야 하는 상황 또는 그 반대로 책 대신 스크린을 읽어야 하는 상황이 언제이고 어디인지를 고려해야 한다.

우리는 몇 세기 전에 읽기의 변화에 대해 우려의 목소리를 냈던 실수를 다시 저지르지 않으려면 새로운 기술의 영향에 대한 유언비어를 퍼뜨리는 행위를 경계해야 한다. 많은 부모와 교사는 '콜 오브 듀티(Call of Duty)' 또는 '어쌔신 크리드(Assassin's Creed)'와 같은 게임들이 미치는 부정적인 영향에 대해 걱정하겠지만, '어쌔신 크리드' 게임 회사가 저명한 작가인 움베르토 에코(Umberto Eco)를 플롯 컨설턴트로 두고 있다는 사실을 알면 놀랄 것이다.

읽기 자체로서 문화 자본이 되기까지 오랜 시간이 걸렸다. 소설이 시보다 천박하다는 이유로 하찮게 여기던 때가 있다. 몇 백 년 전으로만 거슬러 올라가도 아동도서는 저급한 글쓰기 수준과 단순한 어휘 구사로 성장기의 예민한 아이들에게 피해를 줄 수 있다는 이유로 비난과 멸시의 대상이었다.

어디서 많이 들어 본 내용이지 않은가?

교사로서 그리고 부모로서 우리는 읽기를 주시해야 한다. 분명한 사실은 대다수의 서양 사람이 읽고 쓰기 시작한 지 고작 200년도 채 되지 않았다는 것이다. 그만큼 읽기는 언제라도 깨지기 쉬운 위태로운 존재이다. 집에서 우리 아이들이 전자 기계에 빠져 있는 모습을 볼 때마다 나는 새로운 기술의 힘과 가능성을 인정하면서도, 학교에서의 학습 성공을 담보하는 '전통적'이며 심도 깊은 읽기의 생명력도 깨닫게 된다.

우리가 집착하는 기술이 읽기를 위험에 빠뜨릴 수 있을 것이라고 보는 입장에 대해 에드워드 제너(Edward Jenner)는 다음과 같은 경고의 뜻을 알려왔다. "만일 뛰어난 기술이 언젠가 그 기술을 만들어 낸 지적 능력을 위협한다면 매우 수치스러운 일일 것이다."[18]

읽기의 역사에 대한 이야기를 통해 우리가 깨달은 것이 있다면 1450년과 같은 결정적인 전환점(turning point)이 당시 우려된 바와는 달리 읽기에 해를 입히지 않았다는 점이다. 오히려 실제 결과는 정반대였다. 새로운 전환점은 읽기의 역사에 있어 가장 위대하고 필수적인 발명품을 내놓았다. 우리 학생들은 인터넷의 무한한 세상을 표류하면서 신중하고, 전략적이며, 점차 전문적으로 독서를 함으로써 새롭고 흥미진진한 진전을 이끌어 낼 수 있을 것이다.

한마디로 말하면 읽기는 그 어느 때보다도 더욱 중요해졌다.

오늘날 우리는 5,000년 전의 수메르 조상들과 비슷하게 읽기를 배울 테지만 미래가 우리에게 가져올 변화에 즉각적으로 대응하기 위해 어떻게 읽고 배워야 하는지를 더 정교하고 신중하게 혁신하는 방법까지 배웠다는 점은 안심이 된다.

과거의 수메르 교실을 상상해 본 뒤에 오늘날 학생들이 읽고 듣는 방식을 떠올려 본다면, 다채로운 읽기 역사를 이해할 뿐 아니라 읽기의 새로운 도약과 가능성도 엿볼 수 있을 것이다(그림 2.4 참고). 또한 읽기라는 위대한 전통을 기반으로 하여 교실 안팎에서 새로운 기회를 포착할 수 있을 것이다.

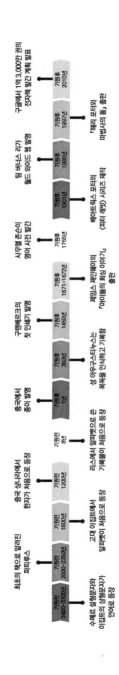

그림 2.4 읽기의 역사 연대표

## ◖◗ 요약

- 인간이 지난 5,000여 년 동안 읽기를 해 왔던 시간은 인류의 역사에 서 극히 일부분에 불과하다.

- 학교의 읽기 교육의 시초는 고대 메소포타미아(오늘날의 이라크)에 서 찾을 수 있으며 점토판에 새겨진 설형문자를 가르치는 일이었다. 당시에 교사가 읽기를 가르쳤던 방식은 놀랍게도 오늘날 교사들의 읽기 지도 방식과 매우 유사하였다.

- 지금 우리가 생각하는 책과 고대에 읽던 책은 상당히 다른 모습이었 다. 고대의 책은 띄어쓰기나 구두점이 없는 스크립투라 콘티누아 방 식으로 쓰였다. 철자와 문장 부호를 공식적으로 사용한 지는 겨우 몇 백 년밖에 되지 않았다.

- 종이의 발명, 1450년대의 구텐베르크의 인쇄기 발명, 오늘날 개인 용 컴퓨터 개발에 이르기까지 기계의 발달은 필연적으로 읽기 방식 의 변화와 발전으로 직결되었다.

- 아동도서의 위상은 근래 200년 동안 확립되었지만 유년기 시절의 읽 기와 읽기 교육에 대한 관념은 이미 그전부터 형성되어 있었다.

# ● 주석

1. Saenger, P. (1997). Space between words: *The origins of silent reading*. Stanford, CA: Stanford University Press.

2. Manguel, A. (1997). *A history of reading*. London: Flamingo, p. 43.

3. Saenger, P. (1997). *Space between words: The origins of silent reading*. Stanford, CA: Stanford University Press.

4. Manguel, A. (1997). *A history of reading*. London: Flamingo, p. 48.

5. 위의 책, p. 119.

6. Shanahan, T. (2017). *What is close reading?* Retrieved from http s://shanahanonliteracy.com/blog/what-is-close-reading.

7. Manguel, A. (1997). *A history of reading*. London: Flamingo.

8. Mayhew, H. (2018). *London labour and the London poor* (Vol. 3 of 4). A Project Gutenberg e-book. Retrieved from www. gutenb erg.org/files/57060/57060-h/57060-h.htm#Page_43.

9. Greene, G. (1999). The lost childhood. In G. Greene, *Collected essays*. London: Vintage, p. 13.

10. Grenby, M. O. (2014). The origins of children's literature. Retrieved from www.bl.uk/romantics-and-victorians/articles/

the-origins-of-childrens-literature?_ga=2.199556525.209089
0301.1549926532-624299337.1549926532.

11. Oxford Reference (2017). *The tale of Madame d'Aulnoy.* Retriev
ed from https://blog.oup.com/2017/06/fairy-tale-of-madame
-daulnoy.

12. Woolf, V. (2015). *The moment and other essays.* A Project Gute
nberg e-book. Retrieved from www.gutenberg.net.au/ebooks1
5/1500221h.html.

13. Centre for Literacy in Primary Education (2019). *Reflecting real
ities: A survey of ethnic representation within UK children's lit
erature 2018.* Retrieved from: https://clpe.org.uk/publications
-and-bookpacks/reflecting-realities/reflecting-realities-surve
y-ethnic-representation.

14. Woolf, M. (2009). *Reader come home: The reading brain in a
digital world.* New York: Harper Collins, p. 39.

15. Alloway, T. P., Williams, S., Jones, B., & Cochrane, F. (2014).
Exploring the impact of television watching on vocabulary skills
in toddlers. *Early Childhood Education Journal, 42*(5), 343–349.

16. Munzer, T. G., Miller, A. L., Weeks, H. M., Kaciroti, N., & Radesky,
J. (2019). Differences in parent–toddler interactions with electron-
ic versus print books. *Pediatrics, 143*(4), e20182012. doi:10.1542/
peds.2018-2012.

17. Delgado, P., Vargas, C., Ackerman, R., & Salmerón, L. (2018). Don't throw away your printed books: A meta-analysis on the effects of reading media on reading comprehension. *Educational Research Review, 25,* 23-38.

18. Tenner, E. (2006). Searching for dummies. *New York Times.* Retrieved from www.nytimes.com/2006/03/26/opinion/searc hing- for-dummies.html.

# Ⅲ. 읽기에 대한 과학적 시선

읽기는 우리의 일상 깊숙이 자리하고 있는 삶의 일부여서 그 존재 감을 느끼지 못할 때가 왕왕 있다. 읽기는 본래 개인적 체험이므로 읽 기를 과도하게 과학적으로 분석하려는 접근은 마치 무지개의 과학적 원리를 굳이 밝혀내서 낭만을 깨는 것처럼 팍팍하게 느껴지기도 한다. 이 시점에서 모든 교사에게 읽기에 대한 과학적 접근이 읽기 학습 과 정을 밝히는 한 줄기 서광이 되리라는 점을 일깨워 주고자 한다.

유명한 영문학 작품의 도입부를 읽어 보자.


4월, 맑지만 쌀쌀한 날이었다. 시계들이 13시를 알렸다. 윈스 턴 스미스는 찬바람을 피해 턱을 가슴에 처박고 몸을 움츠려서는 승리 맨션의 유리문으로 재빨리 안으로 들어갔다.

－『1984』, 조지 오웰(George Orwell) 저, p. 1[1]


당신이 첫 문장을 훑을 때 당신의 눈은 각 단어에 겨우 0.25초밖에 머무르지 못한다.[2] 곧바로 당신은 위 소설의 주인공 '윈스턴(Winston)' 처럼 재빠르게 두 문장의 단어들을 유창하고 규칙적인 리듬으로 읽어 나갈 것이다.

교사와 같은 능숙한 독자는 별다른 노력을 들이지 않고 글자를 소리에 대응시킨다. 그 다음에는 단어, 구, 구문(문장의 순서 및 구조)과 수많은 언어 패턴에 대한 풍부한 배경 지식들을 연결하여 맥락을 고려해 의미를 찾는다. 그러다 만약 '13시를 알리는 시계'와 같은 단어들이 끼어들어 방해하더라도, 곧바로 자신의 사고와 읽기 과정을 점검하면서 방대한 배경 지식을 동원하고 의미를 파악하면서 계속 글을 읽어 나갈 수 있을 것이다.

우리는 모든 단어를 해독하고, 각 문장을 차례대로 이해를 한 후에야 작가가 '13'이라는 숫자를 개성적으로 사용하였고, 이 소설의 작품 배경은 우리가 알고 있는 세계와는 다른 낯선 세계이며, 장르는 소설보다 확장된 장르인 디스토피아 소설(dystopian fiction)이라는 사실까지 눈치챌 수 있을 것이다.

즉, '쌀쌀한(cold)'이나 '날(day)'과 같은 간단한 단어부터 작가의 상상 속 세상을 배경으로 한 고도로 난해한 서사와 그 이상의 것들까지 이해해야 한다. 이렇게 멀고 먼 읽기의 길을 무사히 통과할 수 있는 해법을 읽기의 과학(science of reading)이 알려 줄 수 있다. 위와 같은 소설의 도입부를 읽는다면 누구라도 글의 친숙도와는 관계없이 복잡하고 현란한 과정이 눈앞에 펼쳐지게 된다. 우리가 '실제로 행하는' 읽기는 정말로 복잡하고 다면적이어서 그 과정을 밝히기가 까다롭다. 이에 우리는 읽기 행위를 보다 체계적으로 잘 이해하기 위해 언어 단위인 해독(decoding), 단어 인지(word recognition), 유창성(fluency), 독해력(reading comprehension) 등의 구성 요소로 세분화하여 접근한다.

우리의 뇌는 음성으로 소리 내는 말하기인 구두 언어를 바탕으로 읽는 법을 배웠지만 말소리를 그에 대응하는 문자 기호로 변환해야 할 시기가 되면 모든 언어활동이 어려워지기 시작한다. 저명한 심리학자인 스티븐 핀커(Steven Pinker)의 표현처럼 "아이들은 소리와 이미 연결된 상태인데, 문자는 고생스럽게 별도로 장착해야 하는 액세서리이다."[3] 따라서 교사는 소리와 문자를 자연스럽게 변환하는 방법을 어떻게 가르쳐야 하는지를 명확히 알아야 하고 능숙하게 지도할 수 있어야 한다.

영어는 수천 년 동안 전 세계의 350개의 언어에서[4] 단어를 차용하거나 도용해 온 언어라는 점만 보아도 복잡한 언어 체계임은 틀림없다. 영어 단어가 독일어보다 3배, 프랑스어보다 6배가 많고,[5] 이 단어들은 대부분 다의어[6](2가지 이상의 뜻을 가진 낱말)이기도 하다. 심지어 철자들도 미묘하게 다르다는 점까지 감안한다면 영어 해독은 어려울 수밖에 없다. 우리의 삶 전반에 걸친 읽기를 모두 수행하려면 무수히 많은 단어를 머릿속에 저장해야 한다.

이로 보아 영어 학습이 단순한 언어들보다 2배 이상의 시간이 걸리는 것은 당연하지 않겠는가?[7]

그럼에도 왜 그렇게 많은 사람이 읽기를 자연스럽게, 다른 능력에 비해 수월하게 습득할 수 있다고 착각하는 걸까? 이러한 인식은 '노련한 운전자 효과(expert car-driver effect)'로 비유할 수 있다. 운전

면허를 취득하게 되면 초보일 때는 배우느라 골치 아팠던 기어 변속, 거울 확인, 경로 이해 등의 단계가 금세 익숙해진다. 글을 읽고 쓸 줄 아는 성인 독자의 읽기 과정은 개별 기능들이 하나의 유창한 기능으로 통합되는 운전 과정과 크게 다르지 않다.

읽는 법은 말하는 법에 비하여 쉽거나 자연스럽게 습득되지 않기 때문에(물론 말을 배우는 것이 어렵다고 느끼는 사람들도 있겠지만) 아이에게 좋은 책들을 마냥 읽어 주는 것도 좋기는 하나 그것만으로는 읽는 방법을 온전히 습득하기 어렵다. 취학 전 아동의 읽기를 연구한 결과, 아동에게 동화책을 읽어 줄 때 아동은 단어보다 그림을 보는 데에 20배의 시간을 할애하는 것으로 밝혀졌다[8](나도 당연히 그럴 것이라고 예상했다). 즉, 아이들은 저절로 단어를 읽을 수 있는 것이 아니다.

또 다른 연구에 따르면 대부분의 아동은 그들의 부모가 꼬불꼬불한 글씨를 읽어 주기보다는 그림을 통해 이야기를 들려준다고 생각한다.[9] 아이들이 책 속의 글자 모양을 직관적으로 이해하려면 무수히 많은 읽기 연습과 훈련이 이루어져야 한다.

아동에게 있어 가정 내 독서 환경은 취학 전에 다채로운 대화에 노출된 경험만큼(즉, 많은 대화를 주고받으며 광범위한 대화에 참여하는 경험) 중요할 뿐만 아니라,[10] 학업 성취와 성공적인 읽기에 결정적인 역할을 한다. 대다수의 아이에게 읽기 방법을 가르친 뒤에는 '학습 목적의 읽기(read to learn)' 단계로 넘어가야 하는데 이 단계는 상당한 전략적 교수(strategic instruction)가 필요하다. 이 훈련에 필요한 시간과 학습량은 우리의 예상을 능가할 것이다.

다시 돌아와서 읽기를 운전하기에 비유(driving analogy)하자면 우리는 도로 위의 모든 운전자가 운전을 잘하는 것은 아니라는 오싹한 사실을 익히 잘 알고 있고 실감도 한다. 수많은 초보 학생 독자는 지금도 글을 읽으면서 고전하고 있다.

어떤 학부모와 교사는 자신들의 읽기 경험에 대해 별다른 정식 교육을 받지 않고도 자연스럽게 읽기 방법을 터득했다고 말한다. 그들이 밝힌 일화들은 때때로 학교에서 제공하는 발음이나 독해 전략과 같은 체계적인 조기 교육에 도전장을 내미는 데 쓰인다. 소위 '조숙한 독자(precocious readers)'[11]로 불리는 학생을 대상으로 연구한 결과, 읽기 발달에 있어서 전형적이지 않은 특성을 보였다. 이들은 가정에서 읽기를 충분히 접하고 있었고 말과 언어에 상당히 노출된 환경 속에 있어 발음 패턴(phonic patters)을 빠르게 익힐 수 있었기 때문에 나이에 걸맞지 않은 능숙함으로 글을 읽을 수 있었다.

조숙한 독자들에게 체계적인 발음이나 선택적 읽기 전략에 대한 교육들은 굳이 필요하지 않다고 판단된다. 왜냐하면 이들은 이미 스스로 발음 패턴을 깨우친 상태이며 오히려 '기초' 읽기 전략을 반복하여 지도하면 지루하게 느낄 수도 있다. 부모들은 이 같은 사례를 보면서 낙담할 수도 있다. 하지만 이들은 극소수의 독자에 불과하다. 대다수의 아동은 취학 전부터 초등학교와 중학교까지 이르기까지, 학업 성취를 위해 명시적이고 체계적이며 지속적으로 이루어지는 읽기 학습을 필요로 한다. 이 열쇠를 그들에게 쥐여 주어서 독해 암호를 풀 수 있도록 해 주자.

교사들이 읽기에 대한 지식을 개발할 수 있는 환경이 조성된다면 교실에 있는 모든 학생의 읽기 특성에 따른 교육적 처방을 신속하게 할 수 있을 것이다. 이에 반해 읽기에 대한 지식을 갖고 있지 않은 교사는 읽기 지도를 하면서 평생 골치 아플 수 있다.

## 🌓 파닉스가 대체 뭐 길래?

읽기의 초기 단계로 다시 돌아가 보자. 아주 어린 아이는 소리에 반응한다. 취학 전 아동은 간접적으로 독자가 되기 위한 준비 작업을 해야 한다. 아이가 책의 단어들을 읽으려면 다 같이 이야기를 읽어 봤거나[12] 의미 있는 대화를 나눠 보았거나[13] 즐거운 노래를 따라 불렀던 경험이 있어야 한다.

독서 연구가인 매리언 울프가 주장했듯, 우리가 읽는 단어를 구성하는 소리 체계, 즉 언어학의 한 분야인 음운론(phonology)은 성공적인 읽기의 근간이 된다.

> 음운학적 관점에 따른 언어 발달의 방대한 연구물에서는 첫소리와 끝소리의 운율 높이, 말장난이나 노래들과 같은 체계적인 놀이들이 읽기 학습 준비도에 결정적인 영향을 미친다고 보고하였다. 아이들이 시와 음악을 즐길 수 있도록 가르치는 것은 아이들에게 최고의 놀이를 만들어 주는 것이다.
>
> - 『책 읽는 뇌(Proust and the Squid)』,
> 매리언 울프(Maryanne Woolf) 저, p. 100[14]

아이들은 책을 읽기도 전에 자신을 둘러싼 세상을 읽으려 하면서 읽기의 대표적인 출발점이라 할 수 있는 시각적인 단서들을 식별하게 된다. 그래서 아이들은 길가의 '멈춤' 표지판을 인식하고 기억할 수 있는데 이는 글자들을 소리로 해독한 것이 아니라 표지판 색상과 기호들을 시각적으로 기억해서 '읽은 것(알파벳 전 단계[15])'이다. 곧바로 그 다음에 이루어지는 필수적인 단계, 즉 글자를 소리로 변환하여 인식하는 단계는 '실제' 읽기에서 매우 중요하다.

어린 학생일수록 철자 패턴을 식별하고 글자에 대응되는 소리로 변환하는 방법 등의 알파벳 코드(alphabetic code)와 고군분투하는 법을 배워야만 한다. 이 과정은 '음운 인식(phonological awareness)'에 기초한다. 음운 인식은 개별적인 글자의 소리를 인식하고, 비교하고, 변별하는 등의 능력을 포함한다. 영어에는 알파벳으로 나타낸 44개의 음소(phonemes)가 존재하는데 알파벳의 음소들은 이 책의 부록에서 확인할 수 있다.

음운 인식이 뛰어난 아동은 그들이 읽은 단어의 소리에 대한 간단하면서도 본질적인 질문에 대답을 할 수 있다. 음소 분리(isolating a phoneme)가 가능한 아동은 "'from'이라는 단어는 어떤 소리로 시작하지?"와 같은 질문에 대답할 수 있다. 음소 결합(match phonemes)이 가능한 아동은 "'bed'와 같은 소리로 시작하는 단어는 무엇이지? 'Cart? shard? 또는 beach?'"와 같은 질문에도 대답을 할 수 있다. 강세, 어조, 억양, 장단음 등의 운율 패턴(rhyming patterns) 역시 쉽게 식별할 수 있다. 이는 초기 언어 단계이지만 읽기 능력을 좌우하는 단계이며 모든 아동이 이 단계에서 쉽고 빠르게 읽을 수 있는 것은 아니다.

학교에서 영어 파닉스를 가르치는 일반적인 교수법은 학생에게 알파벳 코드를 깨우칠 수 있는 체계적인 수업이 필요하다는 과학적인 이론에 기초한 것이다.[16] 즉, 파닉스를 제대로 가르치는 이유는 "모든 아동에게 도움이 되고, 누구에게도 해롭지 않으며, 어떤 아동에게는 매우 중요하다."라고 요약할 수 있을 것이다.[17]

간단히 말하면 파닉스는 소리(음소)에 해당되는 철자(자소)를 찾아 결합하도록 명시적으로 가르치는 방법이다. 예를 들어 단어 'shop'은 철자는 4개이지만 음소는 3개뿐이다. 'sh' - 'o' - 'p'. 'Sh'는 /ʃ/으로 발음된다. 학생에게 44개의 음소를 체계적으로 가르쳐서 해독 과정이 자동화되도록 해야 한다.

영국에서는 파닉스 교수법으로 '통합적 파닉스(synthetic phonics)'를 선호한다. 이 접근법은 특정 단어를 이루는 개별 글자들의 소리를 익힌 뒤 그 소리를 조합하여 읽도록 가르치는 방법이다(예를 들면 b-a-t 소리를 조합하여 단어 bat을 읽는다). 또 다른 교수법으로 '분석적 파닉스(analytic phonics)'가 있는데 이 접근법은 개별 단어를 먼저 익힌 뒤에 단어를 형성하는 음소를 익히도록 가르치는 방법이다. 이 과정에서 학생은 전체 단어를 분석함으로써 단어 'hid'에서 'id' 소리를 구분해 내고 이를 통해 'bid'와 'did'라는 단어를 읽을 수 있게 된다.

그렇다면 파닉스 논쟁이 대체 뭐길래 이렇게도 소란스러운 것일까?

파닉스의 교육적 필요성에 대한 논쟁은 100년이 넘도록 지속되었다. 물론 1843년 당시 미국에서는 단어를 구성 요소로 분리하여 익히는 접근법에 대해 "해골 모양의, 핏기 없는, 유령 같은 모습(skeleton-shaped, bloodless, ghostly apparitions)"으로 묘사하기도 했다.[18] 이 지도법에 대해 일각에서는 학생의 읽기 동기와 태도에 부정적인 영향을 미칠 것이라는 강한 비판을 제기하였다.

시간이 지나도 파닉스 교수법에 대한 팽팽한 대립은 계속되었고, 100년 넘도록 이 논쟁은 현재진행형이다. '총체적 언어 접근법'을 지지하는 사람들은 '파닉스' 수업을 반대하였다. 환원적 접근의 파닉스 교수법 대신에 전체 단어와 실제 독서 경험을 우선시해야 한다고 주장하였다. 또한 "유령 같은" 파닉스 방식과 달리 총체적 언어 접근법에서는 읽기 동기를 유발할 수 있다고 확신했다.

체계적인 파닉스 교육이 효과적인 교수법이라고 과학적으로 입증되었음에도 불구하고(학습 대상이 어릴수록 통합적 파닉스 접근법이 더 유익하다는 일부 연구가 있음[19]), 수많은 논쟁이 학계를 뒤덮었다. 그 논쟁이 지나칠 정도로 격렬해서 '읽기 전쟁(reading wars)'이라고 불렸다.[20]

읽기를 과학적 접근으로 연구하는 읽기 과학자(the reading scientists)는 대체로 파닉스 교수법을 선호하지만, 여전히 읽기 전쟁이 끝나지 않는 이유는 영국의 '파닉스 검사(phonics check)' 때문일 것이다. 국가 차원에서 1학년 학생을 대상으로 실시하는 이 검사에서는 의미 단어(real words) 20개와 무의미 단어(non-words) 또는 외계어(alien words) 20개를 해독하도록 한다. 검사지에는 'chop'과 'sing'과 같은 의미 단어와 'skap'과 'blorn'과 같은 무의미 단어가 함께 섞여 있다.[21] 가정에서 능숙하게 글을 잘 읽는 유능한 독자에 해당하는 자녀를 둔 대다수 부모는 자녀가 'skap'이나 'blorn'과 같은 단어를 읽고 실수할 일이 전혀 없다고 예상한다. 이들에게 파닉스 검사는 그저 불쾌감만 주는 검사라는 점은 충분히 이해가 된다.

'파닉스 검사'는 부모가 경험상 알고 있는 자녀의 읽기 수준과 과학적인 읽기 검사 결과가 상충하는 면을 보여 주기도 한다. 이 검사의 핵심은 학생의 해독 능력을 별개의 읽기 기능으로 진단하는 데에 있다. 여기서 '외계어[또는 '괴물어(monster words)']'는 학생이 교과서에서 자주 보았던 익숙한 단어들로 해당 단어를 추측하지 못하게 한다. 외계어를 통해 아동의 실제 해독 능력을 보다 정확하게 평가할 수 있다. 학부모는 이 파닉스 검사의 이론적 근거를 잘 이해하고 있을까?

오랫동안 고착된 성적 지상주의 문화에서는 '파닉스 검사'도 자유로울 수 없다. 학교가 이 검사에서 많은 학생이 합격 점수를 받는 것만을 목표로 한다면 과도한 선행 학습을 조장할 뿐 아니라, 학생이 배워서는 안 될 외계어를 습득하는 결과를 초래할 수도 있다. 또한 단어 공부나 독해력의 중요성이 간과될 가능성도 있다. 일부 교사들은 이러한 평가 방식이 읽기에 대한 과학적 접근의 가치를 퇴색시킨다고 비판했다.

우리는 학생을 유능한 독자로 길러내기 위해선 파닉스만으로 충분하지 않다는 사실을 잘 알고 있다. 실제 초등학교 저학년의 파닉스에 대한 수업은 하루 중 20분 내지 30분에 불과할 것이다. 학령기 동안 교실 안팎에서 겪는 다양한 읽기 경험이 파닉스 못지않게 중요하기 때문이다.

우리는 파닉스만을 중점적으로 지도하지 않는 교육 환경, 즉 성인

과의 정기적인 독서 활동 및 다양하고 풍부한 문식 경험이 성공적인 독자를 양성하는 필수 요건임을 점을 이미 잘 알고 있다.[22] 하지만 이러한 요건을 각각 충분하게 지원하기에는 역부족이다. 운율 맞추기, 시 낭송하기, 노래하기, 말하기 모두 읽기 능력에 기여하지만 이것만으로는 충분하지 않다.

이처럼 잘 풀리지 않는 복잡한 문제에는 복잡한 해결책이 필요하다.

읽기가 이렇게도 복잡하고 다면적인 능력이라는 점을 고려할 때, 모든 학생에게 다양하고 폭넓은 지원이 필요하다는 것은 당연한 이치이다. 체계적인 파닉스 지도법은 읽기 발달에 지대한 영향을 미치는 요소를, 최대한 이른 시기에 그리고 빠르게 습득하도록 돕는 매우 효과적인 방법이다. 파닉스 교수법이 학문적 암호 해독에 크게 기여했지만, 읽기 유창성이나 읽기 동기, 독해력 등이 배제된 파닉스 수업을 주장하는 읽기 과학자는 단 한 명도 없을 것이다.

대다수의 부모와 교사는 과학적인 방법으로 조기에 독서 지도를 받은 경험이 없기에 체계적인 파닉스 연습을 유도하는 교수법에 거부감이 있을 수 있다. 그들에게 다음과 같은 쉬운 논리로 설득할 수 있을 것이다. 음운 인식과 음성학적 지식은 읽기의 토대이다. 만약 학생이 '광합성'이라는 단어를 해독하지 못하면 이 학생은 학교 교육과정을 따라가는 데에 분명 어려움이 있을 것이다. 해독 기능 즉, '단어 읽기'는 모든 학생의 성공적인 독서 생활을 위해 필수적인 기능이다.

## ● 속독? 읽기 유창성?

'읽기의 과학'은 꽤 복잡하기 때문에 사람들이 갖는 읽기에 대한 편견에 밀려서 경시될 때가 많다. 각자의 개인적 읽기 경험은 해석하기에 까다롭고, 때로는 읽기의 과학보다 더 모호하고 의미심장하다고 여겨지기도 한다. 이제 우리가 개인적인 읽기 경험에 대한 가정에 의문을 품고 이미 과학적으로 증명된 사실을 배우려고 도전한다면 교사가 알아야 할 복잡한 읽기에 대한 지식을 내면화할 수 있을 것이다.

여기서 우리는 읽기에 있어서 '속독(speed-read)'이라는 거대한 사회적 통념을 깨뜨려야 한다. 속독은 수천 개의 광고들에서 나타나는 모습과 비슷하다. 대부분의 광고처럼 속독은 판매자가 티끌만한 진실로 허공에 엉성한 모래성을 지은 것과 같다.

다음 질문에 답해 보도록 하자.

모세가 각 동물을 몇 마리씩 방주로 데리고 갔을까?

당신은 정답을 맞혔는가? 정답은 이번 장의 마지막 부분에서 확인할 수 있다. 이 질문은 속독이라는 개념이 지닌 맹점을 지적하는 동시에 속독이 읽기 능력을 향상하는 데에 크게 도움이 되지 않는다는 사실을 잘 보여 주는 예시이다.

속독을 할 수 있다는 장담은 결국 독자들이 갖고 있는 환상에 불과하다. 보통 사람은 분당 240개의 단어를 읽을 수 있다.[23] 물론 그 시간 동안 재빨리 책장을 후다닥 넘기면서 몇 천 개의 단어를 훑어볼 수도 있다. 그 과정에서 몇 개의 단어들은 어느 정도 해독할 수 있을지는 모르겠으나, 정말로 쉬운 글을 읽는 경우를 제외하고는 읽은 글의 내용을 완전하게 이해하지 못할 것이다. 아마도 그 정도로 쉬운 글은 교실에서 접할 기회는 드물 것이다.

만약 당신이 평상시의 읽기 속도(reading rate)가 분당 240개 이상의 단어를 읽는다고 한다면 글을 제대로 읽고 있다고 보기는 어렵다. 훑어 읽기(skimming, 글에서 다루는 화제와 내용이 무엇인지 대강 알기 위해 빨리 읽기) 또는 정보 탐색하며 읽기(scanning, 특정한 정보를 찾으며 읽기)라면 가능하다. 이러한 방법은 매우 유용한 읽기 전략이다. 그렇지만 이 전략은 글의 중심 내용을 찾고자 할 때는 유용할 수는 있어도 글에 대한 깊이 있는 이해에는 도움이 되지 못할 것이다. 읽기의 진정한 목표라 할 수 있는 독해력은 보다 천천히 그리고 집중해서 읽는 노력이 요구된다.

세계에서 글을 제일 빨리 읽을 수 있는 사람은 실제로 무엇을 할 수 있을까? 성인 독자 중에 글을 이해하면서 빨리 읽을 수 있는 사람은 대략 1분당 단어 600개를 읽을 수 있다고 한다.[24] 그러나 앞서 언급한 '조숙한' 독자가 할 수 있는 속독은 교사가 읽기를 어떻게 지도해야 하는가에 대해 유의미한 시사점을 제공하지 않는다. 대부분의 교실에서 제공하는 읽기 과제는 속독이 유용하지 않다. 글의 의미를 파악하기 위해서는 천천히 신중하게 읽고, 자신의 읽기 과정에 집중하는 것이 바람직하다. 이 시점에서 우리는 속독과 유창한 읽기의 미묘한 차이를 이해할 필요가 있다.

속독이라는 통념이 탄생한 이유 중 하나는 성인 독자나 고학년 학생의 '유창한 읽기'에서 비롯된 상대적으로 빠른 읽기 속도를 잘못 일컫은 데 있다. 유창한 독자(fluent readers)의 경우 단어들을 자동적으로 인지하기 때문에 모든 단어를 소리 내어 천천히 읽을 필요가 없어진다. 그들은 단어 읽기(word reading)가 자동화된 만큼 사고의 여유분이 생기면서 글의 의미를 수월하게 파악하고 나아가 내용에 적절한 표현을 추가하면서 읽는다. 유창한 독자가 글을 소리 내어 읽으면 마치 이야기를 들려주는 것처럼 '부드럽게' 들리며, 읽기 속도는 보통 사람들의 대화 속도와 비슷해진다. 우리는 판매원들의 제품 홍보와 같은 속독이 아닌, 읽기 유창성이 발달할 수 있도록 학생을 지도해야 한다.[25]

읽기 유창성(reading fluency)은 소리 내어 읽을 때 정확한 판별이 가능하다. 유창하게 읽는 사람은 표현력(expression)이 돋보이고 성량과 끊어 읽기가 글의 내용에 정확하게 잘 들어맞으며 부드럽고 안정적인 속도로 읽는다.[26] 속사포처럼 읽는 속독은 통상적으로 유창하게 읽는다고 보지는 않는다. 때로는 어떤 학생이 다른 학생보다 표현력이 탁월하더라도 표현력 자체가 독해력을 보장하지는 않는다.

아래에 제시한 티모시 라신스키(Timothy Rasinski) 교수의 '다차원적 유창성 척도(multidimensional fluency scale)'를 통해 유창한 읽기의 4가지 특성을 살펴보자.[27]

### ① 표현력(expression)과 성량(volume)

글의 내용에 부합하는 다양한 감정 표현과 성량

② **끊어 읽기(phrasing)**

단어와 절을 읽을 때 적절한 여유를 갖는 것, 주로 개별적인 단어보다는 구절과 문장 읽기에 대한 인식

③ **부드러움(smoothness)**

적절하게 끊어 읽거나 글을 잘못 읽었을 때 스스로 교정하는 것

④ **속도(pace)**

안정적인 속도, 대화처럼 읽는 리듬

교사용 읽기 유창성 진단 도구로 설계된 '다차원적 유창성 척도'는 이 책 마지막에 제시된 부록에서 참조할 수 있다.

영유아 교사는 아이들의 읽기 유창성에 중점을 두고 가르쳐 본 경험이 많다. 읽기 유창성을 위해 반복적으로 읽기 연습을 시키는 것은 물론이며, 다양한 글과 여러 번 읽기, 짝지어 읽기, 다 같이 읽기 등의 전략을 동시에 가르친다(자세한 내용은 제7장 참고). 주로 짧은 글을 선택해서 읽도록 하는데, 이는 읽기 지구력을 키울 뿐 아니라 읽기 유창성의 요소에 집중할 수 있는 반복적인 연습까지 가능하다. 이 과정의 핵심은 아동의 읽기 발달에 비계(scaffolding)를 제공하는 교사 역할(teacher role)이다.

아동이 독립적으로 글을 읽을 수 있으려면 약 95% 상당의 단어 읽기 정확도(word-reading accuracy)가 요구된다는 것은 주지의 사실이다.[28] 지나치게 읽기 어려운 글은 아동이 단어를 인지하는 데 고도의 주의 집중력이 요구되므로 읽기 유창성 발달 연습에 방해가 된

다. 지나치게 어렵지도 또 지나치게 쉽지도 않은 글, 즉 학생 수준에 적절한 글을 뜻하는 '골디락스의 글(Goldilocks text)'을 선정하는 작업은 교실에서만이 아니라 가정에서까지 전 학교급에서 아동의 읽기 환경을 지원하는 과정에서 가장 우선시되어야 한다.

단순하게 1분에 몇 단어를 읽어야 유창한 읽기 수준인지 결정하는 일은 그리 쉬운 일이 아니다. 영국 교육부에서는 읽기 유창성의 '기대 수준(expected standard)'을 '분당 단어 수(words per minute)'로 간주하는데 그 예로 7세의 기대 수준은 분당 90개의 단어이다.[29] 미국에서는 11세 학생의 상위 10%의 경우, 분당 평균적으로 대략 200개를 읽는 것으로 표준치를 정하였다.[30] 이러한 수치는 읽기 유창성을 판단할 수 있는 대략적인 근사치이며 이를 잘 활용할 경우 개별 학생의 읽기 능력을 판단하는 데 유용할 수 있다.

교사는 읽기 능력에 영향을 미치는 다른 요소들도 알고 있어야 한다. 대표적으로 글의 난도(difficulty of a text)나 읽기 목적 등이 분당 읽을 수 있는 단어의 수에도 영향을 미친다. 만약 수업 목표가 중심 내용 파악하기라면 어려운 수학 문제를 읽을 때(그리고 다시 읽을 때)보다 단시간에 더 많은 내용을 읽을 수 있을 것이다.

읽기 교육을 과학적으로 접근하는 데에 있어 자신감이 부족한 교사라 하더라도 대부분의 교사는 유창성이 부족한 독자를 직감적으로 알아차릴 수 있다. 학생과 단 몇 분 동안만 함께 있어 보면 말의 속도, 표현력, 성량과 더불어 분당 단어 수 등으로 읽기 유창성에 문제가 있는지 식별할 수 있다. 비록 읽기 유창성이 완벽한 독해력을 보장하지는 않지만 아주 연관이 없는 것은 아니므로, 이에 대한 심층적 탐구가 필요하다.

우리는 읽기의 과학에 대한 방대한 연구를 바탕으로 읽기 속도의 통념에 현혹되지 말고, 5세에서 15세까지의 연령에 따른 읽기 유창성 발달을 우선시해야 한다.

## ◑ 주의 집중하기

우리가 읽기의 과학을 더 많이 배울수록 읽기에 대한 오해를 풀 수 있으며 읽기를 어떻게 가르쳐야 하는지도 알 수 있다. 이렇게 얻은 통찰을 통해 우리는 학생이 성공적인 읽기에 실패할 때 그 원인을 정밀하게 진단하고, 학생에게 우리가 어떤 영향을 줄 수 있고 또 줄 수 없는지에 대한 실마리를 얻는다.

당신이 읽고 있는 이 책의 앞 장의 내용을 떠올려 보자. 이와 같은 지시는 종합적으로 읽도록 요구하여 상당한 부담을 준다. 당신은 이전에 읽었던 내용의 의미를 종합적으로 이해했다고 확신할 수 있는가? 당신이 실제로 읽은 단어와 읽지 않은 단어를 다시 떠올릴 수 있는가? 당신은 '읽기 유창성'을 친구에게 자신 있게 설명해 줄 수 있는가? 당신은 모든 단어를 동일한 주의 집중력으로 읽었는가?

글을 읽는 동안의 눈동자 움직임(eye movements)을 증명한 지 한 세기가 훌쩍 지났다. 에드먼드 휴이(Edmund Huey)는 1908년에 글을 읽는 동안의 눈동자 움직임을 추적하는 장치를 개발하였다. 읽기의 통념에 대한 또 다른 도전이 시작된 것이다. 우리는 절대 우리가 생각하는 것처럼 일정한 속도와 움직임으로 읽지 않는다.

성인 독자의 읽기 유창성과 부드러움은 우리 눈 속에 감춰진 진실을 착각하게 한다. 우리는 글을 읽으면서 눈동자는 몇 개의 단어들을 빠른 속도로 건너뛰게 되는데 이를 '도약(saccade, 약 20~40ms 동안)'이라 하고, 개별적인 단어와 글자에서는 일시적으로 눈동자의 움직임이 멈추기도 하는데 이를 '고정(fixations, 약 200~250ms 동안)'이라 한다. 읽기를 운전에 비유하여 눈동자의 움직임을 설명해 본다면, 우리의 눈은 마치 처음으로 차를 몰아 보는 초보 운전자처럼 더듬더듬 읽거나 읽는 도중 멈칫하기를 반복한다. 이 모든 과정은 밀리세컨드(ms) 동안에 이루어진다.

평균적으로 '도약'이 이루어지는 거리는 약 7~8글자이며, 기이하게도 이때 우리의 시야는 극히 제한된다. 이 장에서는 실제로 우리가 글을 어떻게 읽는지 눈동자의 움직임을 정밀하게 보여 주고자 다소 느린 속도로 설명하고자 한다.

우리가 책을 읽는 동안 눈동자의 움직임은 많은 이들에게
놀라운 사실을 증명해 보이며, 이에 대한 증거를 제시한다.

나이가 어린 미숙한 독자(novice readers) 또는 읽기를 어려워하는 성인 독자의 읽기 속도는 느린 편이다. 이들은 각 글자를 소리로 변환하기 위해 공을 들이고 모든 단어, 절, 문장을 인식하기 위해 평균적으

로 눈동자를 '고정'하는 데에 능숙한 독자보다 많은 시간을 할애한다.[31] 문장의 구조가 복잡해질수록 눈동자의 '고정' 시간은 점차 길어진다.[32] 또한 글을 읽다가 이해하기 어려운 단어를 발견했을 때에는 눈동자 위치가 단어의 앞 문장으로 되돌아가는 양상도 보이는데, 이를 '회귀(regressions)'라고 한다. 미숙한 독자일수록 회귀 빈도가 높다.

눈동자 움직임의 과학은 앞서 설명했던 '읽기 유창성'의 실패를 미시적인 차원에서 판별하는 데에 도움이 된다. 만약 당신이 읽기에 고전하는 학생을 만난다면 불안정한 읽기 양상이 눈에 띌 것이다. 교사가 이러한 양상을 판별할 때는 비교적 느린 속도로 읽거나, 읽을 때 스타카토처럼 끊기는 흐름을 감지했을 때이다. 만일 전문 장비가 있다면 눈동자 움직임에서 같은 양상을 발견할 수 있을 것이다.

비록 눈동자의 움직임만으로 읽기 실패를 단정할 수는 없지만 읽기 실패가 일어나는 시기를 확인할 수는 있다. 눈동자 움직임 중 '고정'은 보통 8~10세에 크게 발달하며 성인 단계의 눈동자 움직임 수준에 도달하려면 11세 정도는 지나야 한다.[33] 독서 경험이 많을수록 눈동자의 '고정'은 감소하고 '도약'은 증가하며 '회귀' 빈도는 점차 감소하게 된다. 그렇지만 능숙한 독자도 글을 읽다가 낯선 단어를 발견했을 때에는 '고정' 시간이 지연되며 복잡한 문장 구조로 된 글을 읽을 때에는 '회귀' 빈도가 높다.[34]

눈동자 움직임은 '자기 교수 메커니즘(self-teaching mechanism)'을 통해서 부드러워질 수 있다. 자기 교수란 단어 읽기 기술을 사용하여 새로운 단어를 소리 내어 말하면서 그 의미를 파악하게 하는 방법으로 독립적인 독자가 되어 가는 전략이다. 글을 읽는 동안 단어 인지는 즉각적으로 이루어지기 때문에 체계적인 유창성 훈련을 받으면 읽기 속도와 읽기 기술이 급속도로 향상된다. 유능한 독자들은 글의 내용을 이해하는 데에 큰 무리가 없는 범위 내에서 문장의 기능어(function words)를 건너뛰며 읽는 대신 명사나 동사를 주시하는 경향이 있다. 이러한 훈련을 통해 학생들은 '속독'의 허황된 믿음과는 거리가 먼, 유창하고 능숙한 독자가 된다.

글을 많이 읽을수록 단어 인지가 수월해지고 눈동자의 움직임은 더욱 부드럽게 되며, 속독에만 능한 것이 아닌 유창한 독자가 될 수 있다. 또한 글자의 조합과 패턴을 더 잘 인식하게 된다. 그렇기 때문에 'recontestable'과 같은 의미 단어들은 처음 보았을 때, 곧바로 그 의미를 파악하지 못하더라도 빠르게 인식되지만, 'izbqatstcoenr'와 같은 무의미 단어들은 눈동자의 움직임을 멈추게 하고 그 의미를 파악하는 데에 별도의 노력을 들이게 된다. 읽기는 거듭된 훈련으로 가속화되는 일련의 패턴 인식 과정이다. 고로 우리는 글을 읽을 때 글자를 단어로, 단어를 문장으로 '덩이 짓기(chunk)' 행위를 반복한다.

역사 교과서에 실린 다음 문장들을 읽어 보자.

산업 혁명은 영국 역사의 한 획을 그은 사건이었다. 18세기부터 19세기까지 이어진 이 시기는 농경 사회에서 산업 사회로, 촌락 사회에서 도시 사회로의 변화를 이끌어 냈다.

자 이제, GCSE 시험에도 등장할 법한 이 설명문을 얼마나 주의 깊게 읽었는지 생각해 보자. 개별 단어를 해독할 수 있고 유창한 독자라면 부드럽게 그리고 적절한 강세를 넣으며 구절을 읽을 수 있다. 제시된 지문을 다시 한번 읽어 보고, 어떤 구절이 '자연스러운' 한 덩이인지 생각해 보아라. 다음과 같이 덩이 짓기를 하였는가?

> **산업 혁명**은 **영국 역사**의 **한 획**을 그은 사건이었다. **18세기부터 19세기까지** 이어진 이 **농경 사회**에서 **산업 사회**로, **촌락 사회**에서 **도시 사회**로의 **변화**를 이끌어 냈다.

자연스러운 덩이 짓기를 위해서는 대체로 문장에서 중요한 역할을 하는 명사와 동사에 주목해야 한다. 명사들은 대체로 쉽게 인지되는 단어 쌍이나 구(복합 명사)의 형식으로 존재하는데, 위의 문장에서는 '산업 혁명(Industrial Revolution)'과 '영국(United Kingdom)'이 그 예가 된다. 이러한 용어들은 교과서에서 자주 접할 수 있는데 예를 들면 미술 교과에서는 '추상 표현주의(abstract expressionism)', 과학 교과에서는 '전이 금속(transition metals)'과 '이온 결합(ionic bonds)' 등이 있을 것이다. 덩이 짓기는 명사뿐만 아니라 우리가 익히 알고 있는 격언 및 관용구에서도 자주 나타난다. 예를 들어 'peace and quiet'는 고요함을 의미하는 관용구다. 이러한 관용구를 읽는 훈련을 통해 덩이 짓기를 쉽게 익힐 수 있다. 이로써 학생은 부드럽게 글을 읽으며 유창한 읽기를 하게 된다.

## ● 학생의 읽기에 관심을 기울이는 교사

과연 교사는 무엇을 할 수 있을까?

읽기에 고전하는 독자(struggling readers)를 위한 눈동자 운동법이 있을까? 그런 방법은 없다. 엄밀히 말해 유창한 독자가 되기 위한 눈동자 운동법 자체는 존재하지 않는다. 다만 이 질문에 대하여 교사들에게 해 줄 수 있는 유일한 조언은 학생에게 적절하고 풍부한 지도와 함께 폭넓은 읽기 경험을 제공하고, 읽기 수준이 정상 범위에 미치지 못하는 경우를 알아차리라는 것이다. 교사는 학생과 함께 글을 읽으면서 중요한 '덩이 짓기'를 시범 보일 수 있다. 단어를 묶어 구를 만들고 자신만의 표현력으로 소리 내어 읽어 보는 활동을 통해 읽기 유창성을 발달시킬 수 있다. 물론, 그 전에 큰 소리로 글을 낭독하는 연습이 필요하다.

더디고 수고스러운 읽기 과정에 좌절하여 고전하는 학생에게 교사는 읽기 동기를 부여할 필요가 있다. 이를 위해 교실에서 학생에게 읽어 줄 다양한 종류의 글을 선정하여 학습 의욕을 고취시키는 새로운 어휘와 표현을 소개하거나 능숙한 독자의 읽기 전략을 사용하여 읽는 모습을 시범 보일 수도 있다. 또한 학생 수준에서 새롭지만 약간 어려운 정도의 '골디락스의 책'을 읽도록 장려함으로써 '자기 교수'의 구체적인 기능을 길러 줄 필요도 있다. 골디락스의 책은 지나치게 낯설거나 어려운 표현을 사용하지는 않되, 읽기 동기를 없앨 정도로 과도하게 어렵거나 또 쉽지도 않아야 한다. 만약 우리가 숙련된 방식으로 글 읽기를 명시적으로 지도하고 있다면 읽을 글의 난도를 점차 높여 갈 수 있다.

　나의 아들 노아가 7살이었을 때, 노아는 〈최후의 영웅(Beast Quest)〉 시리즈 책에 애착을 가지면서 책 읽기에 대한 동기가 높아졌다. 읽기 훈련을 통해 읽기 유창성과 기능 역시 급속도로 향상되었다. 대체로 열린 결말을 갖고 있는 판타지 시리즈는 여러 면에서 읽기 능력에 도움을 주었다. 판타지 시리즈의 이야기 구조(narrative structure)는 전 시리즈가 동일하고, 등장인물은 친숙한 영웅과 악당들이며, 어떤 문장과 구절들은 시리즈 내에서 반복적으로 사용되곤 하였다. 나와 노아는 "내 몸에 피가 남아 있는 동안에는!"이라는 문장을 장엄한 목소리로 읽기도 했다. 또한 이 시리즈의 이야기 구조는 친숙하지만, 비교적 수준 높은 어휘 및 문장 구조를 갖고 있어 독자로 성장할 노아에게 이상적인 '골디락스의 책' 역할을 하였다. 노아는 이 시리즈를 읽으면서 어려운 어휘나 문장 구조를 급속도로 정복하면서 독립적인 읽기에 중요한 기능들을 습득해 나가기 시작하였다.

　한편, 10살인 나의 딸 프리야는 평소 읽고 싶은 책인 〈해리포터(Harry Potter)〉 시리즈와 함께 다양한 종류의 책을 읽기 위해 〈레벨 걸스(Rebel Girls)〉 시리즈와 〈어스본의 알아야 할 100가지(Usborne 100 Things to Know About)〉 시리즈와 같은 비문학 시리즈를 적절하게 혼합해서 읽었다. 이와 같은 정보 글은 다양한 전문 어휘가 제시되어 있고 여러 가지 글의 구조(표와 그림)로 되어 있어 그녀의 읽기 발달에 적합한 '골디락스의 책'의 역할을 하였다.

　수많은 중학교 교사는 7세만큼이나 읽기를 어려워하는 10대들을 수두룩하게 경험했을 것이다. 물론 읽기에 고전하는 학생들은 지속적인 읽기 실패로 인해 무기력해졌을 수도 있다. 교실에서 매번 반복된 읽기 실패의 경험은 읽기를 통한 즐거움에 대한 회의감을 갖게 할 것이다. 바로 이 지점에서 악순환이 시작된다. 이들은 읽기를 답답하고 재미없다고 느낀다. 그래서 읽기 연습을 회피하게 되는 것이다. 그 결과 읽기에 대한 좌절과 실패는 반복된다. 중학교 읽기의 난제가 바로 학습 목적의 읽기라는 점을 감안한다면 글을 제대로 읽을 줄 모르는 학생은 당연히 학업 실패의 가능성 또한 높은 것이다.

이제 우리는 단순하지만 중요한 질문을 해야 한다. 2학년, 5학년 그리고 9학년의 '골디락스의 책'은 무엇인가? 우리는 어떻게 하면 학생들의 보편적인 읽기 발달 특성과 그들의 복잡하고 개별적인 읽기 특성 사이에서 접점을 찾을 수 있을까?

우리가 읽기 교수 능력을 함양하고자 하는 교사이든, 자녀의 읽기 능력과 태도를 키워 주려는 학부모이든, 읽기의 어려움을 해결하는 방법뿐 아니라 읽기의 원리까지도 알아야 한다.

## 🌑 요약

- 읽기라는 행위는 생각만 해도 머리가 지끈지끈할 정도로 복잡하지만 밀리세컨드(ms) 동안에 일어나는 특성 때문에 단편적인 행위라고 오해할 수 있다.

- 읽기의 과학은 '읽기 전쟁'이라고 불리는 한 세기가 넘는 토론과 논쟁에 시달려 왔다. 쟁점은 초기 언어 단계의 읽기 접근법으로 파닉스의 역할 문제이다. 일부 '조숙한 독자'인 아동에게는 파닉스를 가르칠 필요가 없지만 파닉스가 '모든 아동에게 도움이 되고, 누구에게도 해롭지 않으며, 어떤 아동에게는 매우 중요하다'는 사실은 분명하다.[35]

- 읽기 유창성은 성공적인 읽기의 기반이 되지만 단순히 읽기 속도가 빠른 것만을 일컫지는 않는다. 당연히 '속독'은 하나의 잘못된 사상일 뿐이다. 읽기를 배우는 동안에는 눈동자의 움직임뿐만 아니라 읽기 유창성도 발달한다. 교실에서는 읽기 유창성을 위해 명시적인 지도가 필요한 학생들이 있다.

- 교사는 읽기 동기와 함께 단어 읽기나 읽기 유창성과 같은 기초적인 읽기 기능에도 주의를 기울여야 한다. 또한 학생 수준에 맞는 적절한 글을 선정하여 읽기 지도를 한다면 읽기 유창성과 읽기 동기도 더욱 향상시킬 수 있을 것이다.

- 모세가 방주에 몇 마리의 동물을 데리고 갔을까? 한 마리도 데리고 오지 않았다! 방주의 주인은 노아였다. 이러한 작은 실수를 '모세의 착각(Moses illusion)'이라고 부르는데 이는 우리가 무작정 빠른 속도로 읽으려고만 하면 정확한 독해가 어렵다는 것을 보여 주는 좋은 예시이다. 속독은 글을 읽는 것이 아니라 대충 훑어보는 행위일 뿐이다.

# ◖ 주석

1. Orwell, G. (1949). *1984.* London: Penguin.

2. Woolf, M. (2008). *Proust and the squid: The story and science of the reading brain.* Cambridge, UK: Icon Books.

3. Pinker, S., & McGuiness, D. (1998). *Why children can't read and what we can do about it.* London: Penguin, p. ix.

4. Dictionary.com (2018). Which words did English take from other langu ages? Retrieved from www.dictionary.com/e/borrowed-words.

5. Bromley, K. (2007). Nine things every teacher should know about words and vocabulary instruction. *Journal of Adolescent & Adult Literacy, 50*(7), 528-537.

6. Tennant, W. (2014). *Understanding reading comprehension: Processes and practices.* London: Sage.

7. 언어학자들은 언어를 표면 철자 체계(예: 스페인어와 핀란드어처럼 소리와 철자 사이에 비교적 밀접한 관련성이 있는 문자 체계) 또는 심층 철자 체계(예: 영어처럼 소리와 철자 사이의 상관성이 상대적으로 거의 없는 문자 체계)로 설명한다. 영어와 같이 심층 철자 체계 언어는 읽기 학습이 더 어렵다.

8. Ann Evans, M., & Saint-Aubin, J. (2005). What children are looking at during shared storybook reading: Evidence from eye-movement

monitoring. *Psychological Science, 16*(11), 913–920. https://doi.o rg/10.1111/j.1467-9280.2005.01636.x.

9. Ferreiro, E., & Teberosky, A. (1982). *Literacy before schooling.* Portsmouth, NH: Heinemann Educational Books.

10. Hamilton, L. G., Hayiou-Thomas, M. E., Hulme, C., & Snowling, M. J. (2016). The home literacy environment as a predictor of the early literacy development of children at family risk of dyslexia. *Scientific Studies of Reading, 20*(5), 401–419. doi:10.1080/1088 8438.2016.1213266.

11. Olson, L. A., Evans, J. R., & Keckler, W. T. (2006). Precocious rea ders: Past, present, and future. *Journal for the Education of the Gifted, 30*(2), 205–235. https://doi.org/10.4219/jeg-2006-260.

12. Law, J., Charlton, J., McKean, C., Beyer, F., Fernandez-Garcia, C., Mashayekhi, A. & Rush, R. (2018). *Parent–child reading to improve language development and school readiness: A systematic review and meta-analysis (final report).* Newcastle and Edinburgh: Newcastle University and Queen Margaret University.

13. Snowling, M., Hulme, C., Bailey, A., Stothard, S., & Lindsay, G. (2011). *Better communication research programme: Language and literacy attainment of pupils during early years and through KS2: Does teacher assessment at five provide a valid measure of children's current and future educational attain-ments?* Department for Education Research Report, 172a.

London: Department for Education.

14. Woolf, M. (2008). Proust and the squid: *The story and science of the reading brain.* Cambridge, UK: Icon Books.

15. Ehri, L. C., & McCormick, S. (1998). Phrases of word learning: Implications for instruction with delayed and disabled readers. *Reading & Writing Quarterly, 14*(2), 135-163. doi:10.1080/ 105 7356980140202.

16. 위의 책.

17. Snow, C. E., & Juel, C. (2005). Teaching children to read: What do we know about how to do it? In M. J. Snowling & C. Hulme (Eds.), *The science of reading: A handbook* (pp. 501-520). Malden, MA: Blackwell.

18. Seidenberg, M. (2013). The science of reading and its educational implications. *Language Learning and Development, 9*(4): 331-360. doi:10.1080/15475441.2013.812017.

19. Shanahan, T. (2018). Which is best? Analytic or synthetic phonics? Retrieved from www.readingrockets.org/blogs/shanahan-literacy/which-best-analytic-or-synthetic-phonics.

20. Castles, A., Rastle, K., & Nation, K. (2018). Ending the reading wars: Reading acquisition from novice to expert. *Psychological Science in the Public Interest, 19*(1), 5-51. https://doi.org/10.1

177/1529100618772271.

21. Department for Education (2018). *2018 national curriculum assessments: Key stage 1 phonics screening check, national assessments.* Retrieved from https://assets.publishing.service. gov.uk/government/uploads/system/uploads/attachment_data/file /715823/2018_phonics_pupils_materials_standard.pdf.pdf.

22. Mol, S. E., Bus, A. G., de Jong, M. T., & Smeets, D. J. H. (2008). Added value of dialogic parent-child book readings: A meta-analysis. *Early Education and Development, 19*(1), 7-26. doi:10.1 080/10409280701838603.

23. Brysbaert, M. (2019). How many words do we read per minute? A review and meta-analysis of reading rate. https://doi.org/ 10. 31234/osf.io/xynwg.PsyArXiv preprint.

24. Carver, R. (1992). Reading rate: Theory, research, and practical implications. *Journal of Reading, 36*(2), 84-95.

25. Rasinski, T. V., Rikli, A., & Johnston, S. (2009). Reading fluency: More than automaticity? More than a concern for the primary grades? *Literacy Research and Instruction, 48*(4), 350-361. doi: 10.1080/19388070802468715.

26. Rasinski, T. V. (2006). Reading fluency instruction: Moving beyond accuracy, automaticity, and prosody. *The Reading Teacher, 59*, 704-706.

27. Rasinski, T. V., & Padak, N. (2005). Three-minute reading assessments: *Word recognition, fluency, and comprehension for grades 1–4.* New York, NY: Scholastic; Rasinski, T. V., & Cheesman Smith, M. (2018). The megabook of fluency. New York, NY: Scholastic.

28. Texas Education Agency (n.d.). Fluency: Instructional guidelines and student activities. Retrieved from www.reading rockets.org/article/fluency-instructional-guidelines-and-student-activities.

29. Department for Education (2018). *2018 key stage 1 teacher assessment exemplification: English reading – working at the expected standard.* Retrieved from https://assets.publishing.service.gov.uk/government/uploads/system/uploads/attachment_data/file/762975/2018_key_stage_1_teacher_assessment_exemplification_expected_standard.pdf.

30. Hasbrouck, J., & Tindal, G. (2017). *An update to compiled ORF norms (technical report no. 1702).* Eugene, OR. Behavioral Research and Teaching, University of Oregon.

31. Blythe, H., & Joseph, H. S. S. (2011). Children's eye movements during reading. In S. P. Liversedge, I. Gilchrist, & S. Everling (Eds.), *The Oxford handbook of eye movements* (pp. 643–662). Oxford: Oxford University Press.

32. Rayner, K., & Duffy, A. (1986). Lexical complexity and fixation times in reading: Effects of word frequency, verb complexity,

and lexical ambiguity. *Memory and Cognition, 14,* 191-201.

33. Blythe, H., & Joseph, H. S. S. (2011). Children's eye movements during reading. In S. P. Liversedge, I. Gilchrist, & S. Everling (Eds.), *The Oxford handbook of eye movements* (pp. 643-662). Oxford: Oxford University Press.

34. Warren, T., White, S. J., & Reichie, E. D. (2005). Investigating the causes of wrap-up effects: Evidence from eye movements and E-Z reader. *Cognition, 111,* 132-137.

35. Snow, C. E., & Juel, C. (2005). Teaching children to read: What do we know about how to do it? In M. J. Snowling & C. Hulme (Eds.), *The science of reading: A handbook* (pp. 501-520). Malden, MA: Blackwell.

# IV. 독해력

　학생들에게 허구적인 글과 정보 글 등 여러 장르의 글을 읽게 하여 온 세상을 탐구하는 경험을 제공하는 일은 교사 고유의 특권이다. 6학년이 된 톰이 19세기의 어느 밤에 정원을 탐험하는 이야기를 읽든지 지리(geography) 수업 시간에 뉴질랜드에서 지진이 발생한 사건에 대한 글을 읽든지 글을 읽으면서 자기만의 새로운 모험을 떠나려면 풍부한 단어와 배경 지식이 필요하다.

　인간에게 있어 이해의 여정은 어머니 뱃속에서 태어나면서부터 시작된다. 부모나 양육자의 따스한 품속에서 그림책을 읽는 아이들은 소통에 대한 인식뿐 아니라 종이책에 대한 이해까지 넓힌다. 믿기 어렵겠지만 영유아가 그림책 속의 그림을 손가락으로 가리키는 행위는 훗날 지리 교과서 속의 그래프를 해석하는 능력으로 발전하는 중요한 활동[1]이다. 초기 언어 발달 단계에서 글자, 단어, 이야기들을 접할 수 있는 책 읽기나 대화 경험이 부족한 아동이 많을수록 교사의 지도에 영향을 주는 학력 격차가 조기에 나타난다.

책을 읽고 대화를 나누거나 질문과 대답을 주고받으면서 듣기 능력과 말하기 능력이 신장되는데, 이는 훗날 독해력(reading comprehension)의 기반이 된다. 초기 언어 발달 단계에 다양한 언어 경험이 부족하다면 머지않아 글 읽기에서 그 부족한 경험만큼의 공백이 생길 수 있다. 이처럼 정교한 독해력은 말하기 경험과 듣기 경험이 풍부할수록 발달한다. 따라서 교사는 교실 속 구두 언어 발달에도 만전을 기해야 할 것이다. 교사와 학생 사이에서 이루어지는 모든 상호작용은 독해력에 도움이 된다. 이것이 평소 학교생활에서 책을 읽고 대화하는 활동이 많아야 하는 이유다.

복잡한 인지 과정인 독해력의 복잡성을 쉽게 이해하기 위해 읽기를 현실적이면서도 단순하게 접근한 사례를 들어 보기로 하자.

읽기 행위가 어떻게 가정환경에 영향을 받는지 그리고 읽기 기능이 어떻게 발달하고 통합하며 정교해지는지 보여 주는 유명한 일화로 영국의 위대한 시인 밀턴의 이야기가 있다.[2] 시력을 잃어 가던 노인 밀턴은 두 딸에게 그리스어와 라틴어로 된 고전을 읽어 달라고 부탁하였다. 딸들은 그리스 단어를 눈으로 볼 수는 있지만 아버지에게 읽어 드린 책의 의미는 전혀 이해하지 못했다. 반대로 밀턴은 고전을 눈으로 볼 수 없었지만 책 속의 단어를 듣고 의미를 이해할 수는 있었다.

밀턴 가족의 유명한 일화는 성공적인 독자가 되려는 모든 이에게 읽기 기능이 지닌 복잡한 속성을 잘 보여 준다. 독서와 대화가 상호의존적인 관계임을 방증하며 독서가 구술 행위에서 비롯되었다는 역사적 사실까지도 상기하게 한다. 성공적인 독자가 되려면 가족의 지원 역할이 얼마나 큰지도 일깨워 준다.

그렇다면 교실에서 글을 읽을 때, 단어 읽기와 독해 능력의 격차를 어디에서 발견할 수 있을까?

영어 교사 시절, 나는 한 학생이 내게 알쏭달쏭한 표정으로 당혹스러운 질문을 했던 모습을 아직도 기억하고 있다. 그 학생은 "워즈워스(Wordsworth)는 왜 굳이 수선화에 대한 시를 쓰려고 했을까요?"라고 질문했다. 여기서 나는 그 학생의 단어 읽기와 독해 능력의 심각한 격차에 주목했다(대체로 오독은 읽기 동기에 부정적인 영향을 미친다). 워즈워스의 시를 큰 소리로 유창하게 낭독할 수는 있어도 시인의 비유, 함축 그리고 낭만주의의 상징적 표현과 사상을 이해하는 데에는 실패한 것이다.

읽기라는 행위는 우리 머릿속 방대한 기억 공간에 저장된 단어들(words), 언어학적 패턴(linguistic patterns), 글 구조(text structures) 등에 대한 지식과 글의 내용을 연결하고 통합하면서 이루어지는데 이 모든 세부 과정은 동시다발적으로 일어난다. 워즈워스를 연구하는 학자의 말에 의하면, 독자는 그의 시에서 수선화라는 단어만으로도 희열과 장엄한 감동이 동시에 밀려오는 듯한 느낌을 받으며 작가의 심오한 통찰력까지 발견한다고 한다. 이처럼 독해의 범위는 폭넓고, 독자마다 반응의 양상은 다양하기 때문에 하나로 정의하고 규정하기가 어려울 수밖에 없다. 우리는 학생의 독해력을 간접적으로 관찰[3]할 수밖에 없다. 교사라면 교실에서 이러한 일을 종종 경험하곤 한다. 나는 수업 시간에 「수선화(Daffodils)」를 비롯하여 수많은 시를 잘 가르치려고 애썼지만 그럴수록 학생들은 자주 어리둥절해했다.

그렇다면 배경 지식이 부족한 학생에게는 어떤 수업이 필요할까? 학생이 6세이든 16세이든, 어려운 글을 읽어야 할 때는 얼마나 많은 배경 지식이 필요한가? 그리고 배경 지식이 충분하지 않을 때 독해하는 다른 방법은 없을까?

## ◐ 풍차의 신비

나는 아들과 읽기 숙제를 하면서 단어 읽기와 독해 능력의 격차를 뼈 저리게 느낀 적이 있었다. 아들 노아가 6살이었을 무렵, 그레천 워플 (Gretchen Woefle)이 500년 전에 쓴 『케이티, 풍차 고양이(Katje the Windmill Cat)』라는 책을 읽는 숙제를 해야 했다. 그 책은 단어 읽기를 막 연습하기 시작할 무렵이었던 노아가 읽기에는 너무 어려웠다. 그가 읽었던 책의 도입부를 읽어 보자.

> 케이티의 삶은 단조로웠다. 그녀는 바닷가 옆 네덜란드 마을에 살고 있는 방앗간 주인 니코와 함께 살았다. 니코가 곡물을 빻고 있는 동안 케이티는 쥐를 잡으러 다녔다. 그녀는 사다리를 오르락 내리락하며 밀가루가 뒤덮인 천장과 곡물 자루 뒤를 찾아다녔다.
>
> -『케이티, 풍차 고양이(Katje the Windmill Cat)』,
> 그레천 워플(Gretchen Woefle) 저, p. 3[4]

자, 이제 이 글의 어떤 단어와 배경 지식이 평범한 6세 아이를 괴롭혔는지 생각해 보자. 독해력의 핵심이 어휘력이라면, 노아의 독해를 방해하는 단어들은 과연 몇 개였을까?

우선 '방앗간 주인', '네덜란드', '곡물을 빻고', '찾아다니다', '밀가루로 뒤덮인 천장'과 같은 단어와 구절들은 노아가 전혀 이해할 수 없는 다른 세상의 말이었다. 단어 자체를 어렵게 느끼면 독해와 글의 맥락 파악에 방해가 된다. 이렇게 수없이 많은 장벽에 부딪히던 노아는 내용과 이야기 구조 파악을 어려워했다.

다행스럽게도 아들은 나와 책에 대한 대화를 나누면서 단어 의미를 찾고, 질문하고, 생각해 보면서 독해의 어려움을 차츰 줄여 갈 수 있었다. 나는 노아의 독해를 돕기 위하여 내용에 대한 질문을 던졌고 독해에 필요한 배경 지식을 제공해 사고를 자극했으며, 글을 보다 넓은 시각으로 바라볼 수 있게끔 표현과 의미를 연관 짓도록 유도했다. 노아는 이미 알고 있던 단어 지식과 그동안 읽었던 이야기들을 비롯한 다양한 지식을 끄집어 낼 수 있었다. 이러한 지원들은 노아가 독해하는 데에 매우 유용했으며, 읽기 동기를 신장시키는 데에도 일조하였다.

하지만 여기서 우리가 고려해야 할 사항이 있다. 이러한 과제를 모든 학생에게 내준다면 어떠한 문제가 발생할까? 학교 밖의 어떤 요소들이 교실 속 읽기 격차(the reading gap)를 만드는 것일까? 낯설고 어려운 글을 읽을 수 있으려면 교실에서 어떤 대화가 이루어져야 할까?

노아가 글과 관련된 질문을 다시 읽거나 중요하다고 생각하는 단어나 구절에 밑줄을 긋는 등의 읽기 전략을 스스로 사용하는 모습을 본적이 있다. 밑줄 긋기 전략을 배운 적이 있는지 물었더니, 혼자서 생각해 낸 방법이라고 대답했다. 물론 나는 노아의 대답을 곧이곧대로 믿지는 않았지만, 독해에 대한 노아의 전략적인 접근법만큼은 옳았다는 사실은 부정할 수 없었다.

그렇다면 우리는 교사로서 학생의 세상사 지식(knowledge of the world)을 확충하고 독해력을 발달시키는 동시에 독해 전략을 명시적으로 설명하고, 시범 보이고, 훈련시키는 일에 집중해야 할 것이다. 특히 교실 현장에서 많이 있을 법한 배경 지식이 부족한 학생에게는 독해력을 높일 수 있는 다양한 지원을 제공해야 한다.

풍차 이야기 글을 잘 읽지 못했던 학생이라도 독해력은 무엇이며 교실 속 읽기는 어떻게 이루어지는지 제대로 이해한다면, 독서로 세상을 탐구하려는 열정이 생길 것이다.


## ◐ 글을 읽으면서 '정신 모델' 형성하기

풍차 배경에 대한 이야기 글이든 GCSE 물리학 시험의 에너지에서 지문이든, 우리는 글을 읽으면서 읽고 있는 글에 대해 마음속으로 정신 모델(mental models)[5]을 형성한다. 즉, 우리는 과학적인 탐구 과정에 대한 설명문을 읽으며 한 장면의 이미지 또는 논리적인 연속성을 만든다.

그렇다면 학생들이 글을 읽으면서 세상사 지식을 바탕으로 정신 모델을 잘 형성할 수 있는 방법은 무엇일까?

물론 많은 양의 배경 지식을 가지고 천천히, 공들여서 글과 통합하는 작업은 어떤 종류의 글을 독해하든 중요하다.[6] 노아가 네덜란드의 풍차에 대해서 아는 것이 많을수록 책 속 배경을 쉽게 상상하고 '방앗간 주인'과 '네덜란드'라는 단어 의미를 이해할 수 있다. 그러므로 단어에 대한 배경 지식, 즉 어휘 지식(vocabulary knowledge)은 독해력을 측정하는 중요한 요소 중의 하나이다.[7]

노아는 전형적인 이야기 구조 및 글 구조와 같은 글의 전개 방식 및 언어 관습(conventions of language)을 충분히 숙지해야 한다. 이야기의 도입부에 대한 관습을 미리 알고 있다면 케이티의 이야기가 어떻게 시작해서 어떻게 끝날지도 예상할 수 있다. 게다가 문장 내에서 단어와 사상이 연결되는 문장 구조(structure of sentences)까지 알고 있다면 이야기의 정신 모델 형성을 형성하기가 훨씬 수월할 것이다. 물론 글을 읽는 동안에 자신의 방대한 배경 지식을 활성화하며 읽는 것도 중요하다.

독해에 있어 독자의 배경 지식이 지닌 영향력을 보여 주는 유명한 예시들이 꽤 많다. 야구든 혹은 종이 접기의 독특한 예술이든, 독서를 즐기는 성인 독자조차도 당황스럽게 하는 낯선 주제의 글을 일상에서 자주 접한다. 이러한 상황은 학교 교육과정 내에서도 크게 다르지 않다. AQA 주관 GCSE 시험의 물리학 공식표에 있는 다음 문장을 한번 이해해 보자.

전류를 전달하는 도선(자기장에 수직으로)에 가해지는 힘 = 자기장 크기 × 전류 × 도선 길이 밀턴의 딸들이 라틴어 고전을 읽었던 상황처럼 당신이 과학자가 아닌 이상, 이 문장을 눈으로 볼 수는 있어도 더 이상의 의미는 이해하기 힘들 수 있다. 아마도 GCSE 물리학 공식의 의미와 쓰임을 모르는 사람이라면, 이 문장을 제대로 이해하지 못할 것이다.

특히 고학년은 학문적 읽기를 하려면 상당한 배경 지식이 있어야 하는데, 그런 배경 지식이 전혀 없는 상태에서 여러 글을 읽어야 할 때가 많다. 그야말로 진퇴양난(catch-22)의 느낌일 것이다.

주어진 글을 읽기 전에 연극 영화나 데이비드 애튼보로우(David Attenborough)의 다큐멘터리를 보면 읽을 글과 관련된 배경 지식을 쌓을 수 있겠지만, 학교에서 읽는 교과서에 실린 글은 대체로 영화나 미디어의 언어보다 복잡하기 때문에 영상을 보는 것만으로는 교과서의 복잡한 문장 구조를 이해하는 데에 한계가 있다.[8] 교사가 학생의 독해 편의를 위해 파워포인트 슬라이드에 내용을 간추려서 제공한다면 학생은 전문 독자로 성장할 수 있는 학술적인 글 읽기라는 기회를 박탈당하게 된다. 우리는 모든 학생에게 이 세상 모든 배경 지식을 딱 들어맞는 시기와 순서로 가르쳐 줄 수는 없다. 그렇기에 학교 교육과정에서 어떤 배경 지식을 어떤 순서로 가르칠지 정하는 일은 충분히 가치가 있다. 노아가 책을 읽기 전에 풍차에 대해 알고 있었다면 아마도 풍차 이야기는 어렵지 않게 이해할 수 있었을 것이며, 글의 이해를 돕는 정신 모델도 구체적으로 형성했을 것이다.

모든 분야의 배경 지식을 제때에 적합한 순서로 가르치기 어려운 현실은 배경 지식의 규모가 방대하다는 점을 생각하면 당연한 이치이다.

궁극적으로 모든 학생이 배경 지식이 부족하더라도 글을 읽으면서 새로운 지식을 축적할 수 있는 전략적 읽기(strategic reading)에 대한 적절한 교육이 필요하다. 노아가 글을 읽으면서 핵심 단어와 구절에 밑줄을 긋기 위해 읽는 도중에 의도적으로 멈추는 것처럼, 우리는 학생의 배경 지식을 개발하는 동시에 전략적 읽기 방법을 상세하게 가르쳐야 하는 이유와 그 가치를 교실 속 소소한 일상 속에서 체감할 것이다.

## ● 추론하기의 중요성

아래의 단어와 일상에서 자주 쓰이는 관용구(idioms)를 보고 관련 있는 것끼리 연결해 보자.

- 월급(salary)
- 유능한(worth one's salt)
- 소멸(decimation)
- 주사위는 던져졌다(the die is cast)
- 12월(December)

우리는 위와 같은 단어와 관용구를 통해 얼마나 많은 아이디어를 떠올리고 추론하며 합리적 추측을 할 수 있을까? 생성한 아이디어, 추론, 합리적 추측들을 어떻게 연결하고 조직할 것인가?

어떤 사람은 돈은 유능함 또는 부유함과 연관성이 있으므로 '월급'과 '유능함'을 연결할 수도 있다. 만약 두 단어의 어원(단어의 역사)까지 들여다보면 '월급(salary)'이라는 단어는 라틴어 '살라리움(salarium)'에서 유래하므로 당시 귀중한 자원이던 소금으로 로마 군인에게 임금을 지불했던 역사를 떠올릴 수도 있다. 이와 같은 추론을 통해 배경 지식을 겹겹이 쌓을 수도 있다. 단어의 어원을 추론하면 '유능함'과 '월급'은 우리가 애초에 추론했던 단어 의미보다 더 깊은 관련성을 지니게 된다.

'소멸'과 '12월'에 공통적으로 포함된 접두사 '디셈(decem)'은 숫자 '10'을 뜻하는 라틴어이다. '12월(December)'은 로마 달력에서 10번째 달을 의미한다. 흥미롭게도 '소멸(decimate)'은 잔혹한 역사를 가지고 있는 단어인데, 반역하거나 복종하지 않는 로마 군인 10명 중 1명을 추첨하여 죽였던 경고성 처벌 방식에 역사적 기원을 두고 있다.9

'주사위는 던져졌다(the die is cast)'는 관용구의 유래를 살펴보면, 또 로마에서 그 기원을 찾을 수 있다. 율리우스 카이사르(Julius Caesar)가 군대를 이끌고 이탈리아의 루비콘 강을 건너며 이 명언을 남겼다고 전해진다. 이 명언은 한 쌍의 주사위 중 하나가 이미 던져졌기 때문에 이제는 더 이상 되돌릴 수 없음을 의미한다.

이처럼 단어와 관용구에 대한 해박한 지식을 갖고 있으면 글의 내용과 배경 지식 사이에서 연상과 추론을 확장할 수 있다. 어휘 지식은 교실에서 읽는 글에 대한 큰 그림을 완성하게 하는 중요한 퍼즐 조각임에 틀림없다. 위의 예에서 로마 역사와 라틴어에 대한 배경 지식은 읽고 있는 글의 정신 모델을 형성하는 데 중요한 기틀을 제공한다.

우리가 학생이 갖고 있는 다양한 읽기 경험을 고려하여 읽기 교육 과정을 개발한다면 미시적인 접근에서 읽기의 구성 요소뿐 아니라 정신 모델을 형성하는 데에 필요한 배경 지식, 즉 세상사, 역사, 언어 지식을 선정하는 작업부터 해야 한다. 교사가 「로마서」를 가르친다면 학생들이 읽어야 할 세상과 역사는 무엇이며, 습득해야 할 언어는 무엇인지에 대한 의사 결정이 내려진 것이다.

단어, 구절, 언어적 장치를 통한 복합 추론 능력은 성공적인 독자임을 보여 주는 지표 중 하나이다.[10] 영국에서 실시하는 KS2 SATs 읽기 시험에서는 복합 추론 능력을 2018년에는 무려 70%,[11] 2019년에는 절반 이상을 평정하도록 되어 있다.[12] 누구나 예상하겠지만 독해를 힘들어하는 학생은 대체로 관용구와 은유나 과장 등의 비유적 표현에 대한 지식이 부족하므로[13] 글을 읽으면서 추론하는 일이 드물다.

허쉬(E. D. Hirsch)는 명료하고 간결한 글을 읽을 때 사실상 추론이 더 어렵다고 주장한다. 그는 "고작 한 장 분량의 단어를 이해하려면 그 한 장에 적혀 있지 않은 수많은 정보를 알고 있어야 한다."고 말했다.[14]

교사는 학생들에게 무수한 글을 읽힐 때마다 1개의 단어로 중층적 의미(layers of meaning)를 탐구하는 활동으로 가장 쉬운 수준의 추론을 시범 보일 수 있다. 영어 단어는 대략 80%가 다의어(polysemous words)에 속한다.[15] 이는 하나의 단어가 여러 의미를 지니고 있다는 뜻이다. 그러므로 주어진 단어, 구, 관용 표현의 여러 의미를 추론하는 능력은 학업 성공을 위한 읽기 기능이다. 질문하기, 예측하기, 배경 지식과 전략적으로 연결하기 등은 모두 추론 전략에 속한다.

교과목마다 상이한 언어 특성 때문에 학생은 학술적인 글(academic text)을 읽을 때마다 교과별로 적절한 추론을 해야 한다. 예를 들어 과학 (science)에서 사용되는 'solution(용액)'은 역사에서의 'solution(해석)'과 다른 의미이다. 미술이나 직물에서 사용되는 'bleeding(퍼짐)'은 영문학의 비극 장르에서 쓰이는 'bleeding(유혈)'과 의미가 전혀 다르다. 이렇게 미묘하게 의미가 달라지는 단어의 조각은 독해라는 큰 그림을 완성하지 못하게 하는 방해물이 될 수도 있다.

읽기에서 추론은 배경 지식, 단어 지식, 장르 지식, 언어 지식을 광범위하고 종합적으로 아는 것이다. 그리고 이러한 배경 지식을 활성화하고, 질문을 던지며, 배경 지식의 차이를 인식하여 전체적인 이해로 완성하는 것이다.

이 책에서는 종종 읽기를 퍼즐 조각에 비유(jigsaw analogy)하면서 논의를 이어 갈 것이다. 단어, 장르 및 주제에 대한 지식들은 모두 퍼즐의 한 조각이다. 그래서 독자는 글을 읽는 동안 여러 퍼즐을 끼워 맞추는 적극적인 작업을 해야 한다. 우리는 글을 읽는 동안에 자신의 사고 과정을 점검하고 조정하는데, 이를 '초인지(metacognition)'라 한다.[16] 글을 읽는 동안에 이루어지는 중요한 사고 과정은 질문하기, 정신 모델 만들기, 글을 제대로 이해하지 못할 때 알아차리기 등이 있다. 물론 인지 활동이 없는 초인지 활동은 불가능하다. 만약 인지 활동이 일어나지 않는다면 퍼즐 조각들을 맞추는 능력이 아무리 뛰어나더라도 그 퍼즐은 불완전한 상태로 남게 된다.

글을 읽으면서 초인지 전략으로 읽기 계획 세우기, 이해도 점검하기, 배경 지식 활성화하기, 모르는 내용 질문하기 등을 활용하면 복잡한 글을 잘 이해할 수 있을 뿐만 아니라 독해 문제를 푸는 어려운 과제에도 자신 있게 접근할 수 있다.[17]

교사는 연령별 읽기 지도 경험으로 읽기 격차를 유발하는 학교 교육과정상의 잠재된 배경 지식을 예측할 수 있다. 물론 모든 교사가 이를 예측할 수 있지는 않다. 우리는 교육과정을 설계할 때 계열성(sequence)을 고려하여 읽기에 필요한 배경 지식을 명시적이면서도 누적적으로 연결하여 조직할 수 있다. 예를 들어 KS1 단계와 KS2 단계의 컴퓨터 과목에서는 '알고리즘(algorithms)'의 개념을 먼저 가르친 뒤에 복잡한 '알고리즘'을 풀기 위한 방법과 분석 과정을 가르치는 것이다. 이러한 개념들이 컴퓨터 과학의 광범위한 정신 모델로 연결되면서 컴퓨터 과목의 글을 독해하는 데 도움을 준다.

교실에서는 완벽하게 설계한 수업 계획서에 구애받지 않고 학생의 읽기를 계속적으로 지원하고, 특히 배경 지식이 부족한 학생에게는 추론을 시도할 수 있도록 교사가 적극적으로 피드백을 제공해야 한다. 우리가 배경 지식을 사전에 지도했음에도 불구하고 여전히 모르는 학생이 있지 않은가! 또 어떤 사실이나 단어를 '알고' 있어도 이를 활성화하여 추론하지 못하거나 관련 지식들을 연결 짓지 못하는 학생도 있다.

교사는 학생 개개인의 독해력 문제를 일일이 알아차릴 수 없다. 독해력은 배경 지식의 양으로만 결정되지 않으며, 배경 지식을 얼마나 활성화하는지 또 얼마나 전략적으로 읽는지도 중요하기 때문이다.[18] 학생의 독해력 수준은 교실에서 이루어지는 긴 대화를 통해 확인될 때가 많다. 의외로 짧은 SATs 문제가 교사에게 알려 줄 수 있는 학생의 정보는 극히 적다.

그레이엄 너텔(Graham Nuttall)은 '학생의 숨겨진 삶'이라는 대규모 연구를 위해 교실에서 이루어지는 수업 장면을 수천 시간에 걸쳐 녹화하였다. 그는 연구를 통해 교사가 가르치는 내용 중 40%에서 50% 정도는 학생들이 이미 알고 있는 내용이라는 사실을 밝혀냈다.[19] 여기서 문제는 모든 학생이 가지고 있는 배경 지식이 동일하지 않다는 것이다. 이러한 실험 결과로 우리는 모든 학생에게 글에 대해 '완전한' 이해를 기대할 수는 없다는 결론을 얻을 수 있다. 따라서 학생들은 매 수업마다 글을 읽으면서 글 또는 작품 속 작가에게 질문하기와 같은 추론 활동을[20] 꾸준히 연습해야 한다.

교육과정 내에서 다양한 책 읽기와 책에 대한 대화 나누기 활동은 지속적이면서도 정합성 있게 조직되어 있어야 한다. 이는 학생의 배경 지식을 개발하는 데에 필수적이기 때문이다. 교사는 학생의 추론과 독해 능력 향상을 위해 주요 어휘들을 가르치는 것도 좋지만 무엇보다 단어와 그 단어가 가지는 다양한 의미에 주의를 기울여서 이들을 자유롭게 연결 짓도록 장려할 필요가 있다. 읽은 책에 대해 글을 쓰고[21] 생각을 설명하고 반성해 보며 예측한 의미를 재구성하는 활동도 도움이 된다. 이러한 초인지 활동을 '단어 의식(word consciousness)'이라 한다.

교실 대화에서 학생이 읽는 글에 대하여 알고 있는 것과 알게 된 것을 이끌어 내기 위한 질문하기나 대화하기 과정은 반드시 필요하다. 책을 읽고 난 뒤 글을 쓰며[22] 자신의 생각을 구체적으로 설명하고 또

성찰하면서 사고를 확장하는 경험 역시 독해에 큰 도움이 된다.

교실에서 이루어지는 대화에서 단어의 중층적 의미를 상세하게 질문하고 토론하는 등의 활동을 통해 추론 방법을 가르치고 시범을 보이며 안내하는 교사 역할이 중요하다. 교사는 읽기에 적용할 수 있는 다양한 유형의 추론을 알아두면 읽기 수업에서 유용하게 활용할 수 있을 것이다.

다음 표는 글 읽기에 유용한 다양한 추론 유형(inference types)을 나타낸 것이다.[23]

| 추론 유형 | 정의 | 예시 |
|---|---|---|
| 국지적 추론 Local inferences (L) | 문장과 문단 사이의 관계에 대한 추론이다. 문장들 사이의 연결 관계가 명백한 경우도 있지만, 그렇지 않은 경우도 있다. 독자는 예문을 읽으며 전래 동화가 어떻게 서술되는지, 하지만 달은 그 장르 관습을 어떻게 거부하였는지 추론할 수 있다. | "전래 동화에서 마녀는 항상 우스꽝스러운 까만 모자와 까만 코트를 입고 막대 빗자루를 탑니다. 하지만 이것은 전래 동화가 아닙니다." 『마녀를 잡아라(Witches)』, 로알드 달(Roald Dahl) 저, p. 1 |
| 전국적 추론 Global inferences (G) | 글 전체 주제나 요점에 대한 추론이다. 독자는 예문을 읽으며 다윈이 어떻게 비범한 삶을 살았는지 그리고 과학 분야에서 어떻게 영향력 있는 존재가 되었는지를 종합적으로 이해할 수 있다. | 찰스 다윈(Charles Darwin) 전기문은 그가 내놓은 자연선택설과 생물학 분야의 주요 이론들에 초점을 맞추고 있다. |

| 추론 유형 | 정의 | 예시 |
|---|---|---|
| 응집적 추론 Cohesive inferences (C) | '결속 기제' 역할을 하는 어휘, 문장(국지적 추론과 유사) 등과 같이 문장 사이의 의미적 통일성을 따르면서 '의미 공백'을 추론한다. 독자는 예문을 읽으며 두 문장 사이의 '비록'이라는 결속 기제를 통해 종이의 질에 대해 비교하고 대조하는 내용이 이어질 것이라는 추론을 할 수 있다. | '종이는 싸고 가벼운 재료이다. 비록 습기에는 약하고 튼튼한 재질은 아니지만 말이다.' |
| 정교화 추론 Elaborative inferences (EI) | 의미의 일관성을 더하기 위해 독자가 의미를 확장하는 추론이다. 독자는 예문을 읽으며 미국을 비판하기 위해 정치 혹은 역사 분야 지식을 활용할 것이다. | "미국은 한 번도 결백했던 적이 없다." 『미국 타블로이드(Tabloid)』, 제임스 엘로이(James Ellroy) 저, p. 4 |
| 예측적 추론 Predictive inferences (P) | 글에서 이어질 내용을 예측하는 추론이다. 독자는 예문을 읽으며 실제로 불가사의한 어떤 일이 더즐리가 또는 "프레벳가 4번지"에 사는 다른 주민에게 닥칠 것이라는 예측을 할 수 있다. | "더즐리 부부는 프레벳 드라이브 4번지에 살고 있었으며, 그들은 자신들이 완벽하게 평범하다는 것을 자랑스럽게 여겼다." 『해리 포터와 마법사의 돌(Harry Potter and the Philosopher's Stone)』, 롤링(J. K. Rowling) 저, p. 1 |

| 추론 유형 | 정의 | 예시 |
|---|---|---|
| 평가적 추론 Evaluative inferences (Ev) | 글을 다시 읽으며 결론을 도출하고 평가하는 추론이다. 독자는 예문을 읽고 그들이 알고 있는 다른 종교와 비교하고 평가하면서 자신만의 관점에서 힌두교를 이해할 수 있다. | 종교 수업에서 힌두교에 대한 책을 읽은 후, 학생들은 그들이 알고 있는 기독교와 이슬람교 신앙에 대한 지식을 평가 및 비교할 수 있을 것이다. |

추론의 유형에 대하여 더 구체적으로 논의하기 위하여 휴대폰이나 책장에서 최근에 읽었던 글을 찾아 한 문단만 읽고 어느 부분에서 어떤 추론을 했는지 떠올려 보자. 추론의 유형에는 국지적 추론, 전국적 추론, 응집적 추론, 정교화 추론, 예측적 추론, 평가적 추론이 있다. 글을 읽는 동안 쉴 새 없이 움직이는 우리의 눈동자처럼, 우리가 글을 적극적으로 읽는다는 사실은 분명하다. 글을 읽는 동안 글의 의미 관계를 계속 탐색하면서 정신 모델을 형성하고 있는 것이다.

읽기는 정보를 단지 수용하기만 하는 수동적이고 정적인 행위가 아니다. 글을 읽으면서 의미를 이해하고 작가의 의도를 알아차리는 것도 중요하지만 독자가 생성하는 의미도 중요하다. 능숙한 독자는 수동적으로 글의 의미를 수용하지 않고 자신만의 의미를 창조해 낸다.

교사의 추론은 대체로 직관적이고 암묵적이며, 신속하고 전문적이다. 만약 독해에 필요한 배경 지식을 추론하는 능숙한 독자의 사고 과정을 교사가 시범 보일 수 있다면 학생을 성공적인 독자로 양성하는 제 역할을 잘 수행하고 있는 것이다.

교사가 여러 가지 추론의 유형을 구체적으로 알고 있다면 상황에 적절한 질문을 통해서 학생의 독해력을 키울 수 있다. 또한 갖가지 퍼즐 조각을 연결해서 완성된 퍼즐을 만들 수 있는, 통일성과 계열성을 갖춘 교육과정을 개발할 수도 있다. 수업이 계획대로 흘러가지 않더라도 독해 전략을 가르쳐 주어 독해의 공백을 메울 수 있다.

한편 이러한 추론들이 주로 읽기 전, 중, 후(before, during, after) 단계 중 어느 단계에서 이루어지는지 아는 것도 독해에 도움이 된다. 예측적 추론은 읽기 중에도 가능하지만 주로 읽기 전에, 응집적 추론과 정교화 추론은 읽기 중에, 평가적 추론은 읽기 후에 이루어지는 것이 일반적이다. 추론 유형은 단순해 보이지만 교사가 읽기 지도를 고려할 때 도움이 되는 렌즈 역할을 한다.

추론하기를 가르칠 때 교사는 낯선 명칭들에 의존하기보다는 수업 시간에 읽는 글에 대해 매번 질문해야 한다. 또한 학생이 소환할 수 있는 배경 지식을 예측하여 읽는 동안에 떠올렸던 질문들을 구체적으로 보여 준다면, 학생은 학교에서 다루는 글을 성공적으로 이해할 것이다.

다음은 2017년 KS2 읽기 시험에서 출제된 「영국 해협 횡단하기」라는 글이다. 이 글의 첫 문단을 읽어 보자.

1875년, 안개가 자욱한 8월 어느 날 오후에 홀로 수영하던 한 남자가 도버(Dover)의 애드미럴티 부두에서 영국 해협의 차가운 물속으로 뛰어들었다. 대략 22시간이 흐른 뒤, 진이 다 빠진 그는 칼레에 있는 프랑스 땅에 도착하자마자 영웅이 되었다. 이로써 매튜 웹 선장은 세계 최초로 영국 해협을 헤엄쳐서 건너간 위인이 되었다.

27세의 매튜 웹은 슈롭셔(Shropshire) 출신의 상선 선원이었다. 주목받는 수영 선수였던 그는 1872년에 톰슨(J. B. Tompson)이 해협을 헤엄쳐 건너는 것에 실패했다는 이야기를 듣고 영감을 받아 다니던 직장을 그만두고 장거리 수영 선수가 되고자 훈련을 시작하였다. 웹의 첫 도전은 악천후로 인해 포기해야 했지만 그는 2주 뒤 추운 해협으로 다시 돌아왔다.

우리는 우선 글을 읽으면서 빠르게 국지적 추론을 한다. 예를 들면 첫 문장의 '홀로 수영하던 남자'는 '진이 다 빠진 남자'와 동일한 사람이라고 추론할 수 있다. 글에서는 한 단락이 다 끝날 때까지 그 남자의 이름을 독자에게 알리지 않고 미루고 있다. 이는 어쩌면 필자가 기대한 극적인 효과가 아닐까? 일부 학생들은 독해력 문제의 정답을 찾기 위해 도버(Dover)에서 칼레(Calais)까지의 여정과 사건을 연결하려고 고심하면서 필요한 모든 연결고리를 만드는 데에 집중할 것이다.

학생들은 독해력 시험 문제를 풀면서 웹 대령이 지친 상태임을 함축하는 단어를 찾아내고 무엇이 이러한 영웅적 업적을 고무시켰는지 답을 해야 한다. 다음은 학생이 글을 읽고 정신 모델을 형성할 수 있도록 추론을 이끌어 내는 질문이다.

• 첫 문장에서 '홀로 수영하는 사람'은 누구인가? [국지적 추론/응집적 추론]

- 해협을 건너는 데 방해가 되는 것은 무엇인가? [전국적 추론/정교화 추론]
- 웹 대령이 영감을 받은 사건은 무엇이라고 생각하는가? [정교화 추론/평가적 추론]

이해의 각 층위는 독자로 하여금 구체적인 정보를 탐색하고 능동적으로 예측하며 추론을 정교화하는 과정을 포함하고 있다. 교사가 만든 질문으로 함께 논의하고 토론하는 교실 활동은 전략적 읽기 교육의 본질을 실천하는 활동이다. 학생은 교실에서 함께 읽고, 듣고, 말하고, 질문하고 글과 세상에 대한 정신 모델을 형성하는 과정 속에서 허쉬의 말대로 '종이에 적혀 있지 않은 정보'와 종이 위의 단어들을 연결하게 된다.[24]

글 읽기에서 독자의 정서와 내적 반응도 물론 중요하다. 웹 대령과 같은 실제 인물에 대한 '독자 반응'은 우리가 이미 알고 있는 지리, 역사 및 영국 날씨에 대한 지식을 엮어서 글의 내용을 이해하고 좋은 정신 모델을 형성하도록 돕는다. 이는 대부분의 교실에서 일상적으로 나타나는 현상을 이해하게 해 주는 교량 역할을 담당한다.

교사는 학생을 세심하게 지도하고 지원함으로써 이 교량을 잘 건널 수 있도록 해야 한다. 만약 학생이 읽기 격차를 좁히지 못한다면 더 이상의 읽기 학습은 어려울 수 있다. 또한 이 교량을 건너지 못한 채 10대가 되면 학생과 교사 모두 읽기 격차를 좁힐 가능성은 더 희박해진다.[25]

모든 교사는 모든 학생이 지식이 풍부하고 전략적인 독자가 되도록 온 힘을 다해야 할 것이다.

## ● '교량을 놓아서 죽은 사람을 묻는다.'

우선 간단한 읽기 지문을 읽어본 뒤 질문을 해 보겠다.

> 비엔나(Vienna)에서 출발해 바르셀로나(Barcelona)로 가는 여객기가 있었다. 관광 여행이 끝나 갈 무렵에 여객기 엔진에 문제가 생겼다. 피레네 산맥(Pyrenees) 상공을 지날 때쯤에 조종사는 제어 능력을 잃기 시작했다. 그 비행기는 결국 국경 바로 앞에 추락하게 되었다. 비행기의 잔해들은 프랑스와 스페인에 똑같이 흩어졌다. 각 당국에서는 생존자들을 어디에 묻을지 고민하는 중이었다.
>
> – 「이상 탐지 사례 연구(A Case Study of Anomaly Detection):
> 피상적인 의미 처리 및 응집성 구축(Shallow Semantic
> Processing and Cohesion Establishment)」,
> 바턴(S. B. Barton) & 샌포드(A. J. Sandford) 저, p. 479[26]

**간단한 질문:** 당국에서는 생존자를 어느 나라에 매장해야 할까?

당신은 결정한 곳은 어디인가? 프랑스? 아니면 스페인? 아마도 당신은 결정을 잠시 보류한 뒤 신중하게 답변하려고 하지는 않았는가? 마지막 질문을 다시 읽어 보자. 생존자를 어디에 묻을 수 있다는 말인가? 죽은 자만을 매장할 수 있다!

이 질문은 바턴(S. B. Barton)과 샌포드(A. J. Sandford)의 연구에 등장하는 질문으로, 자신도 모르게 저지르는 읽기 오류, 즉 그들의 말에 의하면 우리는 이상 탐지(anomaly detection)[27]에 빠진 것이다. 연구에서는 우리가 글을 읽고 생각하는 과정에 얼마나 많은 결함이 있는지 그리고 독해에서 얼마나 판단 오류와 실수가 일어나기 쉬운지 보여 준다.

위의 사례는 제3장에서 보여 준 '모세의 착각'처럼 전문적인 성인 독자들도 자신이 읽은 모든 내용을 정확히 이해하지 못함을 보여 준다. 이는 단순히 재미있는 퀴즈가 아니다. 우리가 읽고 있는 글의 완전한 정신 모델을 형성하기 위하여 독해에 얼마나 신중하게 주의를 기울여야 하는지를 증명하는 사례이다.

이 사례는 모든 교사가 겪는 고질적인 경험과도 유사하다. 월요일에는 X에 대해 더할 나위 없이 잘 가르쳤다고 자부했는데 목요일쯤 되면 학생들 머릿속에는 X를 배운 기억이 흔적조차 남아 있지 않는 경우이다!

초보 독자인 나의 아들 노아가『케이티 풍차 고양이』를 읽던 모습을 기억하는가? 책을 읽으면서 중요한 단어와 구절에 밑줄을 그어 자신의 생각을 효과적으로 구성했던 사례를 앞서 언급했다. 초인지로 볼 수 있는 이 전략적인 행동은 인지 너머의 인지 활동이다. 엄밀히 말하면 '이해 점검하기' 활동인 것이다. 이는 우리가 글을 주의 깊게 그리고 의식적으로 읽는 전략인데, 글을 이해하려고 할 때 읽다가 모르거나 잘 이해가 안 될 때를 알아차리도록 한다. 학생이 과학 교과서를 읽다가 모르는 부분에서 멈추게 될 때는 이해 점검을 하고 있는 것이다.

우리는 글을 읽으면서 늘 이해 점검을 한다. 당신은 지금도 이 책을 읽으며 이해 점검을 하고 있다. 이해 점검은 비록 무의식적이고 은연중에 이루어지는데, 능숙한 독자는 글을 읽으면서 지속적으로 자신의 이해도를 확인하는 경향이 있다고 한다. 이 장에서 '생존자를 매장하는' 사례가 당혹스러웠던 이유는 이해 점검의 중요성을 깨닫게 해 주었기 때문이다.

학생에게 '고양이가 매트 위에 올라갔다.'라는 단순한 문장을 주면 어렵지 않게 이해할 것이다. 하지만 '꽃병이 매트 위에 올라갔다.'처럼 단어 하나를 변경하면 학생은 스스로 '문장이 이상한데?'라고 생각하며 이해 점검을 할 수도 있다. 만약 이 문장이 「미녀와 야수(Beauty and the Beast)」와 같은 동화에서 발췌한 문장이었다면 장르 지식을 바탕으로 이 문장이 상황을 제법 적절하게 묘사했다고 추론할 수 있을 것이다. 즉, 이해 점검 과정은 읽기가 얼마나 능동적인 과정인지 잘 보여 준다. 우리는 글을 읽는 동안 단어, 아이디어, 글의 구조 및 형식을 배경 지식과 상호참조하며 정신 모델을 확장하고 평가한다.[28]

이해 점검은 '국지적' 또는 '전국적' 수준의 추론에서 이루어질 수 있다. 또한 글의 전체 구조에 대한 평가적 추론에서도 가능하다. 「아기 돼지 삼형제(The Three Little Pigs)」라는 익숙한 전래 동화를 읽어 보고 통상적인 시간적 순서를 위배하고 있지는 않은지 살펴보자. 글의 구조에 대한 우리의 배경 지식을 점검해 보는 것이다.

- 아기 돼지 삼형제는 집밖으로 모험을 떠난다.
- 아기 돼지 삼형제는 각자 자신만의 새집을 짓기로 약속한다.
- 첫째는 짚으로, 둘째는 나무로, 셋째는 벽돌로 집을 짓기로 한다.
- 늑대가 와서 벽돌로 된 집을 무너뜨리고 아기 돼지를 잡아먹었다.
- 그 후 늑대는 나무로 된 집을 무너뜨리고 아기 돼지를 잡아먹었다.

- 늑대는 짚으로 된 집은 무너뜨릴 수 없어서 굴뚝을 타고 내려갔다.
- 돼지들은 굴뚝 아래의 솥에 뜨거운 물을 끓여 늑대가 그 안으로 떨어지게 한 뒤, 뚜껑을 닫아 늑대를 죽게 하였다.
- 아기 돼지들은 셋이 행복하게 살았다.

위 글에서 당신이 알고 있는 전래 동화의 구조와 다른 미묘한 차이를 발견하였는가? 그렇다. 전래 동화에서는 늑대가 벽돌로 만든 집만 유일하게 무너뜨리지 못했다. 이처럼 글의 구조와 관련된 세부적인 추론은 이야기에 대한 독자의 배경 지식, 전형적인 장르의 전개 방식, 이야기 구조에 의존하여 이루어진다. 자, 당신은 이상의 과제에서 이야기의 구조를 알아차려야 하는 명확한 목표가 있었다. 독자가 글을 읽기 전에 설정한 명확한 목표는 사실상 독해 문제의 범위를 좁힘으로써 글의 구조를 점검하거나 단어나 구절에 대한 국지적 추론을 유도하는 방식으로 독해를 지원한다.

독서 습관은 새로운 단어를 배우는 데에 중요한 원천이 되지만 실제로 학생이 글의 맥락을 통해 알 수 있는 새로운 어휘의 의미는 15% 미만에 불과하다는 연구 결과가 있다.[29] 즉, 글 이해에 집중하다 보면 사소한 요소들을 간과할 때가 있다는 말이다. 모르는 단어의 의미는 주변의 다른 글에서 찾으려고 노력할 것이다.[30] 그러다가 결국에는 이해도 점검에 실패하게 되는 것이다.

그러므로 교사가 이해 점검하기와 추론하기를 명시적으로 설명하고, 시범 보이며 독해의 토대를 마련하는 역할이 더욱 중요하다. 이것이 읽기 교수법의 핵심적인 원리이다. 가령 교사는 학생에게 독해에 결정적인 역할을 하는 이해 점검의 '삭제/교정 전략'을 알려 줄 수 있다. 다음은 전문 독자가 자신의 읽기 과정을 점검하고 조정하는 전략이다.

- 훑어 읽기(글의 전반적인 개요를 알기 위해 빠르게 읽기)
- 정보 탐색하며 읽기(특정 정보를 찾기 위해 빠르게 읽기)
- 천천히 읽기
- 다시 읽기
- 글을 되짚어 읽어 나가기
- 색인, 용어 사전 또는 가이드 확인하기
- 질문하기
- 요약하기
- 전개 방식 및 글의 구조 확인하기
- 상호 텍스트 읽기[31]

교사에게 위의 전략들이 지극히 당연한 읽기 방법처럼 느껴지는 이유는 교사는 글에 제시된 새로운 정보를 이해하는 데에 고전하는 초보독자가 아닌 전문 독자이기 때문이다.

다음 질문을 읽고 생각해 보자.

- 학생이 능숙한 독자의 읽기 전, 중, 후 전략을 이해하도록 읽기 행위를 얼

마나 의도적으로 세분화하여 가르치는가?

- 이해 점검을 얼마나 지속적으로 시범 보이고 강조하는가?
  (이해를 돕기 위해 질문하기, 다시 읽기, 정보를 찾기 위해 본문 다시 읽기 등)
- 학생이 글을 잘 이해하고 있다고 자주 느끼는가?

위와 같은 질문을 조금 더 깊이 탐구해 보자. 그림 4.1은 글을 전략적으로 읽는 독자가 적극적으로 이해 점검을 할 때 자문하는 내용의 예시이다.

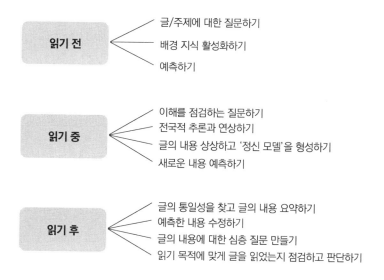

**그림 4.1. 읽기: 읽기 전, 중, 후**
카메론(Cameron), S. (2009), 읽기 전략 교육(Teaching reading comprehension strategies)에서 발췌. 뉴질랜드(New Zealand): 피어슨(Pearson), p. 11.

교사는 읽기 전, 중, 후 단계에서 전문 독자의 인지 과정을 학생이 이해하기 쉽도록 명시적으로 가르쳐 줄 수 있다. 추론하기나 이해 점검하기와 같은 미시적인 전략을 활용하여 학습 목적의 읽기와 같은 거시적인 읽기 과정도 시범 보일 수 있다. 이처럼 체계적인 읽기 지도법은 1학년 수업뿐 아니라 A등급의 학생이 모인 과학 수업에서도 적용 가능하다. 학습 목적의 읽기에 쏟은 교사의 노력은 학생의 성공적인 학교생활을 견인할 것이다. 그리고 다시는 학생이 글을 읽으면서 생존자를 매장하는 실수는 하지 않을 것이다.

## ◖● 독자 역할과 목적이 있는 읽기

> 어떤 책들을 맛보고, 어떤 책은 삼키며, 어떤 책들은 씹고 소화한다.
> – 『학문(Of Studies)』, 프랜시스 베이컨(Francis Bacon) 저[32]

1627년 프랜시스 베이컨(Francis Bacon)은 모든 읽기가 똑같지 않다는 현명한 주장을 내놓았다. 우리는 쇼핑 목록, 인터넷 뉴스, 고전 소설 등을 다양하게 읽는다.

독자는 저마다 목적을 갖고 글을 읽으며, 읽는 목적에 따라 주의 집중력의 정도뿐 아니라 심지어 독자로서의 역할까지 다르다. 우리는 수업을 듣는 학생에게 글 읽기에 집중하며 의미 파악을 위해 애쓰는 모습을 기대한다. 베이컨의 말에 비유하면 읽기는 일종의 씹고 소화해 내는 행위인데, 학교 내에서의 읽기는 학교 밖의 읽기와는 모습이 사뭇 다르다.

학생은 하루에 읽었던 것들을 수없이 숙고하고, 기록하고, 기억하고, 연결해야만 한다. 이 과정은 꽤 복잡하고 피곤하겠지만 결과적으로는 매우 보람된 과정이기도 하다. 우리는 복잡한 글을 깊이 있게 이해하려고 읽기도 하지만, 중요한 정보를 찾으려고 훑어 읽거나 때로는 개인의 단순한 취향에 불과한 정보를 찾으려고 읽기도 한다. 읽기의 여러 가지 목표를 설정하는 모습과 그 목표를 달성하기 위해 최선의 전략을 선택하는 모습은 미숙한 독자에게서 발견하기 어렵다.

구체적인 읽기 목적을 설정하는 일은 글을 읽고 무엇을 기억할지를 결정한다. 1970년대 이루어진 대규모 연구에서는 구체적인 읽기 목적과 독자 역할을 설정한 읽기가 글의 내용을 기억하는 데에 어떤 영향을 미치는지 실험을 통해 증명한 바 있다.[33] 이 실험에서는 독자들에게 두 소년이 학교에서 무단결석을 하고 한 소년의 집으로 가는 내용의 짧은 글이 주어졌다. 독자들은 두 그룹으로 나누어 해당 글을 읽기 전에 각각 '주택 매입자'와 '도둑' 역할을 부여받았다. 실험 결과는 예상대로 독자 역할이 글의 내용을 기억하는 데에 상당한 영향을 주는 것으로 나타났다. 도둑 역할의 독자는 매입자 역할의 독자 보다 글의 내용을 구체적으로 많이 기억했을 뿐 아니라 글에서 세부적인 내용에 있어서도 두 그룹은 전혀 다르게 회상하였다. 도둑 역할의 독자에게 열려 있는 문에 대한 세부 사항은 매입자와는 다른 관점에서 중요한 내용이다. 두 그룹에게 기존의 독자 역할을 바꾸어 글을 다시 읽어 보라고 요구했을 때에는 새로 부여된 역할에 맞는 중요한 정보들을 더 많이 기억했다.

그렇다면 이 실험은 읽기 교육에 어떤 시사점을 줄까? 물론 교사는 도둑 역할에 특화된 독자가 가득한 학교를 바라지는 않는다. 대신에 학생이 특정한 목적을 갖고, 때로는 평소와 다른 독자의 역할로 글을 읽을 수 있도록 적절한 읽기 교수법과 독해와 기억에 유용한 방법을 구상해야 한다는 시사점을 제공한다.

만약 초등학생이 바이킹(Viking)의 역사에 대한 글을 읽는다고 한다면 그들에게 고고학자처럼 바이킹의 역사적 가치를 드러내고 범주화하여 기록해 보도록 안내할 수 있다. 중학생에게는 역사학자의 역할을 부여하여, 질문하고 서술하는 활동으로 역사적 연대기의 퍼즐을 맞추도록 지도할 수 있다. 여기서 중요한 점은 역사학자의 읽기 방식을 명확하게 정의할 수 있어야 한다는 것이다. 역사학자가 어떻게 1차 자료와 2차 자료를 구분하고 바이킹의 역사로부터 숨겨진 이야기를 찾아내는가, 그렇게 찾아낸 이야기의 불확실성이 어느 정도인가 등을 고려하며 읽는 방식 등이다.

작년에 있었던 교사 연수에서 동료 초등학교 교사가 들려준 일화를 통해 읽기 목적과 독자 역할 설정의 중요성을 깨달았다. 그는 수업 교재로 셜록 홈즈(Sherlock Holmes)의 어린 시절에 대한 책을 구매했었다고 했다. 책을 구매하고 얼마 지나지 않아 책에 쓰인 어휘들이 대체로 학생들에게 꽤 어려운 수준이라는 사실을 알게 되었다고 했다.

이러한 상황에서 그는 학생들에게 '읽기 탐정'이라는 역할을 부여하여 스스로 어려운 단어와 중요한 정보를 찾으며 읽도록 지도하여 글의 이해도를 높였다고 한다. 그 결과 학생들이 어려운 글을 읽으면서 겪는 고군분투 과정은 흥미로운 도전으로 바뀌었다고 한다. 학생들은 친숙하지 않은 단어들을 기록하면서 더 주의 깊고 신중하게 글의 내용을 파악하게 된 것이다.

읽기 탐정이 되어 셜록 홈즈를 탐구하든지 역사학자로서 셰익스피어 자서전의 일부를 고찰하든지 독일어 학자로서 어려운 《BILD》 신문 기사를 번역하든지, 명확한 읽기 목적과 독자 역할을 가지고 있으면 글의 집중도가 높아질 뿐만 아니라 이해도 쉬워진다.

전략적 읽기를 위한 독자 역할 설정의 또 다른 접근 방식은 '상보적 읽기(reciprocal-reading)'이다. 1984년에 팔린차르(A. Palincsar)와 브라운(A. L. Brown)이 제시한[34] 상보적 읽기는 협력적 독해 방법이다. 교사의 안내에 따라 학생은 예측하는 사람, 질문하는 사람, 설명하는 사람, 요약하는 사람이라는 독자 역할을 훈련받는다(그림 4.2 참고).

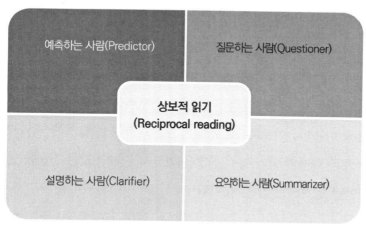

예측하는 사람(Predictor)

질문하는 사람(Questioner)

상보적 읽기
(Reciprocal reading)

설명하는 사람(Clarifier)

요약하는 사람(Summarizer)

그림 4.2 상보적 읽기(Reciprocal reading)

상보적 읽기[35]는 전략적 읽기의 여러 측면으로 독자의 역할을 분담했을 때에 효과적이다. 상보적 읽기를 통해 모든 학생은 글에 대한 전체적인 배경 지식을 활용하는 동시에 점검할 수 있다. 물론 상보적 읽기에서는 학생이 글을 오독할 가능성이나 다른 학생에 의해 집중력이 흐트러질 가능성도 있지만 교사가 세심하게 지도한다면 상당한 교육적 효과를 기대해 볼 수 있다. 특히 읽기에 고전하는 학생을 대상으로 하는 소집단 활동일 때 가장 효과적이다.[36]

이제 다시 '영국 해협 횡단하기'와 '웹 대령' 이야기로 돌아가 보면, 읽기 전 단계에서 이해도를 높이기 위해 교사는 무엇을 준비해야 하는지 알 수 있다. 대령의 성격을 예측하는 질문을 하거나 지리적 상황이나 해협을 건너는 도전의 의미를 설명해 보도록 하거나 이와 같은 거대한 도전을 성공한 이후의 웹의 태도를 요약하는 등의 활동이 가능할 것이다. 이를 통해 학생은 배경 지식을 활성화하여 추론하고 자신의 이해 과정을 계속 점검하면서 글을 종합적으로 이해하는 경지에 이르게 된다. 우리는 전문적인 독자의 본보기가 되어야 한다.

이 장에서 다룬 독해에 관한 주요 내용을 정리해 보자.

학생이 자신이 읽은 글을 잘 이해하기 위한 정신 모델을 정합성 있게 잘 만들었는가? 교사로서 읽기 교육의 목표를 달성하였는가? 교실 내 모든 학생의 읽기 능력 신장을 위해서는 위와 같은 질문을 단지 운명에만 맡겨서는 안 될 것이다.

## ◖ 요약

- 독해력 향상은 읽기 교육의 최종 목표이지만, 읽기 행위를 규명하기엔 그 행위가 복잡하고 교사는 교실에서 학생들의 '간접적인 읽기 특성'만을 관찰할 수 있다는 한계가 존재한다. 우리는 글의 의미 결속과 명시적인 읽기 지도를 추구할 때 방대한 배경 지식이 있는 기억 공간과 효율적인 읽기 기술을 인식할 수 있다.

- 우리는 매번 글을 읽으면서 글 전체에 대한 '정신 모델'을 만든다. 즉, 글을 종합적으로 이해하기 위해 수많은 연결과 추론을 하는 것이다. 우리는 '국지적' 수준에서 단어와 문장을 사실에 기반하여 배경 지식과 연결하는 추론을 할 수 있다. 그리고 전체 글과 그 이면의 의미를 연결하는 '전국적' 수준의 추론도 할 수 있다.

- 추론하기, 질문하기, 정신 모델 구축하기에 대한 전략적인 접근법은 '이해 점검하기'이다. 이와 같이 능동적이면서도 전략적 읽기 방법을 지도하려면 교실에서 읽기 목적 및 독자 역할을 설정하고 이에 따른 읽기 방법을 명시적으로 시범 보이면서 가르쳐야 한다.

- '상보적 읽기' 교수법은 이해 점검하기를 명시적으로 가르치고 읽기 전략을 의도적으로 활용하여 읽기 연습을 할 수 있는 수업 틀을 제공한다.

# ● 주석

1. Law, J., Charlton, J., Dockrell, J., Gascoigne, M., McKean, C., & Theakston, A. (2017). *Early language development: Needs, provision, and intervention for pre-school children from socioeconomically disadvantaged backgrounds.* Newcastle University review for the Education Endowment Foundation. London: Education Endowment Foundation.

2. Gough, P. B., Hoover, W. A., & Peterson, C. L. (1996). Some observations on a simple view of reading. In C. Cornoldi & J. V. Oakhill (Eds.), *Reading comprehension difficulties: Processes and interventions* (pp. 1-13). Mahwah, NJ: Lawrence Erlbaum Associates.

3. Pearson, P. D., & Hamm, D. N. (2005). The assessment of reading comprehension: A review of practices – past, present, and future. In S. G. Paris & S. A. Stahl (Eds.), *Children's reading comprehension and assessment* (pp. 13-69). Mahwah, NJ, US: Lawrence Erlbaum Associates.

4. Woelfle, G., *Katje the windmill cat.* London: Walker Books, p. 3.

5. Glenberg, A. M., Meyer, M., & Lindem, K. (1987). Mental models contribute to foregrounding during text comprehension. *Journal of Memory and Language, 26*(1), 69-83.

6. Willingham, D. (2006). How knowledge helps. *American Educator.*

Retrieved from www.aft.org/periodical/american-educator/spring-2006/how-knowledge-helps.

7. Spencer, M., Wagner, R. K., & Petscher, Y. (2019). The reading comprehension and vocabulary knowledge of children with poor reading comprehension despite adequate decoding: Evidence from a regression-based matching approach. *Journal of Educational Psychology, 111*(1), 1–14. http://dx.doi.org/10.1037/edu0000274.

8. Baines, L. (1996). From page to screen: When a novel is interpreted for film, what gets lost in the translation? *Journal of Adolescent & Adult Literacy, 39*(8), 612–622.

9. The etymology of 'decimation' is not without debate. See this web article from the *Oxford Dictionary*, retrieved from https://blog.oxforddictionaries.com/2012/09/10/does-decimate-mean-destroy-one-tenth.

10. Cain, K., & Oakhill, J. V. (1999). Inference making and its relation to comprehension failure. *Reading and Writing, 11,* 489–503.

11. Clarke, R. (2018). The 2018 KS2 reading SATs: Expert analysis. Retrieved from https://freedomtoteach.collins.co.uk/the-2018-ks2-reading-sats-expert-analysis.

12. Department for Education (2019). *2019 key stage 2 English reading test mark schemes Reading answer booklet.* Retrieved from https://assets.publishing.service.gov.uk/government/uplo

ads/system/uploads/attachment_data/file/803889/STA19821 2e_2019_ks2_English_reading_Mark_schemes.pdf.

13. Cain, K., & Towse, A. S. (2008). To get hold of the wrong end of the stick: Reasons for poor idiom understanding in children with reading comprehension difficulties. *Journal of Speech, Language, and Hearing Research, 51*(6), 1538–1549. https://doi.org /10.1044/1092-4388(2008/07-0269).

14. Hirsch, E. D. (1994). *Cultural literacy: What every American needs to know.* Boulder, CO: Westview Press, p. 3.

15. Rodd, J. (2017). Lexical ambiguity. In M. G. Gaskell & S. A. Rueschemeyer (Eds.), *Oxford handbook of psycholinguistics.* Oxford: Oxford University Press. Retrieved from https://psyarxiv.com/yezc6.

16. Education Endowment Foundation (2018). *Metacognition and self-regulation.* London: Education Endowment Foundation.

17. 위의 책.

18. Cain, K., Oakhill, J. V., Barnes, M. A., & Bryant, P. E. (2001). Comprehension skill, inference-making ability, and their relation to knowledge. *Memory & Cognition, 29,* 850–859.

19. Nutthall, G. (2007). *The hidden lives of learners.* Wellington, NZ: NZCER Press.

20. Oakhill, J. V., Cain, K., & Elbro, K. (2014). *Understanding reading*

*comprehension: A handbook.* Oxford: Routledge; Beck, I., & McKeown, M. (2002). Questioning the author: Making sense of social studies. *Reading and Writing in the Content Areas, 60*(3), 44-47.

21. Graham, S., & Hebert, M. A. (2010). *Writing to read: Evidence for how writing can improve reading. A Carnegie Corporation time to act report.* Washington, DC: Alliance for Excellent Education.

22. Elleman, A. (2017). Examining the impact of inference instruction on the literal and inferential comprehension of skilled and less skilled readers: A meta-analytic review. *Journal of Educational Psychology, 109*(6), 761-781.

23. Kispal, A. (2008). Effective teaching of inference skills for reading: Literature review. Retrieved from www.nfer.ac.uk/publications/EDR01/EDR01.pdf.

24. Hirsch, E. D. (1994). *Cultural literacy: What every American needs to know.* Boulder, CO: Westview Press, p. 3.

25. Davis, M. H., McPartland, J. M., Pryseski, C., & Kim, E. (2018). The effects of coaching on English teachers' reading instruction practices and adolescent students' reading comprehension. *Literacy Research and Instruction, 57*(3), 255-275. doi:10.1080/19388071.2018.1453897.

26. Barton, S. B., & Sanford, A. J. (1993). A case study of anomaly detection: Shallow semantic processing and cohesion establishment. *Memory and Cognition, 21*(4), 477-487.

27. 위의 책.

28. Van der Schoot, M., Reijntjes, A., & van Lieshout, E. C. D. M. (2012). How do children deal with inconsistencies in text? An eye fixation and self-paced reading study in good and poor reading comprehenders. *Reading and Writing, 25*(7), 1665-1690. doi:10.1007/s11145-011-9337-4.

29. De Glopper, K., & Swanborn, M. S. L. (1999). Incidental word learning while reading: A meta-analysis. *Review of Educational Research, 69*(3), 261-285. https://doi.org/(...)02/00346543069003261.

30. Cain, K., & Oakhill, J. V. (2007). Reading comprehension difficulties: Correlates, causes and consequences. In K. Cain & J. V. Oakhill (Eds.), *Children's comprehension problems in oral and written language* (pp. 41-75). New York, NY: Guilford Press.

31. Amzil, A. (2014). The effect of a metacognitive intervention on college students' reading performance and metacognitive skills. *Journal of Educational and Developmental Psychology, 4*(1), 27-45.

32. Bacon, F. (n.d.). 'Of studies'. In *Essays of Francis Bacon.* Retrieved from www.authorama.com/essays-of-francis-bacon-50.html.

33. Pichert, J. W., & Anderson, R. C. (1977). Taking different perspe ctives on a story. *Journal of Educational Psychology, 69*(4), 309 –315. http://dx.doi.org/10.1037/0022-0663.69.4.309.

34. Palincsar, A., & Brown, A. L. (1984). Reciprocal teaching of comprehension-fostering and monitoring activities. *Cognition and Instruction, 1*(2), 117–175.

35. Education Endowment Foundation (2019). *Reciprocal reading.* Retrieved from https://educationendowmentfoundation.org.u k/pdf/generate/?u=https://educationendowmentfoundation. org.uk/pdf/project/?id=956&t=EEF%20Projects&e=956&s=.

36. 위의 책.

# V. 읽기 장벽

    교직 생활을 하다 보면, 참나무의 나이테처럼 지울 수 없는 흔적을 남기는 경험을 할 때가 있다. 교직의 길을 고민하던 대학교 4학년 때, 나는 근처 특수학교에서 일주일을 보낸 적이 있다. 하루는 학교 농장에서 양털을 깎고, 하루는 미술 시간에 그림을 그리기도 했으며 전통 산수 수업까지 했었다.

    내가 농장에서 양들과 뒤엉켜 지낸 시간보다 더 기억에 남는 경험은 매튜(Matthew)와 함께 책을 읽었던 일이다. 매튜는 신체 나이는 10대 후반이지만 독자 나이로는 본래 자기 나이보다 10살은 더 어린 아이 같았다. 매튜의 부모가 특수학교를 둘러보는 동안 그에게 책을 읽어달라는 부탁을 받았었다. 당시에 나는 읽기를 어떻게 가르쳐야 하는지 몰랐던 터라 그가 책 읽는 소리를 옆에서 듣기만 했다.

    벌써 20년이라는 시간이 흘렀지만 매튜가 문장 속 단어들을 더듬거리며 진지하게 읽던 모습은 아직도 내 머릿속에 선명하게 남아 있다. 솔직히 말해서 나는 메튜의 책 읽기를 어떻게 도와야 하는지 몰라서 겁에 질려 있었다. 앞으로도 그때 느낀 감정은 내가 학생들을 가르칠 때마다 다시 소환될 것 같다. 그때 나는 본능적으로 매튜를 위해 글자 소리를 알려 주고, 한 번씩 단어나 구를 알려 주면서 계속 읽을 수 있도록 도와주기만 했었다.

매튜와 함께 읽었던 책 한 장 한 장이 작은 승리였다.

내가 기억하기로는, 매튜는 읽고 있던 책 속 주인공이 집과 부모를 떠나 홀로서기 계획을 하는 장면을 읽으면서도 믿지 못했었다. 독해력이 우리가 가진 경험에 의해 결정된다는 사실이 내겐 적잖은 충격으로 다가왔다. 매튜는 주인공의 행동을 인지적으로도, 감정적으로도 전부 이해할 수 없었던 것이다.

매튜는 책 읽는 속도는 느렸지만 책을 거의 다 읽어 가고 있었다. 그는 책의 제일 마지막 장까지 읽고서는 스스로도 기쁘고 놀란 마음에 소리를 질렀다.

인생을 살면서 수없이 많은 책을 읽어 왔지만, 매튜와 점심시간 20분 동안 함께 했던 책 읽기만큼 읽기의 힘을 실감한 적은 없었다. 나는 그동안 읽기 성취에 동반되는 기쁨을 너무나도 당연시했던 듯하다.

나는 그날 이후로 교사가 되면 온 힘을 다해 읽기 교수법을 배워야겠다고 굳게 다짐했다. 더 이상 독서가 지닌 소박하지만 심오한 즐거움과 그 힘에 대해서도 당연시하지 않기로 했다.

가끔은 매튜가 집을 떠났는지, 지금은 혼자 유창하게 읽을 수 있는지 그리고 자기 책이라고 여길 만한 책은 갖고 있는지 문득 궁금해질 때가 있다.

교사는 매튜와 같은 학생의 잠재된 읽기 장벽과 필요한 사항을 잘 진단하여 학교 차원에서 효과적으로 지원해야 한다.

## ◖ 미스터 맨 책 시리즈(Mr Men books)가 생각보다 어려운 이유

읽기에 고전하는 매튜와 같은 학생을 판별할 수 있는 교사는 많아도 무엇을 어떻게 지도해야 하는지를 확신하는 교사는 소수에 불과하다. 이 문제를 해결하려면 우선 교실 속 읽기의 근본적인 어려움을 결정짓는 요소가 무엇인지를 이해해야 한다.

매년 미디어에서는 아동도서가 아동이 읽기에 어려운 수준이라는 내용의 기사를 보도하곤 한다. 다음 BBC 기사 제목이 이를 잘 보여 준다. "『욕심꾸러기 아저씨(Mr Greedy)』는 스타인벡(Steinbeck)의 고전만큼이나 읽기 힘들다."[1] 이러한 기사에 대해 평론가들은 그 이유가 '『욕심꾸러기 아저씨』는 터무니없는 세상(Nonsenseland)의 터무니없는 아저씨(Mr Nonsense)'에 의해 만들어졌기 때문이라고 주장한다. 물론 이들이 하는 이야기도 일견 타당한 측면이 있다. 대략 33,000여 권의 아동도서에 대한 대규모 연구를 진행하고 있는 르네상스 UK(Renaissance UK)에서는 아동도서에 대한 몇 가지 유의미한 입장을 발표했다. 아동도서의 복잡성은 평균 단어 길이, 단어 난이도 및 문장 길이를 산술적으로 계산하여 산출한다. 이러한 이독성(readability) 측정은 글 읽기에 있어 일종의 지침 역할을 할 수는 있지만 전혀 결함이 없다고도 보기 어렵다.

읽기 복잡성(reading complexity)은 어려운 단어의 개수로만 판단할 수 있는 것이 아니다. 만약 이것이 가능다면 20,445개의 단어를 가진 『윔피 키드 다이어리(Diary of a Wimpy Kid)』는 16,000개 정도의 단어를 가진 찰스 디킨스(Charles Dicken)의 「크리스마스 캐롤(A Christmas Carol)」과 읽기 복잡성 수준이 비슷해야 한다. 단어의 개수로 계산하는 공식에 따르면 〈미스터 맨〉 시리즈(Mr Men books)가 작가 달(Dahl)의 『환상적인 미스터 폭스(Fantastic Mr Fox)』보다 더 글의 난도가 높다고 한다. 달의 심오한 주제와 해석의 여지가 많은 등장인물의 특성은 그 계산 공식에 포함되지 않는 것이다.

독자가 상대적으로 인식하는 글 읽기의 어려운 정도는 수많은 잠재적 요인과 관련이 있다. 「크리스마스 캐롤」의 비연대기적 이야기 구조나 '디킨스'처럼 여러 구절로 구성된 뱀처럼 긴 문장은 현대의 젊은 독자들이 읽고 이해하기 어렵다. 물론 배경 지식의 도움으로 어느 정도는 이해하기 쉽다고 느낄 수도 있다. 대부분의 아이들이 디킨스가 표현하는 영국의 다른 특징들은 모를지라도, 스크루지(Scrooge)라는 인물의 성격은 알고 있으니 말이다. 이처럼 고전 소설의 친숙한 등장인물과 전형적인 이야기 구조는 허구적인 글이 정보 글보다 이해하기 쉽다고 느끼는 이유 중 하나이다.[2]

중학교 교과서의 글은 대부분 과학 보고서, 최근 외국 교과서에 실린 글, 컴퓨터 과학 설명서 등과 같은 정보 글이다. 정보 글에는 전문 용어가 많고, 일상생활과는 다소 거리가 먼 내용이기 때문에 글을 읽으면서 독자에게 환기되는 정서적 반응은 전혀 없다. 글을 이해하려면 더 많은 배경 지식[3]이 필요할 뿐이다. 더 심각한 문제는 미숙한 독자일수록 정보 글의 구조가 더 낯설게 느껴진다는 사실이다.

이독성 공식의 보편적 지표인 문장의 길이는 얼마나 중요한가? 앞서 언급한 디킨스의 문장은 나이가 어린 독자일수록 더 어렵다고 느낄 것이다. 길고 복잡한 문장은 학생의 '작업 기억(working memory)' 용량의 한계를 가져온다. 작업 기억이란 일시적으로 여러 가지의 정보를 기억하며 이를 의식적으로 처리하는 단기 기억의 영역을 의미한다. 작업 기억 용량의 한계를 체험할 수 있도록 미묘하게 어순을 바꾸어 만든 긴 문장들을 비교해 보자.

재니(Janey)는 화창하고 무더운 8월의 어느 날, 베란다에서 밖을 내다보며 환한 미소를 짓고 있었다.

자, 이제 비슷하지만 약간 다른 문장을 읽어 보자.

8월의 어느 화창하고 무더운 어느 날, 환한 미소를 지으며 재니(Janey)는 베란다에서 밖을 내다보고 있었다.

위의 두 예문에서 주어 '재니'와 동사 '내다보다'가 문장의 앞이 아닌 중간에 위치하면서 생긴 미묘한 차이를 알아챘는가?

이처럼 여러 절들이 주어보다 앞에 위치할 경우, 독자는 문장의 주체를 찾아내기 위해 작업 기억을 더 활발하게 가동해야 한다.[4] 두 문장을 모두 읽었다면, 두 번째 예문에 표시된 콤마(,)가 문장을 구분해 줌으로써 한결 독해가 쉬워졌음을 느꼈을 것이다. 이러한 통사론(문장의 구조)에 대한 깊은 이해는 독해력에 매우 중요하다.[5] 그렇지만 통사론이 글의 내용과 관련한 배경 지식과 단어 지식만큼 중요하지는 않다.

제1장에서 개개의 문장들은 긴밀하게 연결되어 있으며 글의 의미 생성에 통사론적 지식이 기여한다는 내용을 다루면서 GCSE 시험의 이슬람 글을 읽었던 기억이 나는가?

문장의 가장 기본적인 단위는 다음과 같다.

- **단어(word):** *교사*
- **구(phrase):** *그 교사*
- **절(clause):** *그 지친 교사*
- **단문(simple sentence):** *지친 교사가 읽기 시작했다 .*
- **복문(complex sentence):** *종이 울렸을 때, 교사는 읽기 시작했다.*
- **중문(compound sentence):** *교사는 종소리가 울리자마자 빨리 읽기 시작했다.*

위와 같은 언어 단위들은 독해의 뼈대 역할을 한다. 복잡하게 변형된 문장일수록 초보 독자는 독해가 더욱 큰 장벽으로 느껴질 것이다. 교사가 글의 복잡성(text complexity)을 판단하는 방법으로 문장에 3개 이상의 절이 들어 있는지 확인하는 방법이 있다. 이러한 문장은 학생에게 보다 도전적인 읽기 과제처럼 다가온다.

나이가 어린 학생일수록 전형적인 문장 구조를 인식하는 능력이 빠르게 발달한다. 영어의 기본적인 문장 구조는 '주어 – 서술어 – 목적어 (SVO)'이다. 예문으로 나타내면 '알렉스가 책을 쓴다.'와 같다. 후술하겠지만 실제로 모든 영어 문장은 변형되기 전 본래의 SVO 문장 구조를 가지고 있다. 다음 예문을 보자.

열정적인 교사 모임에서는 (주어) / 열심히 파고들었다. (서술어) / 읽기에 관한 새 책에 제시된 쟁점을 (목적어)

생각 단위를 구분하는 문장 부호로 여러 절을 연결한 문장을 읽다 보면 학생들은 정신적 혼란에 봉착한다. 소리를 단어로 해독하면서 배경 지식을 활성화해야 하고, 동시에 어휘 의미를 찾으면서 문장과 글 전체 구조를 파악해야 하기 때문이다.

복잡한 글 읽기로 많은 사람이 고전한다는 사실이 놀랍지 않은가?

평가 위원회에서는 이러한 구문 복잡성이 시험 문제에 불필요한 난이도를 높이지 않도록 노력하고 있다. GCSE시험의 평가 위원회에서는 언어 사용과 관련하여 '출제 지침'을 개발했다. 이 지침은 학생의 읽기 장벽을 조정하는 방법과 무엇이 글을 어렵게 만드는지에 대한 이해를 돕는다. 그 지침은 다음과 같다.

- 지시어는 문장 맨 앞에 넣되 문장당 1개만 사용한다.

- 질문에 대한 가이드를 수준에 맞게 제시하여 안내자 역할을 하도록 한다.

- 각 문장의 단어는 20개를 넘지 않도록 한다.

- 글머리 기호를 사용하여 구체적인 정보를 명확하게 나타낸다.

- 중요한 정보는 굵은 글씨체를 사용한다.

- 익숙하지 않은 용어는 설명을 추가한다.

- 가독성을 높이기 위해 공백을 충분히 둔다.

– 2018 여름 AQA 주관 GCSE 과학 시험에 대한 사항을 정리한 것임.[6]

교사들은 GCSE 과학 시험에 응시하는 학생의 주 연령이 13세라는 사실을 들으면 깜짝 놀란다.[7] 쉽게 말해서 지금의 교사들이 16세의 나이로 돌아가 GCSE 과학 시험을 치른다면, 아마도 절반 정도만이 시험 문제를 이해할 수 있을 것이다. 즉, 이 시험은 과학 시험이 아니라 독해 시험에 가깝다는 의미이다.[8]

특히 과학 시험의 경우, 과학용 언어(단어나 구) 또는 그 용어를 이해하는 데에 필요한 개념이나 지식 고유의 난이도를 조절할 수 없기 때문에 평가 위원회에서는 문장의 길이와 글의 복잡성을 낮추어야 한다고 주장한다. 아주 사소한 문법적 특징이 독해를 더욱 쉽게도 또는 더 까다롭게도 만들 수 있다는 것이다. 과학 지문에서 절을 추가하면, 문제를 풀기도 전에 지문 자체를 이해하지 못하는 학생이 있을 수도 있다. 반대의 경우에는 그러한 장치들이 오히려 독해에 도움이 되거나 글의 난도를 낮추기도 한다.

예를 들어보자.

**알칼리토금속**인 마그네슘은 강하고 가벼운 합금을 만드는 데에
사용되며, 밝은 빛을 내며 타는 성질 때문에 폭죽에도 사용된다.

위 문장에서 마그네슘의 성질에 대한 설명은 학생이 주기율표에서
마그네슘이 어느 원소 그룹에 속하는지 이해하는 데에 도움을 준다.
이렇게 특정 명사를 설명한 내용을 전문 용어로 '동격어(appositive)'
라고 하며 교과서에 실린 정보 글에서 자주 볼 수 있다. 이처럼 문장에
추가한 절이 독자에게 도움이 되는 경우도 있다.

읽고 있는 글의 문법적 특징을 대략 이해하고 있으면 독해에 도움
이 된다. 그러므로 2학년부터 12학년을 담당하는 교사는 글에 드러난
문법 요소의 이름을 알려 주고, 학생이 이를 인식하면서 정신 모델을
형성하도록 명시적으로 가르쳐야 한다.

〈미스터 맨〉 시리즈 읽기를 지도할 때도 생각보다 교사의 해박한
지식이 필요할 수도 있다.

## ◐ 글의 난도 및 읽기 곤란도의 8가지 요인 이해하기

무엇이 학교에서 배우는 글을 어렵게 만드는지 연구하고 싶다면, 읽
기 과정에 관여하는 복합적인 요인을 이해해야 한다. 이를 간단하게

'읽기 곤란도의 8가지 요인(arduous eight)'으로 정리하고자 한다.

> ① 배경 지식: 전체 글이나 주어진 단락을 이해하는 데에 필요한 지식 및
>     관련 개념들
> ② 어휘의 범주 및 의미 다양성(단어 길이 포함)
> ③ 추상적인 심상 및 비유적 언어 사용
> ④ 문장 길이 및 구조
> ⑤ 서술 방식 또는 글 전체 구조
> ⑥ 글의 장르적 요소. 예) 역사 속의 전기적 요소
> ⑦ 주어진 글에 대한 안내 자료의 유무 예) 주요 용어 해설
> ⑧ 글의 길이

글의 난도(text difficult)는 학생의 배경 지식과 과거 읽기 경험에 의해 결정된다. 그림, 통계 자료 및 축구 관련 용어로 가득한 리오넬 메시(Lionel Messi)의 두꺼운 전기문은 아무리 숙련된 독자라 하더라도 축구에 관심이 없다면 읽기에 부담스러울 것이다. 반면에 열렬한 축구 팬이라면 어린 독자라도 비교적 덜 부담스러울 것이다. 그러나 대부분의 학교에서 다루는 글의 주제는 학생의 배경 지식과는 거리가 멀다.

인터넷에는 글의 난도를 쉽게 판독할 수 있는 '플레시의 이독성 측정 공식(Flesch Reading Ease formula)', '포그 척도(Fog Scale)', '스모그 지표(SMOG Index)' 등과 같은 다양한 이독성 공식(readability formula)이 있다. 그러나 이 모든 공식은 완벽하지 않으며 정확하고 과학적인 측정 방식으로 보기도 어렵다. 이독성에 대해 정답을 알고 있다

고 주장하는 사람은 터무니없는 아저씨(Mr Nonsense)뿐일 것이다. 수업에서 읽을 글을 선정하는 교사의 판단은 상당히 중요하다. 문장의 길이는 적절하지만 내용이 너무 추상적이거나, 어휘는 비교적 쉬운 수준이지만 전체적인 글의 구조가 사건이 일어난 순서로 되어 있지 않은 글(시간적 순서에 따르지 않은)은 학생이 소화하기 어려울 수도 있다.

교사가 글 선정을 위해 사용할 수 있는 편리한 도구로 웨인 테넌트(Wayne Tennant)의 '속산표(ready reckoner)'가 있다.[9] 테넌트는 업무로 바쁜 교사들이 그때그때 유용하게 사용할 수 있는 쉬운 이독성 공식을 제시하였다. 교사는 여러 교과 수업에서(예를 들어 과학 지문 읽기) 읽을 자료를 준비할 때, 이 계산 공식을 다음과 같이 활용할 수 있다. 먼저, 교과 수업의 독자 범위를 정한다. 다음은 소설책, 잡지 기사, 인터넷 글, 연습 문제 등의 지문을 다음 기준에 따라(또는 다음과 유사한 방식으로) 판단한다.

① **어려운 단어:** 교실에서 다수의 학생이 해독하거나 이해하는 데에 어렵다고 느낄만한 단어가 있는가?
(나이가 어릴수록 단어 읽기 능력에, 나이가 많을수록 단어 이해 능력에 기준을 두어야 한다)

② **언어적 특징:** 독특한 비유 또는 심상, 여러 개의 절로 구성된 문장 구조, 쌍점(:)과 같은 문장 부호와 같이 일반적인 문장에서 자주 사용하지 않는 언어적 특징이 있는가?

③ **개념:** 독자에게 환기시키는 생각과 개념이 얼마나 많은가? 학생은 새로

운 개념을 배울 때 친숙하지 않은 단어로 배우면 어렵다고 느낀다.

이제 '속산표'라는 렌즈를 통해 100개의 단어가 포함되어 있는 예시 글의 난도를 계산해 보자. 만약 수치화하는 방식이 도움이 된다면 예시 글에 있는 각각의 어려운 단어, 언어적 특징, 개념별로 점수를 더한 다음, 100에서 합한 점수를 빼면 된다.

예를 들어 기후 변화에 대한 BBC 온라인 기사문을 분석하면 다음과 같이 글의 난도 점수가 산출된다.

① 어려운 단어 = 3점

② 언어 특성 = 4점

③ 개념 = 2점

전체 점수 = 9점

테넌트는 위의 공식을 통해 대략적인 이독성 수준을 계산할 수 있다고 주장한다. 100점을 기준으로 한다면 다음과 같다.

• 95~100점 = 이해하기 어렵지 않은 수준

• 90~95점 = 적당히 어려운 수준

• 90점 미만 = 일부 학생만 어려운 수준

위의 공식에 따라 계산해 보면 BBC의 기후 변화에 대한 기사문은 91점(100점에서 9점을 뺀 점수)이며 '적당히 어려운' 수준에 속한다. 따라서 이 글의 이독성 수준은 적절하며 대부분의 학생은 누군가의 도움 없이 혼자서 읽고 이해할 수 있을 것이다. 어려운 글을 읽어야 하는 수업의 경우에는 교사가 그 글에 대해 더 자세히 설명해야 한다.

독해를 어렵게 만드는 요인인 언어 지식과 배경 지식에 대한 교사의 지식은 모든 교사가 필수로 갖추어야 할 무기이다. 모든 발달 단계와 교과목에서 정합성을 갖춘 읽기 교육과정은 학생에게 도움이 되지만 이러한 교육과정을 갖추는 일은 쉬운 일이 아니다. 교사가 그때그때 교실 수업과 읽기 과제를 위해 신속하게 글을 선정하려면 이 속산표가 유용할 것이다. 이독성 점수는 학생 개개인의 다양한 출발점 수준까지 고려해 글의 난도를 정확하게 측정할 수는 없지만, 교사가 교실 안팎에서 학생이 읽을 글을 지정하거나 학생의 읽기를 지원할 때 유용한 도구다.

마지막으로 교사가 반드시 유념해야 할 사항이 있다면, 읽기 장벽에 직면한 대다수의 학생은 전략적인 독자가 아니라는 사실이다. 글에서 어려운 단어 또는 복잡한 문장 구조를 발견한 상황에서 독해의 장애물을 어떻게 넘어야 하는지도 모를 수도 있다.

여기서 안타까운 사실은 읽기에 취약한 독자는 본인이 무엇을 알고, 무엇을 모르는지 인식하지 못하는 경우가 적지 않다는 것이다.

여러 연구 결과에 따르면 이들은 글을 읽다가 어려운 단어나 개념을 마주할 때 자신의 이해도를 점검하거나 축소/수정(reduce/repair) 전략을 적용하지 못한다고 한다.[10] 이때 교사는 '읽기 곤란도의 8가지 요인'을 학생에게 알려 주고, 독해 장애물을 전략적으로 극복하는 방법을 명시적으로 가르쳐 주어야 한다.

## ◐ 교사는 난독증(dyslexia)에 대해 무엇을 알아야 하는가?

'dys' = '어려움이 있는 장애'를 뜻하는 접두사
'lexia' = '단어'

난독증(dyslexia)은 민감한 주제이며 많은 교사를 두렵고 혼란스럽게 하는 단어이다. 읽기 학습에 고전하는 학생을 보면 교사는 그 학생을 난독증이라고 예상할 수는 있겠지만 여전히 수수께끼처럼 느껴질 것이다. 대부분 교사가 문해력 장벽에 대한 이해가 부족한 탓도 있지만, 교실에서 난독증 진단을 받은 학생이 있으면 그 학생은 자신이 아닌 전문 교사가 담당해야 한다고 생각하기 때문이기도 하다.

거대한 읽기 장벽으로 인해 고전하는 학생에게 학교는 지속적인 패배감과 박탈감을 느끼게 하는 공간으로 인식될 가능성이 높다. 필립 슐츠(Phillip Schultz)는 그의 저서 『나의 난독증(My Dyslexia)』에서 난독증으로 인한 내적 상처와 고통스러움에 대하여 진솔한 심경을 담았다.

오랜 시간 동안, 나는 내 인생이 앞으로 어떻게 흘러갈지 전혀
상상할 수 없었다.… 내 두뇌가 정보와 언어를 처리하는 방식에 있

어서 뭔가 잘못 되었다거나 남들과는 다르다는 사실을 전혀 인지하지 못했다. 단지 내가 좀 이상하다고만 생각했다. 아직도 난 이 생각을 믿고 싶다. 어쩌면 평생 그렇게 믿고 싶을지도 모르겠다.

– 『나의 난독증(My Dyslexia)』,
필립 슐츠(Phillip Schultz) 저, p. 117[11]


그의 저서에서는 거대한 읽기 장벽이 미치는 영향을 진솔하게 다룬다. 난독증으로 인해 학교 교육과정에 접근조차 할 수 없는 현실과 이로 인한 정서적 피해를 전하는 동시에 고전하는 독자를 둘러싼 오명을 떨쳐 내고자 하는 그의 바람이 담겨 있다.

난독증은 그와 유사한 장애들과 달리, 창의성과 관련 있는 개념으로 치부되는 경우가 종종 있다. 우리의 역사 속에 존재했던 유명한 천재들의 성공 사례를 이야기할 때, 난독증이 언급되기도 한다. 파블로 피카소(Pablo Picasso)부터 오귀스트 로뎅(Auguste Rodin), 아가사 크리스티(Agatha Christie), 월트 디즈니(Walt Disney)까지 그리고 스티븐 스필버그(Steven Spielberg)부터 우피 골드버그(Whoopi Goldberg)에 이르기까지 수많은 유명인이 난독증을 겪고 있다고 밝혀진 바 있다. 이로 인해 난독증이 혁신적이고 예상치 못한 방법으로 성공의 길로 인도하는 '선물'이 될 수도 있다는 통념이 생겼다.[12] 난독증으로 인한 '예견된 난관들'이 다른 관점에서 보면 도움을 준다는 생각 자체가 난독증을 겪고 있는 수많은 학생에게 희망적인 메시지가 되기도 한다.

하지만 난독증을 지나치게 긍정적으로 바라보는 접근은 위험할 수 있다. 유감스럽게도 '난독증이라는 선물'은 매력적인 소설에 지나지 않는다는 사실이 증명되었기 때문이다. 대학교 등에서 발표한 연구물에 따르면[13] 난독증 학생에게는 학습 결손을 보상하는 특별한 창의성은 없다고 증명되었다. 이는 물론 난독증 학생이 특출나게 창의적이거나 평생 성공할 수 없다는 뜻은 아니지만 최소한 우리가 난독증을 부러워하는 생각은 버려야 한다는 것이다. 교사는 난독증 학생을 최대한 조기에 판별하고 다각적으로 접근할 필요가 있다.

그렇다면 난독증은 무엇이며, 난독증에 대한 사실과 허상을 어떻게 구분할 수 있을까?

난독증이 발생학적으로 볼 때 유전적 원인과 연관성이 있다는 사실은 이미 100년 전부터 알려져 있다.[14] 물론 가족력(가족 병력을 통해 확인할 수 있는 요인들)도 있겠지만[15] 난독증은 이질적인(heterogenous) 장애에 속한다.

즉, 난독증은 다양한 유전적 및 환경적 요인의 영향을 받았을 가능성이 높다는 의미이다.

정리하자면 읽기는 학습으로 습득되고 발달하는 복잡한 기능이기 때문에 난독증은 복잡한 읽기 장애이다. 난독증의 원인은 뇌가 소리와 글자를 정확하게 대응시키지 못하는, 즉 음운론적 처리 과정의 결함이라는 것이 학계의 지배적인 입장이다.[16] 이 결함으로 인해 글을 읽는 동안 소리와 글자를 수용하는 과정에서 약간의 지연 현상이 계속 발생하게 되고 결국에는 읽기 실패를 초래한다. 단어를 인식하는 데에 몇 밀리세컨드(ms)가 지연되고, 그 단어를 배경 지식과 연결하는 데에 또 몇 밀리세컨드가 지연되는 현상들이 반복되면서 모든 기능이 느리게 작동하고 결국에는 읽기 행위가 고장 나는 원리이다.

짐 로즈(Jim Rose)가 2009년 정부에 제출한 보고서 「난독증과 문해 장애를 겪는 아동과 청소년의 판별 및 지도(Identifying and Teaching Children and Young People with Dyslexia and Literacy Difficulties)」에서 난독증을 다음과 같이 정의했다.

> 난독증은 정확하고 유창한 단어 읽기 및 철자에 관련된 기능에 주된 영향을 미치는 학습 장애이다.

- 난독증의 특징은 음운 인식, 언어 기억력, 언어 처리 속도에 있어서 어려움을 겪는 것이다.
- 난독증은 인지적 능력의 넓은 범위에 걸쳐서 발생한다.
- 난독증은 단일 범주가 아닌 연속체로 보는 것이 바람직하며, 다른 장애와 난독증을 구분할 수 있는 명확한 경계(cut-off)가 없다.
- 난독증은 언어, 운동 협응, 암산, 집중력, 조직력 면에서 장애가 동시에 발생할 수도 있지만 이것만으로 난독증이라 규정할 근거는 없다.

– 「난독증과 문해 장애를 겪는 아동과 청소년의 판별 및
지도(Identifying and Teaching Children and Young People
with Dyslexia and Literacy Difficulties)」,
짐 로즈(Jim Rose) 저, pp. 9~10[17]

유감스럽게도 난독증에 대한 논쟁은 지금까지 이어지고 있으며, 명

확한 지침을 찾고자 하는 교사에게 이 논쟁은 딱히 도움이 되지 않는다. 음운 인식 자체가 연속체상에서 존재하므로 난독증 양상에는 명확한 경계가 없다. 교실에서 난독증이 얼마나 많은지에 대해서도 상반된 입장이 있다. 난독증을 광의의 개념으로 규정하여 학생 20%에 달한다고 추정하는 연구 결과도 있지만[18] 대부분의 전문가는 난독증을 앓고 있는 학생을 4%~8% 정도로 예측하고 있다.[19]

읽기 전문가 마크 세이덴버그(Mark Seidenberg)는 그의 저서 『시선의 빠르기로 하는 말: 어떻게 읽는가, 왜 다들 읽지 못 하는가, 따라서 이 문제를 어떻게 해결해야 하는가(Language at the Speed of Sight: How We Read, Why So Many Can't, and What Can Be Done About It)』에서 난독증에 대한 의미 있는 의학적 비유를 제시했다. 그는 가령 볼거리라면 명확한 원인이 있고 누구나 명확하게 판별할 수 있는 질병이지만, '난독증은 볼거리와는 전혀 다르다.'라고 주장한다.[20] 그의 말에 따르면 오히려 난독증은 고혈압이나 비만과 비슷하다고 한다. 고혈압이나 비만은 모든 의학자가 하나의 질환으로 보지만 연속체로 존재하고, 발생 원인은 복합적이기 때문에 합병증을 유발할 수 있다는 점에서 난독증과 유사하다. 이러한 비유는 교사들이 난독증을 쉽게 판별하고 또 고민 없이 내린 해결책들을 무용지물로 만든다. 교사가 난독증을 겪고 있는 학생에게 필요한 지원 요소를 파악할 수 있으려면 꾸준한 연구가 필요하다.

난독증에 대한 흔한 통념이 다른 질병과의 불분명한 경계나 다소 혼란스러운 분류와 충돌하게 되면 교사들은 어떤 생각을 할까? 그동안 난독증이라는 용어 사용에 관해서도 논란이 있었다.[21] 교사가 난독증을 판별할 수 있으려면 전문 지식과 더불어 자신감이 필요하다. 광범위한 꼬리표로 학생을 난독증으로 진단하거나, 시험에서 색종이(coloured paper)[22]를 활용하게 하거나, 추가 시간을 주는 방식으로 그들의 독해 능력의 공백이 채워질 것이라고 성급하게 판단해서는 안 된다. 그보다는 전문적인 진단 평가(diagnostic assessments)를 적극 활용해야 한다. 난독증 독자에게 색종이를 주는 방식처럼 복잡한 문제에 쉬운 해결책이 제시됐을 때는 교사로서 한 번쯤은 의심해 봐야 한다.

읽기 교육과 읽기 장벽 사이를 메울 교사의 지식 부족을 인정하지 않는 한, 읽기 격차 해소는 불가능할 것이다.

예를 들어 학술적인 글의 복잡성과 학생의 읽기 장벽에 대한 지식을 가진 교사라면 학생이 새로운 글의 첫 단락에서 단어를 정확하게 읽을 수 있는지부터 확인할 것이다. 그리고 단어와 철자 체계에 대하여 구체적으로 질문하거나 학생의 배경 지식을 고려해 '속산표'를 활용하여 진단 평가를 실시할 것이다. 값비싼 무지개 색종이를 사용하는 방식으로 어설픈 노력을 하기보다는 난독증 진단 평가를 실시하는 것이 바람직하다. 왜냐하면 학생 입장에서는 읽기 어려움에 대한 중재나 읽기 유창성 지도를 제대로 받지도 못하면서 난독증이라는 꼬리표만 생기기 때문이다.

세이덴버그는 난독증을 '움직이는 과녁'으로 묘사하고 있다.[23] 교사가 학생은 어떻게 읽기를 배우는지, 글의 복잡성을 결정하는 요인이 무엇인지에 대해 더 많이 알고 이해할수록 난독증이라는 '과녁'에 적중할 수 있으며 난독증에 필요한 적절한 지원을 제공할 수 있을 것이다.

　　낮은 수준의 구두 언어 능력(oral language skills)으로 학교에 입학한 아동은 읽기 곤란도가 높을 것이다.[24] 가족력 또한 학생에게 명백히 읽기 곤란도의 위험 요소라는 사실도 분명하다. 읽기 곤란도의 전조 증상에는 허구적인 글에 나오는 단어들을 소리 내어 따라 읽기를 어려워한다는 특징(예를 들어 제3장의 파닉스 검사에 나오는 'skap'과 'blorn' 등)도 포함된다. 또한 낮은 수준의 음운 인식 능력(예를 들어 'track'과 'tack'에서 생략된 음소를 구분하는 것)도 사소하지만 난독증의 중요한 지표가 될 수 있다.

　　읽기 장벽에 대한 전조 증상을 발견하면 조기에 난독증을 판별할 수 있다. 우리는 언어 지식의 미시적인 측면들이 읽기 발달에 지대한 영향을 미친다는 사실을 인지하고 있다. 예를 들어 취학 전에 글자를 깨쳤는지의 여부는 1학년 말의 읽기의 성공 여부를 예측할 수 있는 변수이다.[25] 그리고 1학년 학생 중 다음과 같은 쉬운 단어, 예를 들면 '오두막(hut)', '별(star)', '포크(fork)', '공(ball)', '조끼(vest)', 왕관(crown)'과 '별(star)'을 사용하지 못하는 경우도 난독증의 '위험군'으로 간주한다.[26]

　　고학년의 어휘력 결핍은 초기 언어 발달 단계의 읽기 능력이 부족한 데에서 기인할 수 있다. 이로 인해 고학년으로 올라갈수록 즐거움과 여가를 위한 독서 활동을 기피하게 되고 어휘력 결핍은 갈수록 심각해진다.[27] 이와 같은 학생은 자신을 말로 소개할 수 있을지는 모르지만 글로 표현하기는 어려워한다.[28] 물론 학생들이 해를 거듭해 읽기 어려움을 겪는다면, 10대 독자로서의 읽기 동기(motivation to read)는 말

그대로 밑바닥으로 추락해, 학교생활 전반에서 즐거움을 느끼지 못할 것이다. 동기 부여가 되지 않으면 연습은 중단되고 이로 인한 악순환은 계속될 수밖에 없으므로 읽기 동기를 높여 주는 것이 여러 면에서 도움이 될 뿐만 아니라 학교생활에 대한 희망을 심어 줄 수 있다.[29]

잠깐 동안이라도 당신이 필립 슐츠와 같은 읽기 실패자라고 느끼면서 억지로 학교생활을 했다고 상상해 보자. 그러한 부정적인 감정들을 어떻게 감추었을까? 수업 시간에 교과서를 읽어 보겠다고 손을 들어 본 적은 과연 몇 번이나 될까? 교과서를 '묵독'하는 시간에 읽는 척을 얼마나 많이 했을까?

색종이와 색 오버레이를 사용해서 난독증 학생의 읽기 장벽 문제를 쉽게 해결할 수 있다는 대안은 교사의 눈길을 충분히 끌 만하다. 안타깝게도 난독증 학생에게 색종이 사용이 주는 교육적 효과는 현재로서는 근거가 부족하다.[30] 대신에 교사의 전문적인 식견을 바탕으로 양질의 합리적인 읽기 교육을 제공해야 한다.

난독증 독자를 위한 최선의 방책은 교사의 지원하에 체계적인 파닉스 교육과 수준에 맞는 글을 통해서 전략적 읽기 교육을 강화하는 것이다. 후자의 경우 초등학교, 특히 저학년의 일반적인 읽기 수업과 다르지 않다. 중학교에는 교사가 지도하는 읽기 교육이 있지만(특히 중학교의 읽기 교육은 대체로 영어 수업에서 이루어지지만 다른 교과목 수업에서도 충분히 이루어질 수 있다) 체계적인 파닉스에 대한 교육적 지원은 대개 교실 밖에서 이루어진다. 학교급을 막론하고 난독증 독자들에게 '수정 전략(fix-up strategies)' 및 이해 점검에 대한 교육은 도움이 될 것이다.

　읽기의 과학을 다루었던 제3장과 독해력을 다루었던 제4장으로 돌아가 보자. 난독증이 있거나 또래에 비해 읽기를 어려워하는 학생에게는 명시적이고 체계적인 교육이 효과적이다. 읽기 유창성 발달이든 읽기 전략과 어휘의 명시적 교수법이든, 읽기 교육에서의 체계적인 접근법은 모든 학생에게 유익할 것이다. 그 누구에게도 부정적인 영향을 미치지 않으며, 고전하는 학생에게는 가장 큰 이득을 가져다 줄 것이다.

## ◖ 독해 부진 학생의 잠재된 문제

　난독증은 이미 잘 알려져 있으며 난독증에 대한 관심, 지지, 중재가 비교적 잘 이루어지는 편이다. 그런데 상당수의 학생이 또 다른 생소한 읽기 문제를 겪고 있다면 어떻게 해야 하는가?

　수업에서 글 읽기에 어려움을 겪는 대다수의 학생을 난독증과 관련된 읽기 장벽, 즉 단어를 정확하고 유창하게 읽지 못하는 문제로만 보기에는 충분하지 않다.[31] 그들은 종이에 있는 글자를 정확하게 읽을 수는 있지만 글을 이해하는 데에는 어려움을 겪는다. 한 연구에서는 교실 내 최대 8%의 학생들이 '독해 부진 학생(poor comprehenders)'에 속한다고 주장했다.[32]

　'독해 부진'이라는 진단은 볼거리보다 난독증에 가깝다. 그 원인이 복잡하고 다양하며, 이러한 학생을 구별할 수 있는 증상도 뚜렷하지 않기 때문이다. 독해 부진 학생에게 큰 소리로 글을 읽게 하면 해독도 잘 하고, 유창하게 읽기도 하므로 그 원인을 파악하기가 쉽지 않다. 이를 판단하려면 교사가 신중하게 선별한 독해 문제와 시간이 필요하다.

독해 부진도 난독증 문제처럼 교사의 전문 지식에 차이가 있을까?

많은 학생은 학교에 입학하여 말하기 과제를 수행하면서 독해력 부족 문제를 드러낸다. 어떤 학생은 듣고 이해하는 데에 어려움을 보이기도 한다. 단어의 뜻과 문장의 구조 이해하기, 자신의 생각을 일관성 있게 표현하기, 인물의 행동이나 이야기의 흐름 설명하기, 제한적 어휘 지식 과제 등에서 독해력 부족이 드러난다.

취학 전에 충분한 구두 언어가 입력되지 않은 학생은 글을 읽고 이해할 수 있는 기틀이 마련되지 못한 상태가 된다. 그러나 다행스럽게도 '너필드 초기 언어 프로그램(Nuffield Early Language Programme)'과 같이 저학년 학생을 위해 학교에서 활용할 수 있는 좋은 중재 수단이 있다.[33]

앞 장에서 독해력에 대해 밝힌 바와 같이 성공적인 독자는 배경 지식이 풍부하고, 읽기 훈련이 되어 있으며, 매우 능동적이며 전략적으로 읽는다. 반면에 그렇지 않은 독자는 글을 읽을 때 다시 읽기, 질문하기, 글 구조 파악하기, 삭제/교정 전략 등을 효율적으로 사용하지 않는다.

> 그들은 읽기를 능동적이고 건설적인 과정으로 받아들이지 않는다. 답이 틀리고 답을 제대로 알지 못한다는 사실을 깨달았을 때가 되어서야 주의를 기울이고 몇몇 정보를 찾아볼 때 비로소 글과 관련된 지식을 연결을 하게 된다.

- 「이해력 및 추론 능력(Comprehension Skills and Inference-Making Ability): 인과 관계의 문제(Issues of Causality)」, 카인(K. Cain) & 오크힐(J. V. Oakhill) 저, p. 339[34]

독해 부진 학생에게 교사의 역할은 더욱 중요하다. '교육과정 전반에 걸친 문해력' 또는 이와 유사한 능력은 쉽게 획득할 수 있는 능력이 아니기 때문에 모든 단계의 학교 교육과정과 교과목에서 읽기를 반드시 명시적으로 지도해야 한다.

독해 부진은 취학 전 구두 언어에서 그 원인을 찾을 수도 있지만, 글의 복잡성이 높아지는 약 8세 정도에 이르러 급격히 커진다는 연구 결과가 있다.[35] 이와 관련해 미국에서는 '4학년 슬럼프(fourth-grade slump)'로 불리는 시기에 대한 연구를 진행했다.[36] 이 연구는 10세, 11세 학생이 이전보다 복잡해진 글을 읽으며 고전하는 어려움을 다루었다. 읽기에 고전하는 현상은 여러 복합적인 요인에 기인하므로 복잡한 특성을 보인다.[37] 학생은 학교에서 상당한 배경 지식이 필요한 읽기 활동을 할 때, 생소하고 어려운 단어를 유창하게 읽으려고 애쓰는 동시에 새롭고 더 복잡한 문장과 글의 구조를 파악해야 하는 도전에 직면한다.

파닉스 수업은 양질의 교육을 제공하려는 수많은 교실에서 활용되지만, 교사의 세상사 지식은 가정 및 사회적 배경에 의해 영향을 받기 때문에 제한적으로 활용된다.

# ● 빈 책장을 기억하는가?

학생의 읽기 실패를 예방하려면 배경 지식을 보강해 주고 어휘와 이해 점검하기 기능을 가르쳐야 한다. 무엇보다 우선해야 하는 활동은 그들의 지식 격차 또는 그들에 대한 선입견을 해소하기 위한 질문과 대화이다.

목적을 두고 질문하거나 책 읽고 대화하기와 같은 읽기 교수 전략을 통해서 학생 스스로 자신의 독해를 점검하도록 지원할 수 있다. 읽기 교수 전략으로 질문하기는 독립적으로 추론하는 힘을 길러 주는 데에 매우 유용하다. 이때에 학생 특성과 읽기 발달에 해박한 교사의 지식이 요긴하게 작용할 것이다. 독해 부진 학생은 구체어보다는 추상어(abstract words)를 기억하기가 더 어려우므로[38] 교사의 안내에 따라 단어 의미를 추론하는 활동도 독해에 도움이 된다. 교사가 단어와 시각적 고리의 연결(예를 들면 평화라는 관념이 비둘기의 이미지와 긴밀하게 연결된다)을 도와주면 글의 이해력과 기억력에 도움을 줄 수 있다.[39]

일부 독해 부진 학생의 경우 독서 토론 활동에서 자신이 잘 알고 있는 주제에 대한 글을 읽으면 높은 참여도를 보이지만, 반대로 그렇지 않은 주제의 글을 읽어야 할 때는 낮은 참여도를 보인다고 한다.

이들은 대체로 배경 지식이 부족하며 읽기에 대한 태도도 수동적이다. 그래서 글을 읽는 과정에서 인지 부담을 줄여 주고 작업 기억(글을 읽으면서 새로운 정보를 처리하는 기능)의 용량을 늘려 주는 전략이 특히 유용하다. 그렇지 않으면 다른 또래들보다 복잡한 글이나, 내용

을 기억하여 다시 이야기하라는 과제를 어려워할 것이다.[40]

퍼즐 조각을 맞추며 전체 글이라는 그림을 기억해 내는 능동적인 전경화 전략(actively foregrounding strategies)은 독해 부진 학생에게 필수적이다.

벤 다이어그램(Venn diagram), 개념도(concept map), 생선뼈 다이어그램(fishbone diagrams)과 같이 도해 조직자(graphic organizers)를 활용하여 글 전체 내용을 구조화하고 표상하는 방식은 글의 의미를 통합하고 재구성하는 데에 도움을 준다. 이는 글을 읽으며 만든 정신 모델을 시각화하는 작업이다. 학생이 긴 글을 읽을 때나 여러 개의 자료를 읽을 때에 머릿속에 드는 생각을 시각적으로 정리하면 글의 내용을 기억하는 데에 도움이 된다. 게다가 초보 독자가 갖는 작업 기억의 인지적 부담도 줄어든다. 예를 들어 5학년 학생들이 지리 수업 시간에 그들의 도시 또는 마을에 대한 조사를 한다면, 생선뼈 다이어그램으로 지방, 도시, 주택단지, 토지 이용 등의 지리적 범주를 정리할 수 있다(그림 5.1 참고).

대부분의 문제가 그렇듯, 학생의 읽기 장벽 문제 또한 교사의 조기 지원이 매우 중요하다. 초기의 구두 언어 입력과 이후의 독해력 사이에는 인과 관계가 있다. 연구 결과에 따르면 아동의 듣기 이해력, 어휘력 및 서술 능력에 맞춘 교육, 즉 훈련된 전문가의 말을 들으며 자신의 생각을 분명하게 표현하고 긴 문장으로 대답하는 연습은 훗날 성공적인 읽기를 위한 기초가 된다.[41] 매일 보조 교사와 아동의 일대일로 이루어지는 중재는[42] 말하기와 독해력 간의 복잡한 양상을 잘 보여 주는 예이다.

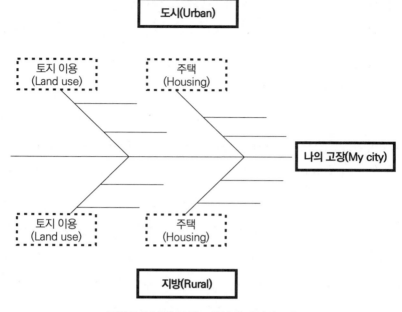

**그림 5.1 나의 도시 - 생선뼈 다이어그램**

연구자들은 학교 교육과정 모든 단계의 교과목 담당 교사를 위하여 '독해 부진 학생의 프로파일'[43]을 구체화하여 개발하였다. 교실 내 잠재적 읽기 장벽의 척도를 다음 표를 통해 확인할 수 있다.

| 잠재적인 읽기 장벽 | 교실 내 잠재 지표 |
| --- | --- |
| 어휘력 | 말하기와(또는) 쓰기에서 제한된 언어 사용 |
| 표현력 | 언어 표현을 구성하는데 어려움과(또는) 수업 대화에 제한적 참여 |

| 잠재적인 읽기 장벽 | 교실 내 잠재 지표 |
| --- | --- |
| 비유적 언어 | 숨은 의미, 은유, 농담 및 언어유희를 완전히 이해하지 못함 |
| 서술 능력 | 경험을 설명할 때 명확하게 또는 시간 순서대로 표현하지 못함 |
| 문법 발달 | 복잡한 문장을 이해하기 어려움 예) 문장의 주어 찾기 |
| 언어 추론 | 논리적 추론이 어려움 예) 동의어 또는 반의어 구별하기 |
| 추론 | 읽은 내용을 요약하고 상세히 설명하기 위한 추론이 어려움 |
| 이해 점검 | 잘못 이해하거나 배경 지식의 공백을 인식하지 못함 |
| 언어 작업 기억 | 동시에 여러 정보를 처리하기가 어려움 |
| 읽기 동기 | 읽기를 싫어하거나 특정 분야의 책만 선택하여 읽음 |

출처: 『독해력 신장(Developing Reading Comprehension)』, 클라크(P. J. Clarke) 외.


## ◐ 복잡한 문제를 푸는 '단순한 시각'

매튜와 같은 학생에게도 인간의 본질적인 권리인 읽기의 성공과 즐거움이 모두 보장되어야 한다. 이를 위해 교사는 언어가 어떻게 작동하는지, 읽기가 어떻게 잘못될 수 있는지 알아야 한다는 결론에 재론의 여지는 없다. 읽기 격차는 교사 교육과 세심한 학생 지원 그리고 전문적인 진단 평가가 요구되는 복잡한 문제이다.

학생이 갖고 있는 읽기 장벽의 일반적 진단 모델은 읽기의 복잡한 특

성과 모순되게도 '단순 읽기 모델(simple view of reading model)'
이라는 이름을 갖고 있다.[44] 이것은 읽기의 주요 두 차원을 구분하는
데에 도움이 된다(그림 5.2 참고).

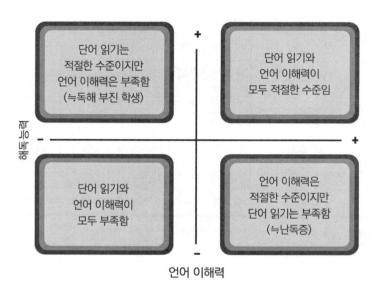

**그림 5.2 사분면으로 나타낸 단순 읽기 모델**

출처: 교육기금협회(Education Endowment Foundation) (2017), 주요 1단계에서
문해력 증대(Improving Literacy in Key Stage 1),
런던: 교육기금협회(Education Endowment Foundation).

교사가 읽기에 취약한 독자를 판별하는 일만으로 제 역할을 다했다
고 볼 수 없다. 학습 장벽에 보다 구체적으로 접근할 수 있으려면 학
생, 읽기, 글에 대한 지식이 뒷받침되어야 한다. 교사는 '단어 읽기와
해독 또는 읽기 유창성의 문제인가? 아니면 읽기 유창성 또는 독해력

의 문제인가?'와 같은 질문으로 학생을 판별할 수 있을 것이다.

물론 이러한 문제들은 서로 맞물려 있고 또 동시다발적으로 발생할 수도 있지만(학생은 과학적 모델이나 사분면에 정확하게 맞아 떨어지는 것이 아니므로 교사의 판단에는 한계가 있을 수밖에 없다) 우리가 문제를 심도 있게 이해한다면 최선의 해결책을 찾고 교실 활동에 집중할 수 있을 것이다.

연령에 비추어 볼 때 단어 읽기 능력은 적절한 수준이지만 언어 이해력이 부족한 학생은 독해 부진 학생 프로파일에 부합하고, 언어 이해력이 적절한 수준이지만 단어 읽기 능력이 부족한 학생은 난독증 프로파일에 부합한다는 것을 아는 것만으로도 문제 해결의 시작점에 설 수 있다. 학생이 직면한 읽기 장벽을 교사가 정확히 인식하고, 이를 극복하기 위해 어떻게 가르쳐야 하는지에 대한 방향성을 세운다면 궁극적으로 양질의 교육을 제공할 수 있다.

단순한 관점으로 시각화한 사분면을 사용해서 교실 내 학생들에 대한 유의미한 기록들을 남길 수 있다. 대부분의 학생은 단어 읽기 및 언어 이해력이 우수하지만, KS2와 KS3의 일부 학생은 언어 이해력이 부족하고 단어 읽기 수준도 미흡하다. 교사는 학생이 사분면 중 어디에 위치하는지 가늠할 수 있지만 이러한 판단에는 결함이 있을 수 있다. 이 모델을 일반화하여 적용하는 데에 많은 제한이 있더라도 결과적으로는 유용하다는 사실을 기억해야 한다.

매튜와 같은 학생은 늘 사분면 그래프에서 왼쪽 아래에 위치할 것이다. 일반적으로 이런 학생에게는 교실 수업만으로는 부족하기 때문에 추가적인 교육적 지원이 필요할 것이다. 체계적으로 확립된 중재 반응 모델(response to intervention model)[45]은 교사의 지원이 학생의 반응을 이끌어 내기에 충분했는지를 판단할 수 있는 지침이 될 것이다. 그들은 다음과 같은 3단계 모델을 제시하였다(그림 5.3 참고).

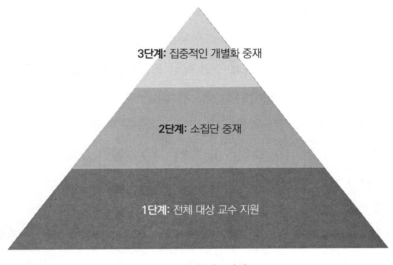

**3단계:** 집중적인 개별화 중재

**2단계:** 소집단 중재

**1단계:** 전체 대상 교수 지원

**그림 5.3 중재 3단계**

나에게 매튜와의 시간이 다시 주어진다면 복잡한 읽기 문제를 해결하기 위해 보다 체계적인 접근 방식으로 그를 지원할 것이다. 기초 단계로 돌아가서 그가 자주 사용하는 어휘를 기반으로 한 해독 지도로, 읽기 장벽을 세분화하여 하나씩 제거해 나갈 것이다. 그 다음에는 집중적인 구두 표현법과 읽기 유창성 연습을 병행할 것이다. 이것은 1단계 수준의 강도와 집중력을 요구한다.

매튜와 같은 학생을 돕기 위해서는 파트너 관계인 보조 교사들과 긴밀한 협업이 필요하다.[46] 모든 교사와 보조 교사가 서로를 지원할 수 있게끔 충분한 시간을 갖고 전문적 훈련을 받는 것이 이상적인 시나리오겠지만, 이는 현실적으로 실현되기 어렵다. 학생들이 학교 교육과정 이수를 하려면 읽기가 필수적인 능력이므로, 학교에서 충분한 읽기 시간 확보가 필요하다.

내가 10대의 유능한 독자들을 가르쳤을 때로 돌아간다면, 영문학의 은유적 언어에 대한 이해력을 키워 주기 위하여 가르칠 내용의 순서를 신중하게 정하고 그들의 독해력 증진에 몰두할 것이다. 또한 읽을 글을 선택함에 있어 이독성 공식에만 의존하지 않고 학생들이 느끼는 상대적인 어려움, 즉 '읽기 곤란도를 결정하는 8가지 요인'까지 종합적으로 고려할 것이다.

난독증에 대한 오개념을 밝혀내든 글을 어렵게 만드는 요소를 분석하든, 교사의 궁극적 목표는 학교 교육과정을 통해 학생들의 읽기 격차를 해소하는 것이다.

## ◖● 요약

- 교사가 읽기 곤란도를 결정하는 요인을 이해하면 학생이 가진 읽기 장벽 극복을 도울 수 있다. 이독성 공식이라는 수단에만 의존하기보다는 학교에서 읽는 어려운 글이 지닌 특징을 보여 주는 '읽기 곤란도를 결정하는 8가지 요인'을 잘 알고 있어야 한다.

- 난독증을 '선물'로 포장하는 것은 바람직하지 않으며, 잘못된 생각이다. 우리는 난독증의 증거인 단어 읽기의 어려움과 같은 문제를 어떻게 판별하고 해결해야 하는지를 이해하고자 노력해야 한다.

- 난독증은 특정한 원인이 없는, 움직이는 과녁이다. 이에 색종이와 같은 '쉬운' 해법만으로는 난독증 학생에 대한 지원으로 충분하지 않다. 대신 단어 읽기와 '삭제/수정 전략'을 활용하는 등의 방법으로 구체적인 읽기 문제를 명시적이고 효과적으로 해결할 수 있도록 지도해야 한다.

- 난독증 못지않게 심각한 읽기 장벽 중 하나는 '독해 부진' 문제이다. 이는 최대 8%의 학생들이 경험하는 것으로, 대체로 글을 읽으면서 능동적인 이해 점검 전략을 어려워하고 '축소/수정 전략'을 제때 적용하지 못한다는 공통점이 있다. '읽기에 대한 단순한 접근'은 난독증 학생과 독해 부진 학생처럼 성격이 다른 읽기 장벽을 판별하는 데 유용한 모델이 될 수 있다.

# ◖ 주석

1. BBC News (2019). *Mr Greedy* 'almost as hard to read' as Steinbeck Classics. Retrieved from www.bbc.co.uk/news/uk-47426551.

2. Mullis, I. V. S., Martin, M. O., Foy, P., & Hooper, M. (2017). *PIRLS 2016 international results in reading.* Retrieved from http://tims sandpirls.bc.edu/pirls2016/international-results.

3. Best, R. M., Floyd, R. G., & McNamara, D. (2008). Differential competencies contributing to children's comprehension of narrative and expository texts. *Reading Psychology, 29*(2), 137–164. https://doi.org/10.1080/02702710801963951.

4. Cain, K., Oakhill, J. V., & Elbro, C. (2003). The ability to learn new word meanings from context by school-age children with and without language comprehension difficulties. *Journal of Child Language, 30,* 681–694.

5. Cain, K., & Oakhill, J. V. (2007). Reading comprehension difficulties: Correlates, causes and consequences. In K. Cain & J. V. Oakhill (Eds.), *Children's comprehension problems in oral and written language* (pp. 41–75). New York, NY: Guilford Press.

6. AQA (2016), Our exams explained: GCSE science exams from Summer 2018. Retrieved from https://filestore.aqa.org.uk/re sources/science/AQA-GCSE-SCIENCE-EXAMS-EXPLAINED.PDF.

7. AQA (2016). Making questions clear: GCSE Science exams from 2018. Retrieved from https://filestore.aqa.org.uk/resources/science/AQA-GCSE-SCIENCE-QUESTIONS-CLEAR.PDF, p. 6.

8. 위의 책.

9. Tennant, W. (2014). *Understanding reading comprehension.* London: Sage.

10. Kispal, A. (2008). *Effective teaching of inference skills for reading: Literature review.* Department for Education Research Report. Retrieved from www.nfer.ac.uk/publica tions/EDR01/EDR01.pdf.

11. Schultz, P. (2011). *My dyslexia.* New York, NY: W. W. Norton & Company, p. 117.

12. Gladwell, M. (2014). *David and Goliath: Underdogs, misfits and the art of battling giants.* London: Penguin.

13. Łockiewicz, M., Bogdanowicz, K., & Bogdanowicz, M. (2013). Psychological resources of adults with developmental dyslexia. *Journal of learning disabilities, 47*(6), 543–555. doi:10.1177/0022219413478663.

14. Morgan, W. P. (1896). A case of congenital word blindness. *British Medical Journal, 2*(1871), 1378. doi:10.1136/bmj.2. 1871.1378.

15. Paracchini, S., Scerri, T., & Monaco, A. P. (2007). The genetic lexicon of dyslexia. *Annual Review of Genomics Human Genetics, 8,*

57–79.

16. Vellutino, F. R., Fletcher, J. M., Snowling, M. J., & Scanlon, D. M. (2004). Specific reading disability (dyslexia): What have we learned from the past four decades? *Journal of Child Psychology Psychiatry, 45*(1), 2–40.

17. Rose, J. (2009). *Identifying and teaching children and young people with dyslexia and literacy difficulties.* An independent report from Sir Jim Rose to the Secretary of State for Children, Schools and Families. Retrieved from http://webarchive. national archives.gov.uk/20130401151715/www.education.gov.uk/publications/eorderingdownload/00659-2009dom-en.pdf.

18. Shaywitz, S. E. (1996). Dyslexia. *Scientific American,* November, 98–104.

19. Snowling, M. J. (2008). Specific disorders and broader phenotypes: The case of dyslexia. *Quarterly Journal of Experimental Psychology, 61*(1), 142–156. https://doi.org/10. 1080/17470210701508830.

20. Seidenberg, M. (2017). *Reading at the speed of sight: How we read, why so many can't, and what can be done about it.* New York, NY: Basic Books, p. 158.

21. Elliott, J. G., & Grigorenko, E. L. (2014). *The dyslexia debate.* New York, NY: Cambridge University Press.

22. Henderson, L. M., Tsogka, N., & Snowling, M. J. (2013). Questioning the benefits that coloured overlays can have for reading in students with and without dyslexia. *Jorsen, 13,* 57–65.

23. Seidenberg, M. (2017). *Reading at the speed of sight: How we read, why so many can't, and what can be done about it.* New York, NY: Basic Books.

24. Snowling, M. (2014). Dyslexia: A language learning impairment. *Journal of the British Academy, 2,* 43–58.

25. Walsh, D. J., Price, G. G., & Gillingham, M. G. (1988). The critical but transitory importance of letter naming. *Reading Research Quarterly, 23,*108–122.

26. Hatcher, P. J., Hulme, C., Miles, J. N. V., Carroll, J. M., Hatcher, J., Smith, G., & Gibbs, S. (2006). Efficacy of small-group reading intervention for beginning readers with reading delay: A randomised controlled trial. *Journal of Child Psychology & Psychiatry, 47*(8), 820–827. https://doi.org/10.1111/j.1469- 7610.2005.01559.x.

27. Griffiths, Y. M., & Snowling, M. J. (2002). Predictors of exception word and nonword reading in dyslexic children: The severity hypothesis. *Journal of Educational Psychology, 94*(1), 34–43. http://dx.doi.org/10.1037/0022-0663.94.1.34.

28. 위의 책.

29. Melekoglu, M. A., & Wilkerson, K. L. (2013). Motivation to read: How does it change for struggling readers with and without disabilities? *International Journal of Instruction, 6*(1), 77–88.

30. Suttle, C. M., Lawrenson, J. G., & Conway, M. L. (2018). Efficacy of coloured overlays and lenses for treating reading difficulty: An overview of systematic reviews. *Clinical and Experimental Optometry, 101*(4), 514–520.

31. Nation, K., Clarke, P., & Snowling, M. J. (2002). General cognitive ability in children with reading comprehension difficulties. *British Journal of Educational Psychology, 72*(4), 549–560. http://dx.doi.org/10.1348/00070990260377604; Cain, K., & Oakhill, J. V. (2006). Profiles of children with specific reading comprehension difficulties. *British Journal of Educational Psychology, 76*(4), 683–696. https://doi.org/10.1348/000709905X67610.

32. Clarke, P. J., Snowling, M. J., Truelove, E., & Hulme, C. (2010). Ameliorating children's reading comprehension difficulties: A randomised controlled trial. *Psychological Science, 21,* 1106–1116. doi:10.1177/0956797610375449.

33. Snowling, M. J. (2018). Language: The elephant in the reading room. Retrieved from https://readoxford.org/language-the-elephant-in-the-reading-room.

34. Cain, K., & Oakhill, J. V. (1998). Comprehension skills and inference-making ability: Issues of causality. In C. Hulme & R. M. Joshi (Eds.), *Reading and spelling: Development and disorders* (pp. 329–242). Mahwah, NJ: Lawrence Erlbaum Associates.

35. Clarke, P. J., Truelove, E., Hulme, C., & Snowling, M. (2013). *Developing reading comprehension.* Chichester, UK: John Wiley & Sons.

36. Chall, J. S., Jacobs, V. A., & Baldwin, L. E. (1990). *The reading crisis: Why poor children fall behind.* Cambridge, MA: Harvard University Press.

37. Goodwin, B. (2011). Research says ··· don't wait until 4th grade to address the slump. *Educational Leadership, 68*(7). Retrieved from www.ascd.org/publications/educational-leadership/apr11/vol68/num07/Don%27t-Wait-Until-4th-Grade-to-Address-the-Slump.aspx.

38. Marshall, C. M., & Nation, K. (2003). Individual differences in semantic and structural errors in children's memory for sentences. *Educational and Child Psychology, 20*(3), 7–18.

39. Gladfelter, I., Barron, K. L., & Johnson, E. (2019). Visual and verbal semantic productions in children with ASD, DLD, and typical language. *Journal of Communication Disorders, 82*(105 921). https://doi.org/10.1016/j.jcomdis.2019.105921.

40. Ibid.

41. Fricke, S., Bowyer-Crane, C., Haley, A. J., Hulme, C., & Snowling, M. J. (2013). Efficacy of language intervention in the early years. *Journal of Child Psychology and Psychiatry, 54*(3), 280-290.

42. https://bit.ly/2GZWnGO 참조.

43. Clarke, P. J., Truelove, E., Hulme, C., & Snowling, M. (2013). *Developing reading comprehension.* Chichester, UK: John Wiley & Sons, p. 25.

44. Gough, P. B., & Tunmer, W. E. (1986). Decoding, reading, and reading disability. *Remedial and Special Education, 7,* 6-10.

45. Burns, M. K., Appleton, J. J., & Stehouwer, J. D. (2005). Meta-analytic review of responsiveness-to-intervention research: Examining field-based and research-implemented models. *Journal of Psycho educational Assessment, 23,* 381-394.

46. Education Endowment Foundation (2018). *Making best use of teaching assistants.* London: Education Endowment Foundation.

# VI. 교과 학문에 따른 읽기

등대(lighthouse)에 대한 다음 두 단락을 읽으면서 표현의 공통점과 차이점을 파악해 보고, 학교 교육과정에서 등대에 대한 학습을 언제 시작하는지 생각해 보자.

끝도 모를 푸른 물이 그녀 앞에 놓였다. 저 멀리 바다 한 가운데에는 회색 등대가 아스라이 자태를 드러냈다. 그리고 눈길이 닿는 맨 오른쪽에 고요한 물결 속에 자태를 드러냈다가 다시 사라지는 녹색 모래 언덕들이 있었고, 그런 언덕에는 물결 따라 흔들리는 억새풀이 나 있었다.

－『등대로(To the Lighthouse)』,
버지니아 울프(Virginia Woolf) 저, p.13[1]

벨투(Belle Toute) 등대는 영국 남부 해안의 비치 헤드(Beachy Head) 절벽 꼭대기에 위치한 유명한 랜드마크이다. ⋯ 등대를 뒤로 옮긴 후에도 절벽은 꾸준히 침식되었으며, 습한 겨울과 매우 건조한 여름 날씨로 인해 침식 속도가 더욱 빨라졌다.

– 「해안가 수업 계획(Coasts Lesson Plans): 이렇게
생각하자(Look at It This Way) 제 8과」,
지리학회(Geographical Association)[2]

이 과제는 주제와 장르를 막론하고 수년 동안 전문 지식의 글을 읽어 온 능숙한 독자인 당신에게 비교적 쉽고 수월한 작업이었을 것이다. 종이에 적혀 있지 않은 모든 지식은 독자가 글을 바탕으로 소환하는 것이다. 단어 선택, 구문, 문체로부터 추론할 수 있는 모든 지식은 글을 읽는 내내 즉각적으로 소환된다.

당신은 아마도 두 글의 중요한 공통점은 금세 알아차렸을 것이다. 두 글의 주제가 모두 등대라는 것이다. 다음으로는 두드러지는 차이점을 찾았을 것이다. 전자의 장르가 문학 소설(literary fiction)이라면 후자는 비문학 정보 글이라는 차이이다. 특정 단어를 선택적으로 인식하는 것은 전국적 추론을 유도한다. 거칠게 흐르는 풀들이라는 구절의 시적인 표현은 절벽의 침식과 기능이라는 유익한 정보와는 대조적이다.

비록 우리가 문법 전문가는 아니지만, 첫 번째 글에서는 형용사와 동사를 과도하게 사용하고 있으며 서로 연결된 절로 이루어진 유려한 문장 구조를 가지고 있음을 알 수 있다. 알다시피 이 글은 작가 버지니아 울프(Virginia Woolf)의 『등대로(To the Lighthouse)』라는 문학 작품이다. 이 작품은 심오하고 복잡한 주제를 다루고 있으며, 나이가 많은 독자여야 알 수 있는 남풍(austere)과 같은 어휘들이 나온다.

문학 비평가가 소설을 읽는 눈으로 이 글을 봐야 한다면, 무의식적으

로 새로운 독자 역할을 상정하게 될 것이다. 그 다음에는 이 글의 상징성을 찾을 것이다. 또한 문장의 구조가 등대에 부딪히는 파도의 물결을 묘사했을 거라는 추론도 할 수 있다. 문학 비평가와 같은 전문 독자라면 오디세우스(Odysseus)의 귀향 여정부터 제이 개츠비(Jay Gatsby)의 부두 끝에 비추는 녹색 빛과 같은 상징성이 담긴 문학 관습도 이끌어 낼 수 있을 것이다.

이와 대조적으로 두 번째 글은 지리학회의 KS3 수업 계획안에 제시된 해안가를 주제로 한 글을 발췌한 것이다. 이 글의 원문에는 해안가의 풍경뿐 아니라 등대, 공인중개사의 광고, 지역 주민들의 이야기 등이 실려 있다. 정보 글에 속하는 이 글은 비교와 논증을 통해 이 장소에 대한 특유의 분위기를 전달한다. '위치 설정'은 지리학자들이 정신 모델을 만들기 위해 사용하는 독해 전략이다. 또한 '침식'에 대한 강조는 학생으로 하여금 자연지리학의 중요한 개념, 예를 들어 4가지 침식 유형 및 침식 과정 등을 정신 모델에 신속하게 포함시켜야 한다는 신호 역할을 한다.

교사는 각 교과 학문(subject discipline)[3]에서 읽고, 학습하고, 수행하는 전문적 사고 방법에 주목함으로써 학생이 개발해야 할 일반적인 읽기 기능(general reading skills)과 교과 특수 전략(subject-specialist strategies)이 따로 있다는 사실을 유념해야 한다. 이와 같은 접근법을 '학문 문식성(disciplinary literacy)'이라고 부른다. '학문 문식성'은 일반 문해력 기능과 읽기 전략을 강조하지만 보편적인 접근법인 '범 교육과정 문식성(literacy across the curriculum)'[4]과는 달리 교과목 주제에 영향을 받는다는 점에서 다소 차이가 있다.

분명한 사실은 글의 종류, 읽기 목적, 주제 분야에 따라 읽기 방법이 달라진다는 점이다. 같은 글이라도 지리학자와 문학 비평가가 읽는 방식이 다르고, 생물학자와 예술가가 읽는 방식이 서로 다르다. 글을 읽을 때마다 목적과 독자 역할도 다르다. 일반적으로 우리는 명확하게 설정된 교과 학문 분야에 적절한 읽기 방법, 관점, 사고 방법 등을 동원하여 읽어야 한다. 학문 문식성에 필요한 전문 지식은 글을 막 읽기 시작할 무렵부터 초등학교와 중학교 교육과정을 이수하는 동안 독자로 성장하면서 꾸준히 개발하게 된다.

학생은 기본적인 읽기 방법을 배우고 나면 교과 학문에 특화된 학습 목적 읽기를 오랫동안 배우게 된다. 교사가 '학문 문식성'에 관심을 가진다면 학생이 학교 교육과정의 주요 단계들을 거치며 성공적인 독자로 성장하도록 효과적으로 지원할 수 있다.

## ● 교과용 렌즈로 읽고 정보 글의 경향성 탐색하기
### – 지리학자들은 어떻게 읽을까?

이 질문은 지리 교사에게 매우 중요하다. 이 주제가 고도로 전문화된 지식이며 이러한 지식을 교실에서 습득하고 개발한다고 전제하여, 초등학교 또는 중학교의 전체 교육과정에서 이 주제를 다룬다는 사실을 알면 다들 놀랄 것이다. 순전히 초등학교 교육과정 안에서만 다룬다고 생각해 보아도 명확하게 답하기 어려운 모호한 질문이기에 더욱 그렇다. 학문적 읽기를 실제 학교 교육과정 단계나 잠재적 교육과정과 연결하는 방안에 대해 어느 학교급에서도 관심을 보이지 않는 이유도 이와 다르지 않다.

하지만 교과 읽기 및 학습 방법을 배우는 것이 학업의 성공을 가져다준다고 증명되었다면 어떨까? 초등학교 및 중학교에서 '학문 문식성'에 관심을 가지고 그 모호한 질문의 답을 찾기 위해 읽기, 교실 수업, 교육과정 설계와 같은 교육 체제를 만들고 구체화할 수 있을까?

우리는 지리학자의 복잡한 읽기 행위를 설명할 수 있다. 우선 지리학자는 침식과 같은 지리적 현상에 대한 사례 연구를 하거나 그와 관련된 정보를 읽을 때, 다양한 관점을 망라할 수 있는 분석적 관점으로 글을 읽을 것이다. 그 예로 다음과 같은 관점들이 있다.

- 정치적 관점
- 환경적 관점
- 사회적 관점
- 경제적 관점

위와 같은 관점으로 지리 교과 읽기의 틀을 잡아 주면 초보 학생은 읽은 글에 대한 생각을 정리하고, 해석을 덧붙이고, 그들의 읽기 능력에 맞는 계획을 세울 수 있다. 제4장에서 살펴본 '상보적 읽기 교수법'과 같이 교사는 학생의 읽기 능력에 맞는 독자 역할 및 읽기 목적을 설정해 주면 좋다. 이러한 전략 활용은 이르면 초등학교부터 가능하며, 글쓰기를 위한 비계를 제공하거나 교실에 자료들을 전시하는 방법 등을 동원하여 지리학자 관점에서의 읽기를 지도할 수 있다.

지리학자는 위의 네 관점을 바탕으로 지리적 동향과 패턴을 찾아낸다. 그들은 지리적 동향과 패턴의 탐구라는 목표 달성을 위해 전문적인 글 뭉치를 찾게 된다. 사하라 사막 이남의 아프리카(sub-Saharan Africa)에 대해 문제의식을 갖고 있는 지리학자는 인간 생활과 물리적인 환경 사이의 상호 관계를 파악하기 위하여 지도, 통계 및 인명 계정 자료를 읽을 것이다. 본인이 살고 있는 지역에 대해 조사하는 초등학생은 웹 사이트, 백과사전, 매체 광고 등의 다양한 장르의 여러 글을 동시에 읽고 상호 참조를 할 것이다. 이처럼 지리학 분야의 글 읽기는 읽기를 학습하는 과정에서 색다른 도전 의식과 만족감을 심어 줄 것이다.

강 유역에서부터 빙하에 이르기까지 지리학자에게 위치에 대한 지식은 매우 중요하며, 이 지식은 나라별 수도 이름을 줄줄이 나열하는 것 그 이상의 의미가 있다. 학생이 지리학 교재를 정확하게 이해하려면 전경학자(Foregrounding specialist)가 사용하는 지리학 전문 용어를 알고 있어야 한다. 지리학자가 사용하는 명확한 위치 감각을 불러일으키는 용어로 '하구', '삼각지', '합류' 및 '발원지' 등이 있다. 이러한 단어는 시각적 지도를 읽으며 이에 대응하는 용어를 연결 짓는 데에 동원된다. 지리학자처럼 읽으려면 복합양식의 글(multimodal texts), 즉 웹 사이트와 같이 글, 사진, 하이퍼링크 등 하나 이상의 양식으로 구성된 텍스트를 읽는 경험이 필수적이다.

현실적으로 실현 불가능한 주장처럼 들리겠지만, 초등학교와 중학교 교사들은 협력하여 학생이 '지리학 읽기'나 '생물학 읽기' 능력이 함양될 수 있는 정합성을 갖춘 학교 교육과정 모델을 개발해야 한다.

교사가 갖고 있는 교과 전문 지식[5]과 읽기 지식[6](초등학교 교사가 중등 교과 담당 교사보다 읽기에 더 전문적일 수 있다)을 통합한다면 모든 교실의 읽기 문제에 대한 유의미한 해결 방안을 모색할 수 있을 것이다.

교육과정 체계도(curriculum map)에는 핵심 개념, 내용 요소, 교과별 어휘를 학습 순서에 따라 담을 수 있다. 폭넓은 독서를 위한 글 선정하기와 같은 거시적인 결정뿐 아니라 중요 어휘 선정하기와 같은 미시적인 사항들도 함께 설계할 수 있다. 또한 '필수 읽기'와 '보충 읽기'를 구별하여 주제와 관련된 배경 지식을 풍부하게 개발할 수 있는 글 읽기를 교육과정에 담을 수 있을 것이다.

이를 위해 교과별로 독특한 읽기 방법을 탐색하는 것도 유의미하겠지만, 그보다 교사가 반드시 알고 있어야 하는 정보 글 읽기의 공통적인 특질을 파악함으로써 학교 교육과정 체계에 중요한 맥을 짚어 주는 것이 가장 중요하다.

정보 글은 공통적인 글의 구조를 공유하고 있다. 정보 글은 대개 중학교에서 다루지만 초등학교에서도 매우 중요하다. 성공적이고 전략적인 독자가 되기 위해서는 다양한 글의 구조[7](특히 학생들은 이야기 글보다 정보 글을 더 어려워한다[8])에 대한 지식을 갖고 있어야 한다. 정보 글의 일반적인 구조 5가지는 다음과 같다.[9]

① **기술:** 어떤 대상에 대해 단순히 설명하는 글.

예) 생물학에서 동물의 서식지에 대해 설명하는 글

② **열거:** 순서대로 나열하여 설명하는 글. 예) 역사학에서의 연대표

③ **원인과 결과:** 사건이 일어난 원인과 그 결과 사이의 관계를 설명하는 글.

예) 물리학에서 뉴턴(Newton)의 운동의 법칙을 설명하는 글

④ **비교와 대조:** 이해를 돕기 위해 대상의 공통점과 차이점을 대응시켜 설명하는 글. 예) 예술학에서 두 예술적 시대를 비교하는 글

⑤ **문제와 해결:** 문제와 해결책 사이의 관계를 설명하는 글.

예) 식품 공학에서 잘못된 식습관 문제를 해결하기 위해 균형 잡힌 식단 정보를 설명하는 글

전체 글 구조를 파악하는 방법을 배운 학생은 글 구조를 활용하여 글을 이해하고 추론한다. 글의 구조에 익숙해진 학생은 훑어 읽기와 정보 탐색하며 읽기를 통해 주요 정보를 찾고 읽은 내용을 바르게 통합할 수 있다. 복잡한 글을 이해하기 위해서는 전문적인 어휘(technical vocabulary)와 방대한 양의 정보를 담고 있는 글의 심층 구조와 관습을 포착하는 것이 핵심이다. 사실상 우리는 언제나 학생들이 복잡한 의미 지도를 탐색할 수 있도록 조력하고 있다.

제1장에서 언급한 '결속 기제'를 기억하는가? 우리는 다음과 같이 학술적인 글의 응집성을 형성하는 담화 표지(discourse markers)를 주시하도록 일러 줄 수 있다.

| 기술 | • 예를 들면 … | • 뿐만 아니라 …도 …에 덧붙여 |
|---|---|---|
| | • 이를테면 … | • 이와 같이… |
| | • 게다가… | • 특히 … |
| 열거 | • 첫째 … | • 이어서 … |
| | • 둘째 … | • 아울러 … |
| | • 셋째 … | • 마지막으로 … |
| | • 다음으로 … | • 끝으로 … |
| | • 그리고 … | |
| 원인과 결과 | • … 때문에 | • 그러므로 … |
| | • … 로 인해 | • 따라서 … |
| | • 만약에 … 그렇다면 … | • 결과적으로 … |
| | • 그래서 … | • 그렇기 때문에 … |
| 비교와 대조 | • 유사하게 … | • 그렇지 않으면 … |
| | • 이처럼 … | • 반대로 … |
| | • 이와 같은 방법으로 … | • 반면에 … |
| | • 동등하게 … | • 대조적으로 … |
| | • 비슷하게 … | • 대신에 … |
| 문제와 해결 | • 결론적으로 … | • 이를 해결하기 위해서는 … |
| | • 그러므로 … | • 만약 …하다면 … |
| | • … 해결책으로 | • 그리하여 … |

교사가 담화 표지를 활용하여 읽는 방법을 시기적절하게 명시적으로 시범 보이면 학생은 글을 읽으며 즉각적으로 글의 구조를 파악할 수 있을 것이다. 예를 들어 침식 과정을 설명하는 지리학 글의 경우에는 '기술', '열거', '원인과 결과' 등의 복합적 구조일 가능성이 높다. 만일 우리가 학생이 글의 구조별로 내용을 정리할 수 있도록 지도해 주면, 학생은 주어진 글에서 침식의 원인을 찾아내거나 단계별로 글

의 내용을 수월하게 요약할 수 있다. 글의 구조에 따라 시각적으로 내용을 도식화하는 방법이 대표적인데, 그 예로 다이어그램(diagram), 흐름도(flow chart) 등이 있다. 열거 구조의 글에는 흐름도를, 원인과 결과 구조의 글에는 생선뼈 다이어그램 등을 활용하여 주어진 과제에 맞는 도식화 방법을 선택할 수 있다.

독자가 글의 구조를 민첩하게 포착할 수 있으려면 긴 글(extended texts)을 읽는 연습이 필요하다. 짧은 구절, 문장 및 이미지로 가득한 파워포인트 슬라이드를 읽는 연습만 시킨다면 긴 글의 구조를 파악하는 경험이 절대적으로 부족할 것이다. 역설적이게도 학교 교육과정에서 단기간에 글의 구조를 배우도록 설계한 자료는 장기적으로 볼 때 교과 읽기를 어렵게 만드는 요인이 된다. 고전하는 독자에게는 짧은 글을 천천히 읽고 분석하는 방식보다는 긴 소설 작품을 조금 빠른 속도로 읽는 방식이 효과적이라는 연구 결과가 있다.[10]

리즈(Leeds) 지역의 앨러톤 그랜지 학교(Allerton Grange School)의 역사 과목 주임 교사 팀 제너(Tim Jenner)는 역사 수업에서 이루어지는 다양한 역사적 질문과 어렵고 광범위한 읽기 활동을 결합하여 보다 체계적으로 '독서 습관(reading routine)'[11]을 형성하기 위한 교실 활동을 개발하였다. 제너는 역사학자가 쓴 친숙한 이야기 위주의 교과서를 사용하고 각 질문별 '핵심 글(core texts)'을 선정하는 교육과정을 계획함으로써 역사학 자료의 긴 요약문을 꼼꼼하게 읽는 능력을 개발하는 활동이 되도록 했다. 이는 역사 학습에 있어 선택이 아닌 필수 활동이었다.

교사는 학생이 더욱 복잡한 수준의 글을 다룰 수 있도록 도와야 한다. 글이 길면 길수록, 학생은 글을 쉽게 이해하지 못하며 글의 요지도 찾지 못한다. 긴 글 읽기는 학생으로 하여금 교과서에서 읽지 못했던 뉘앙스와 복잡한 서술 방식의 문제를 해결하기 위해 고군분투하도록 만든다.

- 「독서 습관 만들기(Making Reading Routine): KS3 학생들이
역사학의 정기 독자가 되도록 지원하기(Helping KS3 Pupils to
Become Regular Readers of Historical Scholarship)」,
팀 제너(Tim Jenner) 저, p. 43[12]

‘공공 도서관(lending libraries)’ 설립은 기사, 잡지, 책 등의 열람을 장려함으로써 주어진 학교 교육과정의 외연이 확장되도록 돕는다. 평상시에 맥락이 결여된 짧은 요약문만 읽다 보면 독해에 필요한 배경지식은 우리의 시야에 감춰진 땅인 오지(hinterland)[13]에 남게 된다.

요컨대 ‘역사학 읽기’를 하려면 가급적 많은 역사학자의 글을 심도 있게 읽어 보는 것이 중요하다.

학교급의 주요 단계에서 과학 교육과정은 이미 모든 단계의 학교 시간표상에서 수업 시수가 꽉 차있다. 하지만 과학 분야의 글 읽기를 어렵게 하는 요소인 과학 교과의 추상적 개념(abstract concepts)을 이해할 수 있는 정보 글 읽기에 대한 수업 시수를 늘림으로써 독해력의 토대를 마련해야 한다. 로열 왕립학회 어린이도서상(Royal Society Young People's Book Prize)의 자료들은 읽기 교육과정에 도움이 될법한 여러 수상작과 최종 선정된 도서 목록을 제공한다.[14]

더그 레모프(Doug Lemov)는 교실에서 전문적인 글을 읽기 전에 개념이나 주제를 쉽게 소개하는 글을 '예비 글 뭉치(pre-complex texts)'[15]로 정의하였다. 이러한 글들은 과학, 역사, 영문학처럼 다양한 교과목에서 잘 적용할 수 있다.

우리가 교육과정에 걸맞은 읽기 목록을 찾고, 구상하고, 선별하고, 공유하는 과정을 마치면, 학생들은 학교와 학교 밖 세상에서 필요한 폭넓고 심오한 읽기에 접근할 수 있다.

## ◑ 교과서와 씨름하기

나에게 교과서에 대한 통제권을 달라. 그렇다면 나는 국가를 통제할 수 있게 된다.

— 아돌프 히틀러 헌정(Attributed to Adolf Hitler)[16]

교과서는 교육 체제에 따라 다양한 형태로 오랫동안 존재해 왔다. 수메르 학교의 교사는 아마도 학생들이 배울 설형문자를 새긴 점토판을 잔뜩 가지고 있었을 것이다.

파워포인트가 부상하면서부터 쌍방향 소통이 가능한 전자책에 이르기까지, 기술의 발달은 종이책의 우수성을 위협하기도 하지만 학교에서는 여전히 학문적 읽기를 위해 종이책 교과서가 중요한 위상을 지닌다.

교과서는 오래전부터 국가 교육과정의 정식 교육 매체 역할을 했다. 때로는 정부가 오랫동안 교과서에 영향력을 행사하거나 심지어는 통제하려고 시도했던 적도 있었지만(최근에 많은 논란에도 불구하고 교육부는 초등 수학 교과서[17]로 국정 교과서 한 권만 허용하였다), 학생들은(사실상 교사들은) 교과서를 대할 때 수동적이고 무비판적인 태도를 보일 때가 많다. 이에 교사는 교과서뿐 아니라 문제집, 책자 등까지 이러한 교재들의 독특한 구조를 파악하여 능동적이고 전략적인 독자로 길러 낼 수 있는 교육을 해야 한다.

교사가 교과서 읽기를 제대로 가르친다면 학생은 교과서에 실린 어려운 정보 글에 쉽게 접근할 수 있을 것이다. 다음 전략들이 어떻게 교과서 읽기에 유용한 전략으로 기능할 수 있는지 생각해 보자.

### • 목차 읽고 생각하기

목차를 읽고 가장 중요한 장(chapter)과 그 이유를 생각해 보자. 이를 통해 학생은 글의 주제를 능동적으로 분류하고 배열할 수 있다. 글이 시대 순인지 개념 순인지 예측할 수 있는 단서를 찾을 수도 있다. 또한 목차를 통해 배경 지식을 활성화할 수 있다.

### • 용어 사전 가까이하기

용어 사전을 보면서 다음과 같은 질문을 하자. 여기서 가장 친숙한 단어 3개는 무엇인가? 반대로 여기서 가장 낯선 단어 3개는 무엇인가? 이처럼 단순한 활동이 학생에게는 배경 지식을 재정비하게 하고,[18] 읽기 흥미를 높일 수 있고, 교사에게는 학생에 대한 유의미한 정보를 얻게 한다. 또한 실제로 글을 읽는 동안에도 용어 사전을 적절하게 사용하면 독해에 많은 도움이 된다.

- **자신감 평정하기**

  학생 중에는 간혹 새로운 화제를 발견하면 필요 이상으로 독해에 자신감을 갖는 학생이 있다.[19] 이를 유쾌하게 외현화하는 방법은 교과서의 각 주제/장에 대하여 질문하고 토론하면서 자신의 배경 지식을 평정해 보도록 하는 것이다.

- **교과서 질문 20개 만들기**

  교과서에서 새로운 주제를 발견했을 때, 학생들로 하여금 최대한 많은 질문을 만들어 보게 하자. 이를 통해 학생은 자신이 알고 있는 것은 무엇인지, 무엇에 관심이 있는지 등을 자문해 봄으로써 배경 지식의 활성화에 도움을 준다. 교과서를 다 읽은 후에 알게 된 내용을 확인하는 데에도 유용하다.

- **독해 단서가 되는 글의 특질 찾기**

  글을 미리 훑어보고 필자가 사용한 글의 주요 특질 5가지를 열거해 보게 한다. 이 전략은 교사가 용어 사전과 유사한 지원을 제공하는 기회일 수 있으나, 나이가 어리고 읽기에 자신감이 없는 독자에게는 적절한 전략이 아닐 수 있다.


교실에서 이러한 접근법을 활용하면 전략적인 독자와 취약한 독자 간의 읽기 격차를 벌리는 교과서의 구조와 조직적 틀을 암묵적으로 해체할 수 있다. 뿐만 아니라 용어 사전, 다이어그램, 추가 과제 등과 같은 중요한 범교과적 지원 요소들을 교실 활동의 전면에 내세움으로써 교과서 내용을 순서에 따라 체계적으로 정리하는 방법까지 명시적으로 지도한다는 이점이 있다.

보다 더 자세한 설명을 위해 화학 GCSE 시험 교재를 읽으면서 학생들이 직면할 어려움을 예측해보자(그림 6.1 참고).

화학 반응식(Chemical equation)은 **반응물질** ── 과학 어휘
(반응 전 물질)과 **생성물질**(반응 후 생성된 물질)로 나타낸다.

다음과 같이 반응식(word equation)을 사용하여 수소 가스가 방출되는지 확인할 수 있다.

과학분야에서만
사용하는 반응식 ──

수소 + 산소 → 물

(반응물)　(생성물)

화학 반응에서 원자들은 재배열된다. 실제 공간 안에 존재하는 반응물과 생성물의 양적 관계를 계산할 수 있다.

**등식**을 사용하면 화학 반응이 진행될 때 물질의 변화량을 알 수 있다.

글의 응집성과
통일성을
강화시키는
결속 기제 ──

**예를 들어** 탄산칼슘은 열을 가하면 **분해(해체)** ──
된다. 다음과 같은 반응식을 사용하여 탄산칼슘의 가열 반응을 나타낼 수 있다.

복잡한
문법적 특징
예) 괄호

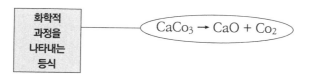

**그림 6.1 AQA 주관 GCSE 화학(AQA GCSE Chemistry) (3판) 발췌**

로우리 라이언(Lawrie Ryan) 편집

'과학 읽기'를 목표로 하는 중학교에서는 학년이 올라갈수록 한 번도 사용해 본 적 없던 과학 지식을 표현하는 독특한 언어적 특징들과 씨름해야 한다. 예를 들어 탄소는 과학에서만 쓰이는 독특한 언어로 '탄소 = C = [He] $2s^2 2p^2$'와 같이 표현될 수 있다.

게다가 탄소가 비금속 물질이며, 인체의 약 20%는 탄소로 이루어져 있고 흑연, 다이아몬드, 그래핀과 같은 다양한 형태로 존재하고 있다는 사실까지도 학생은 알고 있어야 한다. 교과서에 제시되지 않은 여러 배경 지식은 스스로 끄집어 낼 수 있어야 한다. 따라서 고학년 학생이 위와 같은 글을 읽게 되면 학문적 언어(academic language)들이 다이아몬드 안의 탄소 원자들처럼 빽빽하게 채워진 것처럼 느낄 수도 있다.

우리는 학생들에게 교과서의 빽빽하고 암묵적인 독특한 구조를 풀어줌으로써, 능동적이고 전략적인 독자가 될 수 있도록 지원해야 한다. 그들은 이제 '학습을 위한 읽기'를 시작하면서 학업 성취에 필요한 배경 지식을 개발할 수 있을 것이다.

## 읽기는 …

루시 워슬리(Lucy Worsley), 데이비드 올루소가(David Olusoga) 교수, 매리 비어드(Mary Beard) 교수의 공통점은 무엇일까?

이들은 존경받는 역사학자이면서 시청자를 위한 역사 다큐멘터리 대본을 함께 작업하는 사람들이다. 그들은 역사책을 집어들 땐 역사학자의 입장(stance)에서 책을 읽을 것이다. 아마도 이때는 초등학생이 엘리자베스 여왕 1세(Queen Elizabeth I)와 2세(Queen Elizabeth II)를 비교 분석하듯, 시대의 흐름에 따른 변천사와 인과 관계를 규명하고자 할 것이다.[20] 세 교수는 초등학생의 언어보다 더 정교한 언어를 사용할 것이며, 이 지점에서 초보자와 전문가의 차이가 극명하게 드러날 것이다. 그렇다면 역사학자가 장착한 렌즈는 그들만이 공유하는 입장이자 읽고 사고하는 독특한 방식이다.

우리는 모든 피사체에 특정한 렌즈를 장착하여 읽을 수 있다. 이해도 점검하기, 추론하기와 같은 일반적인 읽기 전략(general reading strategies)과 역사적 진실 규명하기 및 사료 검증하기와 같은 교과별 읽기(subject-specific reading) 전략을 통합하여 '역사학 읽기'를 할 수 있다. 당연히 역사학 읽기에서도 읽고 있는 글과 그에 관련된 배경 지식이 결합되어야 한다(그림 6.2 참고).

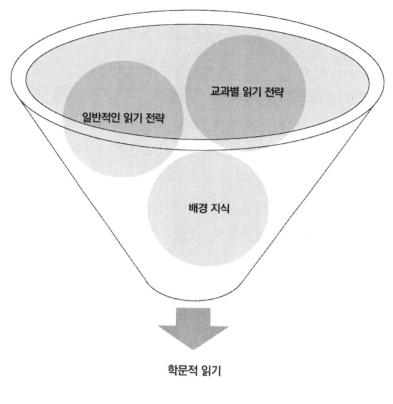

일반적인 읽기 전략

교과별 읽기 전략

배경 지식

학문적 읽기

그림 6.2 학문적 읽기

## ◖◗ 수학 교과

수학 교과는 읽기 교과와 학문적으로 거리가 먼 교과로 인식된다. 이 책에서도 언급했듯이 전통적인 읽기 개념은 단어, 문장, 다양한 종류의 글 읽기[21]활동을 포함하기 때문에 수학 교사의 업무와는 상반된 것처럼 보인다. 그럼에도 불구하고 우리는 수학 교과에서 읽기가 얼마나 중요하며 어려운지 잘 알고 있다.

수학 교과의 독특한 언어를 읽는 것은 톨스토이(Tolstoy)의 『안나 카레니나(Anna Karenina)』를 러시아 원문으로 읽기' 만큼이나 대단한 능력으로 묘사되고 있다.[22] 실제로 수학 교과서에서는 '다른 교과목에 비해 단어, 문장, 문단 수준에서 더 많은 개념어가 등장한다.'는 논의가 지배적이다.[23] 수학 교과서에 등장하는 단어를 다른 교과서에서 만나게 될 가능성은 극히 드물기 때문에 다른 교과에서의 읽기 경험은 수학 교과에 크게 도움이 되지 않는다.[24]

동료 교사인 마리 파머(Mari Palmer)가 수학 교과에 고전하는 학생들에 대한 이야기를 들려준 적이 있다. 그녀는 중학교 동료 교사들이 알려 준 방법대로 초등학교 수업에서 분수 문제를 냈다고 한다. 그녀가 낸 문제에는 분수 막대기(whole rod)란 단어가 포함되어 있었다. 그녀가 문제를 내자 교실에서는 어떤 일이 일어났을까? 교실에 있는 세 명의 학생은 그녀의 문제가 이해가 안 된다는 표정으로 계속 낚싯대(a fishing rod) 그림을 찾고 있었던 것이다!

수학 교과에서의 읽기는 대다수의 학생에게 여러 가지 어려움과 잠재적인 장벽이 된다. 산수 능력이나 알고리즘 학습 기술이 있는 학생이라도 결국에는 수학 개념어가 포함된 문제를 해독하고 그 개념들을 수학 공식으로 풀 수 있어야 한다. 이에 수학적 지식을 보유하지 않은 학생은 글로 된 수학 문제를 읽는 것만으로도 인지적 과부하가 올 수 있다. 인지적 과부하의 양상은 다음과 같이 다면적이다.

- 글과 그림을 오가며 읽는 것을 어려워할 수 있다.[25]

- 어떤 개념어는 수학 교과에서만 볼 수 있는 특수한 어휘인 반면(예: 이등변), 어떤 개념어는 수학에서만 다른 의미로 사용하는 어휘(예: 정수, 분수)라서 어렵게 느낄 수 있다. 또한 일부 수학 용어는 친숙한 느낌을 주지만 수학 교과에서는 전혀 다른 의미로 사용된다(파이 $\pi$, 먹는 파이가 아님!).

- 개념어를 해석해야만 이를 적절한 수학 기호로 나타낼 수 있다. 예를 들어 증가, 양수, 더하기, 추가는 +로 표시해야 한다.[26]

- 서로 연관된 수학 개념어들을 쉽게 혼동할 수 있다. 예) 분자와 분모[27]

수학에는 알쏭달쏭하고 꼭꼭 감춰져 있는 수많은 읽기 장벽이 있기 때문에, 수학 문제를 읽을 때만큼은 꼼꼼하게 읽는 것이 중요하다. 수학 문제를 증명하는 과정에서 중요한 오류를 감지(error detection)하는 것은 수학적 지식이 풍부한 학생만이 할 수 있으며, 이들은 대체로 전략적이고 정교한 독자에 속한다. 그러므로 한 번 읽고(read) 같은 부분을 다시 읽는(reread) 방법 또한 수학 교과에 유용한 읽기 전략이 될 수 있다. 이 전략을 통해서 학생은 문제 풀이에 중요한 단어는 골라내고 불필요한 단어는 제거할 수 있다.

교사는 학생에게 '훑어보기, 절차 찾기, 확인하기(scan, step, secure)'의 세 단계로 다시 읽기 전략을 지도할 수 있다. 첫 번째 단계는 '훑어보기'로 문제에 제시된 개념어와 문장을 재빠르게 읽고, 연산을 나타내는 주요 단어를 식별하는 것이다(예를 들어 '감소하다'와 '더 적은'과 같은 단어는 주로 뺄셈을 의미할 것이다). 그리고 두 번째 단계는 문제에 제시된 '절차'를 찾는 것이다. 문제에는 여러 절차가 제시되어 있을 수 있으므로 메모를 하거나 다이어그램(diagram)을 사용하면 도움이 된다. 마지막 단계는 다시 읽으면서 이해한 부분을 '확인'하고 잘못 읽은 부분은 없는지 점검하는 것이다.

## ◖ 역사 교과

요즘처럼 '가짜 뉴스'가 넘쳐나는 시대에 '역사학 읽기' 지도는 우리가 처방할 수 있는 최선의 해독제일 수 있다. 무분별한 정보가 가득한 시대에는 역사학자의 중립적이고 객관적이며 탐구적으로 사실을 검증하는 읽기 접근법이 요구되지만 실상 그러한 접근은 학교 현장에서 찾기 어렵다.

우리는 역사학자의 읽기 태도와 역할을 가르쳐야 한다. 역사학자는 시간의 경과에 따른 변화와 영속성의 패턴(특정 시대에 대한 정신 모델 형성)을 인식할 수 있는 '주기 민감성(period sensitivity)'[28]을 개발하기 위해 다양한 종류의 글들을 읽는다.

레베르크(Leverque)가 기억 역사(memory history)라고 묘사했듯, 역사란 단절된 사실과 연대표를 장황하게 풀어놓은 이야기이다. 역사 수업은 역사적 사건을 해석하고, 탐구하고, 재구성할 수 있는 사료부터 역사학에 대한 긴 글에 이르기까지 다양한 읽기 활동으로 이루어져야 한다. 여기서 중요한 것은 읽기 행위 그 자체이다.

역사학자들은 그들만의 독특한 읽기 전략을 효율적으로 사용한다.[29]

- **출처 확인:** 자료의 출처와 정보원 등에 대해 고심하며 다음과 같은 질문을 한다. 이 자료는 누가 작성했으며, 전달하고자 한 명시적 의도와 암묵적 의도는 무엇일까?
- **맥락화:** 글 속의 사건이 일어난 시간과 장소를 통해 사회적, 정치적인 세력들이 어떻게 이 글에 영향을 미쳤는지 파악하기 위해 다음과 같은 질문을 한다. 이 글은 누구를 겨냥하고 썼을까?
- **확증:** 다양한 관련 글의 출처를 확인하여 '시대적 민감성'을 얻기 위하여 다음과 같은 질문을 한다. X와 비교했을 때 이 자료의 상대적 신뢰성은 얼마나 확보되었는가?

역사학 읽기에 능숙한 학생은 역사 속 언어에도 민감하다. 역사학자는 조동사인 '~수도 있다'라는 표현을 자주 사용하여 잠정적 주장을 드러내기도 한다. 역사학자에게 중요한 특정 개념어(예: 변화와 영속성)는 인접학문의 개념어(예: '재생', '유지', '전복', '평행' 및 '재설립' 등)가 포함하기도 한다.[30]

역사학자의 감각을 가지려면 조기부터 교육이 이루어져야 한다. 역사학 읽기에 능숙해지기 위해서는 방대한 역사 서적을 읽는 연습도 필요하지만 이와 더불어 초보 학생이 역사학에서의 읽기 전략과 관습을 내면화하도록 교사의 명시적인 지도가 필요하다.

## ● 영어 교과

영어 수업은 통상적으로 읽기 수업의 본고장이다. 초등학교에서는 읽기 수업의 전면에서 전략적 읽기의 기초를 가르치고, 중학교에서는 보통 영문학 수업에서 '자세히 읽기(글의 중층적 의미를 파악하기 위해 꼼꼼하게 읽기)'를 집중 지도한다. 이러한 수업은 짧은 글을 분석하는 것에서부터 장편의 문학 작품에 이르기까지 다양하고 광범위하게 이루어진다.

학계에서도 우리가 읽는 방법과 이유에 대하여 다양한 논의와 논쟁이 있다. 다수의 아동 문학이 호황을 누리고 문학 독서가 번창하면서, 학계에서는 다양한 비평 이론과 함께 특정한 관점으로 문학 작품을 감상하는 방식에 대한 연구가 이어지는 선순환을 이루었다.

영어교육 현장에서는 '독자 반응 이론(reader-response theory)'과 같은 비평적인 관점들이 깊숙이 자리 잡고 있다. 이 이론은 문학작품 읽기에서 무엇보다 독자의 감정적, 정서적 반응을 핵심적인 개념으로 본다. 이러한 표현도 가능하다. "텍스트와 독자가 함께 문학 작품을 창조한다."[31] 만약 블레이크(Blake)의 런던(London)을 읽고 이에 대한 시를 쓴다고 가정하면, 우리는 독자 반응 이론의 비평적 관점을 소환할 수 있다. 학계에서는 젊은 독자들이 소설에 어떻게 접근하는지에 대해 연구함으로써 교육 현장에 시사점을 던져 주었다. 프로더러프(Protherough)[32]는 글에서 의미를 발견하는 5가지 방법을 다음과 같이 정리하였다.

① 등장인물에 감정 이입하기

② 상황에 투사하기

③ 독자와 텍스트 사이의 연대하기

④ 관찰자로서 거리두기

⑤ 비평하기

소설을 읽고 감상을 쓰라는 과제를 내주면 암묵적으로 다양한 독자 위치와 역할을 설정할 수 있다. 가령 문학 감상문 과제에서 독자의 위치는 ①, ②, ③이 적절하고, 분석적 에세이 쓰기 과제에서는 ④, ⑤가 적절하다. 학생은 다양한 시각을 가진 독자가 되어 보면서 유의미한 문학 감상을 경험할 기회가 될 것이다.

영어 교과에서 문학 감상은 과학이나 수학 교과처럼 논리를 찾는 것이 아니라, 단순화된 해석에 적극적으로 저항하며 모호성(ambiguity)[33]을 탐색하는 과정이라는 보편타당한 입장을 취하고 있다. 이 말은 문학 작품의 단편적 의미에 만족하면서 더 정교하게 의미를 확장하려하지 않는 초보 독자에게 충격적일 수도 있다.[34] 여러 문학 작품을 폭넓게 읽어본 적이 없는 학생에게 은유(metaphor), 모티프(motif), 상징(symbolism)과 같은 문학 관습은 낯설 수밖에 없으므로 문학 읽기의 질은 독서량에 의해 결정된다고 해도 과언이 아니다.

문학 읽기에서 위대한 문학의 심층 구조 및 관습, 즉 정신 모델을 전제로 해야 한다는 입장에 누구나 공감할 것이다. 이러한 전제는 문학 작품이 '7개의 기본 플롯(seven basic plots)'[35]과 같은 이야기 구조이든 프로프(Propp)처럼 인물의 원형이나 시대에 따른 주제이든, 학생들이 문학의 거대한 가치를 내면화하는 데에 기여할 수 있다. 이처럼 복잡한 문학관습을 하나로 연결할 수 있다면 초등학교와 중등학교를 아우르는 교육과정에 대한 프로토타입 개발을 촉진할 수 있다.

## ◑ 현대 외국어 교과

현대 외국어(MFL, modern foreign languages) 학습은 세계의 수많은 민족과 거대한 문화를 학생과 연결시키는 역할을 하므로 막중한 교육적 가치가 있다. 일반적으로 중학교 학생은 외국어로 된 글을 읽을 수 있을 정도의 단어를 충분히 숙지하고 있지 않으므로 읽기 위주의 수업은 현실적으로 불가능하다. 그리하여 교실에서는 말하기와 듣기 위주의 수업을 하게 된다.

어떤 이들은 현대 외국어 수업에 '글 읽기 활동이 부족하다.'[36]고 주장한다. 물론 많은 외국어 수업에서 실습이 잘 이루어지고 있음은 의심할 여지가 없지만, 외국어 교사가 수업을 운영하기 위해서는 학생이 어떻게 읽기를 배우는가에 대한 지식이 필요하다. 제2언어를 성공적으로 배우기 위해서는 해당 언어 체계에 적합한 해독이 중요하다.[37] 신기하게도 영어의 해독 능력은 타 언어의 다양한 소리 패턴을 익히는 데에 방해가 될 수도 있다. 예를 들어 영어에서의 /o/ 소리는 '오우'로 영어에서는 'low'와 같이 나타나지만 프랑스어에서는 'bateau', 'faux', 'drôle'와 같이 다른 철자로 조합된다. 따라서 외국어 학습에서는 읽기의 요소로서 해독을 새롭게 다루는 것이 중요하다. KS3 교실 수업에 대한 최근 연구에 따르면, 제2언어(프랑스어)의 어휘 발달에 파닉스 교육이 도움이 된다고 한다.[38] 이 연구에서는 또한 '짧고, 단순하며 쉬운 글'보다는 더 길고 어려운 글 읽기를 통해 읽기 동기를 부여하고 도전 의식을 심어 줄 수 있도록 파닉스 교육과 읽기 전략 교육을 통합할 것을 권장하였다.[39]

읽기에 대한 동기 부족 문제는 외국어 교육에서 심각한 상황이다. 학생은 길이가 짧고 감흥이 없는 글을 읽거나 재미없는 독해 문제를 풀어야 하는 상황에 항상 놓여 있다. 이때, '상보적 읽기'와 같이 더욱 풍부하고 확장된 읽기를 경험할 수 있는 수업 틀을 이용하면 외국어 교육의 목표를 달성할 수 있다.

이상에서 교과별 읽기에 대한 설명은 과목의 윤곽만 다룬 정도일 뿐, 교과 과정의 폭넓고 다양한 과목을 아우른 것은 아니다. 그렇다면 다음과 같은 질문을 해 볼 수 있다. 음악을 읽는 고유한 방법은 무엇인가? 그림과 조각 등의 시각예술을 읽으면서 그 설명을 읽는 전통적인 방법은 무엇인가? 이 책에서는 이러한 질문들에 대해 구체적인 답을 전부 내놓지는 못했다. 하지만 이와 같은 질문은 앞으로 교과별 읽기에 교사들의 더 많은 관심, 대화, 노력을 이끌어 내기 위한 중요한 질문이 될 것이라 생각한다.

이번 장을 마무리하면서, 교사들이 그들의 공동체 내에서 교과 전문가들과 함께 학생들의 다양한 교과 읽기에 관한 대화를 시도할 수 있는 신호탄이 되길 기대한다. 여기서 중요한 점은 읽기 교육이 학교 급별 교육과정 단계를 구분하는 경계선을 넘나들어야 한다는 것이다. 이를 위해서는 교사 공동체의 전문적 집단 지성을 활용해야 한다.

## 🌕 요약

- 학교 교육과정의 모든 단계에서 교과별 시각으로 학문적 읽기를 인식하는 것이 중요하다. 우리가 '학문 문식성'이라고 불리는 각 교과목의 전문적인 읽기 방법에 관심을 기울임으로써 학생에게 유용한 일반적인 읽기 전략과 함께 교과별 읽기 전략을 동시에 사용하도록 교육적 지원을 할 수 있다.

- 다시 읽기와 같은 일반적인 읽기 전략은 교육과정의 모든 분야에서 적용할 수 있지만, 어려운 수학 개념어가 속한 문제를 성공적으로 읽을 수 있으려면 수학 교과 특수성을 고려한 읽기 지도가 별도로 요구된다.

- 우리는 학교에서 다루는 교과 내용 학습을 위한 글(이를 테면 교과서), 그 외에 학교 맥락에서 읽는 독특하고 전형적인 정보 글의 언어적 특징과 읽기 전략을 명시적으로 가르칠 수 있어야 한다.

- 교과별 나름의 독특한 읽기 방법이 있다. 예를 들어 역사학자처럼 읽기에서는 '출처 확인', '맥락화', '확증'과 같은 전략을 포함할 수 있다.

## ● 주석

1. Woolf, V. (1927). *To the lighthouse.* Oxford: Oxford University Press, p. 13.

2. The Geographical Association (n.d.). Coasts lesson plans: Look at it this way lesson 8. Retrieved from www.geography.org.uk/down load/ga_hydrologycoastsl8informationsheet8.pdf

3. O'Brien, D. G., Moje, E. B., & Stewart, R. A. (2001). Exploring the context of secondary literacy: Literacy in people's everyday school lives. In E. B. Moje & D. G. O'Brien (Eds.), *Constructions of literacy: Studies of teaching and learning in and out of secondary class-rooms* (pp. 27-48). Mahwah, NJ: Lawrence Erlbaum Associates.

4. Education Endowment Foundation (2019). *Improving literacy in secondary schools.* London: Education Endowment Foundation; Shanahan, T., & Shanahan, C. (2012). What is disciplinary literacy and why does it matter? *Topics in Language Disorders, 32*(1), 7-1 8. doi:10.1097/TLD.0b013e318244557a.

5. Moje, E. B. (2008). Foregrounding the disciplines in secondary literacy teaching and learning: A call for change. *Journal of Adolescent and Adult Literacy, 52*(2), 96-107. doi:10.1598/JAAL.52.2.1

6. Fang, Z., & Schleppegrell, M. J. (2010). Disciplinary literacies across content areas: Supporting secondary reading through functional language analysis. *Journal of Adolescent & Adult Literacy, 53*(7), 587-597. doi:10.1598/JAAL.53.7.6.

7. Meyer, J. B. F. (2003). Text coherence and readability. *Topics in Language Disorders, 23*(3), 204–224. doi:10.1097/00011363-200307000-00007.

8. McCormick, S., & Zutell, J. (2015). *Instructing students who have literacy problems* (7th ed.). Boston, MA: Allyn & Bacon.

9. Meyer, J. B. F. (1985). Prose analysis: Purposes, procedures, and problems. In B. K. Britten & J. B. Black (Eds.), *Understanding expository text: A theoretical and practical handbook for analyzing explanatory text* (pp. 11–64). Hillsdale, NJ: Lawrence Erlbaum Associates.

10. Westbrook, J., Sutherland, J., Oakhill, J. V., & Sullivan, S. (2018). 'Just reading': The impact of a faster pace of reading narratives on the comprehension of poorer adolescent readers in English classrooms. *Literacy, 53*(2), 60–68.

11. Jenner, T. (2019). Making reading routine: Helping KS3 pupils to become regular readers of historical scholarship. *Teaching History, 174,* 42–48.

12. 위의 책.

13. Counsell, C. (2018). *Senior curriculum leadership 1: The indirect manifestation of knowledge: (A) curriculum as narrative.* Retrieved from https://thedignityofthethingblog.wordpress.com.

14. 웹사이트 https://bit.ly/300lwsp에서 해당 목록을 찾을 수 있음.

15. Lemov, D. (2016). *Reading reconsidered: A practical guide to*

*rigorous literacy instruction.* San Francisco, CA: Jossey-Bass.

16. Bergman, J. (2012). *Hitler and the Nazi Darwinian worldview: How the Nazi eugenic crusade for a superior race caused the greatest Holocaust in world history.* Ontario, Canada: Joshua Press.

17. Camden, B. (2017). Single textbook approved for maths mastery teaching. *Schools Week,* 21 July. Retrieved from https://schools week.co.uk/single-textbook-approved-for-maths-mastery-tea ching.

18. Dunlosky, J., & Rawson, K. A. (2012). Overconfidence produces underachievement: Inaccurate self-evaluations undermine students' learning and retention. *Learning and Instruction, 22,* 271–280. Retrieved from https://pdfs.semanticscholar.org/b0 bb/624eb91d713137f7a8a2a93952cf72750f29.pdf.

19. 위의 책.

20. Crawford, H. (2017). *Oxford international primary history: Workbook 2.* Oxford: Oxford University Press.

21. Siebert, D., & Draper, R. J. (2008). Why content-area literacy messages do not speak to mathematics teachers: A critical content analysis. *Literacy Research and Instruction, 47*(4), 229–245. doi:10.1080/19388070802300314.

22. Lindgren, W., Roberts, G., & Sankey, A. (1999). *Introduction to mathematical thinking.* Retrieved from www.tec.iup.edu/mho gue/literary_review.html, p. 16.

23. Schell, V. (1982). Learning partners: Reading and mathematics. *The Reading Teacher, 35*(5), 544–548, at p. 544.

24. Panchyshyn, R., & Monroe, E. E. (1992). Vocabulary considerations in mathematics instruction. Paper presented at the Fourteenth World Congress on Reading, Maui, HI.

25. Schwidt-Wiegard, F., Kohnert, A., & Glowalla, U. (2010). A closer look at split visual attention in system- and self-paced instruction in multimedia learning. *Learning and Instruction, 20*(2), 100–110.

26. Fuentes, P. (1998). Reading comprehension in mathematics. *Clearing House, 72*(2), 81–88. doi:10.1080/00098659809599602.

27. Thompson, D. R., & Rubenstein, R. N. (2000). Learning mathematics vocabulary: Potential pitfalls and instructional strategies. *The Mathematics Teacher, 93*(7), 568–574.

28. Counsell, C. (2004). *History in practice: History and literacy in Y7 – building the lesson around the text.* London: Hodder Murray.

29. Wineburg, S. S. (1991). Historical problem solving: A study of the cognitive processes used in the evaluation of documentary and pictorial evidence. *Journal of Educational Psychology, 83*(1), 73–87. doi:10.1037/0022-0663.83.1.73.

30. Foster, R. (2013). The more things change, the more they stay the same: Developing students' thinking about change and continuity. *Teaching History, 151*, 8–17.

31. Rosenblatt, L. M. (1960). Literature: The reader's role. *English Journal, 49*(5), 304–310, 315–316. Retrieved from http://links.jstor.org/sici?sici=00138274%28196005%2949%3A5%3C304%3ALTRR%3E2.0.CO%3B2-3.

32. Protherough, R. (1983). *Developing a response to fiction.* Milton Keynes, UK: Open University.

33. Eagleton, T. (2014). *How to read literature.* New Haven, CT: Yale University Press.

34. Reynolds, T., & Rush, L. S. (2017). Experts and novices reading literature: An analysis of disciplinary literacy in English language arts. *Literacy Research and Instruction, 56*(3), 199–216. doi:10.1080/19388071.2017.1299820.

35. Booker, C. (2004). *Seven basic plots: Why we tell stories.* New York, NY: Continuum Books.

36. Conti, G. (2016). Eleven low-preparation/high-impact tips for enhancing reading tasks. Retrieved from https://bit.ly/2KUPjft.

37. Meschyan, G., & Hernandez, A. (2002). Is native-language decoding skill related to second-language learning? *Journal of Educational Psychology, 94*(1), 14–22.

38. Woore, R., Graham, S., Porter, A., Courtney, L., & Savory, C. (2018). Foreign language education unlocking reading (FLEUR): A study into the teaching of reading to beginner learners of French in secondary school. Retrieved from https://bit.ly/2Qc7Mcg.

39. 위의 책.

# VII. 읽기 격차 해소를 위한 실천 전략

학생을 독자로 키우려면 어디서부터 시작해야 할까? 교실과 가정에서의 모든 학습은 읽기를 통해 이루어지며, 교사와 학생은 읽기에 대한 의사 결정을 매일 수없이 한다. 분명한 사실은 읽기는 가치 있는 행위이며, 교사는 읽기에 대한 지식을 필수적으로 갖추어야 한다는 것이다. 이에 학교는 모두가 독서를 우선시하는 문화를 어떻게 조성할 것인가에 방향성을 두는 것이 바람직하다. 독서 문화란 독서가 누구나 향유할 수 있는 특권이어야 하고, 모두가 독서를 즐기고 공유하며, 독서를 보다 잘 이해하고, 기회가 주어질 때마다 독서하는 문화로 정의할 수 있다.

2018년에 영국에서 130개의 도서관이 사라진 현상[1]은 국가의 독서 문화 근간을 잘라 내는 격이다. 여전히 가정 형편이 어려운 학생 8명 중 1명만이 자기 책을 소유하고 있는 상황에서, 읽기 격차 해소를 위한 학교 차원의 노력이 절실히 요구되지만 갈수록 힘들어지는 실정이다.

학교 도서관(school libraries) 이용도 감소하고 있다. 최근에 '위대한 학교 도서관(Great Schools Libraries)' 캠페인에서 실시한 설문 조사에 따르면, 가정 형편이 어려운 학생 비율이 높은 학교는 그렇지 않은 학교에 비해 '지정된 도서관 공간을 이용하지 못할 가능성이 2배 이상' 높다고 한다.[2] 이처럼 독서 문화 조성에 저해되는 요소들이 곳곳에서 계속 발생한다면 읽기 격차는 갈수록 심각해질 것이다.

가정에서의 책 접근성이 중요하듯,[3] 학교에서의 책 접근성도 중요하다. 책에 대한 접근성은 책에 대한 관심으로 이어지고,[4] 책에 대한 관심은 지속적인 읽기 활동으로 이어진다. 그리고 지속적인 읽기 활동은 읽기 기술의 숙련으로 이어지고, 숙련된 읽기 기술은 교과 교육과정을 이해하고 참여하는 행위로 이어진다는 점에서 중요하다. 이 사슬에 있는 모든 연결 고리는 불안정하기 때문에 교사의 열의가 수반되어야 한다.

따라서 학교에서는 모든 학생이 성공적인 독자로 성장할 수 있도록 일련의 교육 활동들을 실용적인 접근법으로 재편하고 개발해야 할 것이다.

## ◗ 학교의 독서 문화 조성을 위한 실천 전략

• **도서관을 사랑하라:** 재정 상황이 좋지 않은 학교도 있겠지만, 그럴수록 학교 재정 지원의 우선순위를 지정하는 것이 무엇보다 중요하다. 학교의 도서관 실태는 독서 문화의 위기를 가늠케 할 신호가 될 것이다. 독서 전문가인 도서관 사서는 학생들이 읽을 만한 소설과 비소설을 선정하고, 독서 연구를 지원함으로써 교육과정에 대한 교사의 편협한 시각을 탈피하도록 돕는 중요한 역할을 한다. 교사에게는 교육

과정 개발과 도서관 이용의 통합적 운영을 위해 지혜를 모으는 노력이 요구된다. 그렇지 않으면 학교 차원에서 독서 발달의 극대화를 꾀하기 어려울 것이다. 우리는 독서 문화 조성을 위해 다음과 같은 사항들을 고려해야 한다.

① 수업의 일환으로 학교 도서관에 얼마나 자주 방문하는가? 교육과정 개발 시 도서관 이용을 포함하였는가?

② 읽기 자료를 선택하는 방법을 알려 주기 위해 자주 시범을 보여 주고 적절한 지원을 하고 있는가?

③ 읽기에 고전하는 학생을 지원하기 위해 도서관 대출목록 및 도서관 공간을 잘 활용하고 있는가?

④ 교실 내의 작은 도서관은 학교 중앙 도서관과 어떻게 연결되어 있는가?

• **전문 독자로서의 교사되기:** 교사는 학생에게 읽기가 성공적인 학습의 기초 능력임을 일깨워 주어야 한다. 학교에서 교사는 독자 역할의 모델이 되어야 한다. 대다수의 초등학교 교사는 즐거움을 위한 읽기를 지도하지만 아동 문학에 대한 지식은 여전히 취약하다.[5] 정보 글에 대한 지식도 크게 다르지 않다. 이에 교사는 읽기 자료에 대한 광범위한 지식을 개발해 나가는 동시에(도서관 사서가 이 역할을 맡을 수 있다), 학습과 즐거움을 위한 읽기의 역할 모델이 되어야 한다. 꼭 기억하자. 역사학자들이 쓴 글을 읽어본 경험이 없는 학생들에게 우리가 어떻게 역사학 읽기를 가르칠 수 있겠는가?

- **독서 문화 조성을 위한 책임의식 갖기**: 독서 문화 조성에 대한 부담을 한 개인이나 문해력 지도 교사가 전담하도록 전가해서는 안 된다. 학교의 효과적인 독서 문화는 교장이나 수석 교사와 같은 관리자들에 의해 정착된다. 또한 통합 교육과정의 효과적인 운영은 교과 전문가의 노력과 협력이 수반되어야 한다. 물론 여기에는 계획과 시간이 뒷받침되어야 한다. 만약 학교 발전 계획안에 독서 문화 조성이 포함되어 있지 않다면, 학교 내 독서 문화가 정착될 가능성은 희박하다. 우리는 다음과 같이 자문해야 한다. '독서 문화를 선도할' 우리의 팀원이 누구인가?

- **장기적인 독서 행사 열기**: '세계 책과 저작권의 날(World Book Day)'과 같은 일회성 행사는 흥미롭지만, 교내 독서 문화를 형성하는 데는 종종 실패하곤 한다. 이러한 일회성 행사를 개최하기보다는 매일의 독서 습관과 적절한 계획이 필요하다. 흥미롭고 특별한 독서 행사는 독서에 대한 지속적인 관심을 유도한다. 대표적으로 '프로젝트 500(Project 500)'이 있다.[6] 이는 도서관의 과학용 듀이 십진 분류법(Dewey Decimal system for science)이라는 프로젝트로 불리는데, 초등학교에서 과학 관련 책 읽기를 장려하는 프로그램이다. 이 프로젝트는 학교 교육과정과 함께 통합하여 운영될 수 있으며 특히나 학생들이 갖고 있는 정보 글 읽기에 대한 부정적인 인식을 전환하는 데에 일조하였다.[7] 읽기 활동은 꾸준히 이어져야 한다. 6학년 교사인 세이디 필립스(Sadie Phillips)는 '문해력 달력(literacy calendar)'을 만들어 1년 동안 열리는 책과 관련된 학교 행사를 소개하기도 했다.[8]

• **책 읽는 부모 되도록 지원하기:** 독서 습관을 형성하는 가정환경의 중요성은 누구나 인식하고 있지만 학부모의 독서 참여는 학교가 나서서 해결할 과제이기도 하다.[9] 학부모들이 책 읽는 부모가 될 수 있도록 학교 차원에서 PEER 모델과 같은 간단한 모델을 제공할 수 있다.

- 자녀와 책에 관련된 대화 나누기
  (*Prompt the child to say something about the book*)
- 자녀들의 반응을 평가하기(*Evaluate their response*)
- 정보를 더하거나 질문 내용을 바꾸어서 자녀의 반응 범위를 확장하기
  (*Expand their response by rephrasing or adding information to it*)
- 확장해 가며 배울 수 있도록 이 과정을 반복하기
  (*Repeat the prompt to help them learn from the expansion*)[10]

학생의 연령과 단계에 맞는 도서 추천 목록을 부모에게 제공하는 것도 도움이 된다. 학교 독서를 위한 책 목록(https://schoolreadinglist.co.uk)과 같은 웹 사이트들은 연령에 맞는 다양한 도서 목록을 제공하고 있다.

## ● 즐거움과 목적이 있는 읽기를 장려하는 실천 전략

• **'책 읽기' 이상의 읽기**: 즐거움을 위해 책을 읽는 학생은 스스로를 독자라고 여긴다. 반면에 '전통적인 개념의 책'이 아닌 만화책, 웹 사이트를 읽는 학생은 스스로를 '독자'라고 여기지 않는다.[11] 이제 이러한 편견은 사라져야 한다. BBC Newsround[12]와 같은 웹 사이트는 어린 학생들을 위해 다양한 잡지와 신문으로 읽을거리를 보충하고 있다.[13]

• **'어려운 책, 더 어려운 책, 가장 어려운 책' 권장하기**: 교사든 도서관 사서든 부모든, 학생이 좋은 도서를 선택하도록 돕는 일은 지속적으로 그리고 장기적으로 해야 할 일이다. 학생용으로 선정한 도서 목록인 '도서 꾸러미(bounded choice)'를 읽기가 취약한 학생에게 제공하여 그들의 책 선정을 도와야 한다. 또한 '쉬운 독자용' 등의 딱지가 붙어 있는 책을 읽을 때 느끼는 부정적인 감정을 없애기 위해서라도 '어려운 책, 더 어려운 책, 가장 어려운 책'으로 책 제목을 대체하면 읽기에 취약한 독자가 자신의 수준에 맞게 책을 선정할 수 있다.[14]

• **읽기 목적 설정하기**: 이 책의 제4장에서 도둑과 주택 매입자라는 독자 역할과 그에 따른 읽기 목적을 설정하고 책을 읽었던 실험을 기억하는가? 목적이 명확한 읽기는 글의 이해와 기억에 도움이 된다. 우리가 교실에서 자주 사용하는 '왜?'라는 말은 간단하지만 힘 있는 말이다. "내가 왜 이 글을 읽고 있지?"라고 자문하는 것은 어느 정도의 자기 점

검과 중요한 초인지 활동을 유도한다. 다음과 같은 'REAL' 전략을 이용해 읽기 목적을 설정하는 것만으로도 독서에 도움이 될 수 있다.

- **불러오기(Retrieve)**: 구체적인 정보 또는 질문에 대한 답을 알기 위해 읽기
- **즐기기(Enjoy)**: 단순히 즐거움과 흥미를 얻기 위해 읽기
- **분석하기(Analyse)**: 작가의 의도를 분석하고 중층적 의미를 탐구하기 위해 읽기
- **연결하기(Link)**: 아이디어와 자료를 연결/논증하기 위해 읽기, 통합적 이해를 위해 읽기

글을 읽기 전에 '핵심 질문(big question)'을 던지는 방법도 하나의 대안이 된다. 질문을 통해 글에 대한 흥미를 유발하고 화제와 관련된 사전 지식과 글을 통합하여 읽을 수 있다.

• **읽기 동기 점검하기**: 학생이 책을 읽거나 읽지 않는 이유는 여러 가지가 있다. 그럼에도 교사는 학생이 책을 많이 읽도록 도와야 한다. 이를 위해서는 먼저 그들이 왜 읽는지에 대해 아는 것이 중요하다. 책을 읽는 이유를 확인할 수 있는 유용한 도구로 '읽기 동기 질문지(MRQ, Motivations for Reading Questionnaire)'15가 있다.16 읽기 동기는 책에 흥미를 얼마나 갖고 있느냐에 영향을 받기 때문에(비록 매우 어려운 글 일지라도17) 학생의 관심사를 고려해 읽기 지도를 해야 한다는 사실은 아무리 강조해도 지나치지 않는다.

## ● 효과적인 학급 전체 읽기를 위한 실천 전략

교사가 교실에서 학생들과 어떻게 글을 읽을지에 대해 고민하지 않는 날은 매우 드물 것이다. 이는 사실상 교사에게 늘 있는 흔한 일이라서 오히려 심각하게 고민하지 않고 결정할 때도 있을 것이다. 교사가 학생들과 글을 읽는 방법을 결정해야 할 때, 어떻게 하면 합리적인 선택을 할 수 있을까?

우선 우리는 읽기 지도를 위한 다양한 접근법을 정의하고, 각 접근법의 잠재적 효과를 비판적으로 평가하는 것부터 시작해야 한다. 일반적인 읽기 접근법의 잠재적인 이점 및 한계점은 다음과 같다.

| 읽기 지도 접근법 | 정의 | 잠재적 이점 | 잠재적 한계점 |
|---|---|---|---|
| 교사 주도의 학급 전체 읽기 | 교사가 적절한 수준의 유창함(속도, 표현, 강세, 억양)으로 읽는다. 교사가 글을 읽으면서 글에 대한 설명과 질문을 하는 동시에 어휘력을 확인하고 흥미도를 점검한다. | 교사의 유창하고 숙련된 읽기의 시범을 학생에게 보여줄 수 있다. 교사는 어휘를 간단하게 설명하고 질문하거나, 글에 대한 해설을 제공할 수 있다. 교사가 과제를 구체적으로 조정할 수도 있다. | 학생은 스스로 읽기 능력 또는 유창성을 키울 기회가 없다. 학생의 집중력이 흐트러지고 수동적인 태도가 되기 쉽다. 읽기에 미숙한 학생은 글에 대한 설명과 글을 동시에 듣는 것이 어려울 수 있다. |

| 읽기 지도 접근법 | 정의 | 잠재적 이점 | 잠재적 한계점 |
|---|---|---|---|
| **학급 전체 읽기: 학생들이 차례로 돌려 읽기 방식** | 교사는 글을 읽을 학생을 선택한다. 선택 방법은 교육적 효과에 상당한 영향을 미친다. 무작위로 선택하거나 또는 특정 개인을 지목할 수 있다. | 학생이 읽기 기술을 연습할 수 있다. 교사가 학생의 읽기 기술 및 유창성을 평가할 수 있다. 교사는 과제, 학생 지명, 질문 등을 구체적으로 조절할 수 있다. | 학생은 교사의 유창하고 숙련된 읽기 시범을 접할 수 없다. 일부 학생은 다른 또래 앞에서 글을 읽는 것에 부끄러움을 느껴서 읽기 기술 및 유창성 발달이 저해될 수 있다. 학생은 읽기 기술을 향상시킬 정도의 연습량이 확보되지 않는다.[a] |
| **합창 읽기** | 교사가 배분한 글을 모든 학생이 번갈아 가며 읽는다. 종교적 읽기에서 비롯된 교송 방식(an-tiphon approach)으로 둘 이상의 그룹을 나눈 뒤 각 그룹이 글의 다른 부분을 맡아 읽는다. | 학생이 읽기 기술을 연습할 수 있다. 학생은 적절한 속도와 억양으로 읽기에 대한 안목을 가질 수 있다. 읽기에 미숙한 학생은 함께 읽으면서 자신감과 유창성을 발달시킬 수 있다. | 일부 학생은 친구들 앞에서 읽는 방식을 꺼려 제한적으로 참여할 수도 있다. 학생이 그룹 활동을 하면서 산만해지거나 무임승차와 같이 수동적 태도를 보이며 읽을 수 있다. 학생이 읽기에만 집중하게 되므로 글 이해에는 방해가 될 수 있다. |

| 읽기 지도 접근법 | 정의 | 잠재적 이점 | 잠재적 한계점 |
|---|---|---|---|
| **짝지어 읽기** | 학생은 짝을 지어 서로에게 읽어 준다. 문단 또는 장 별로 돌아가며 읽는다. | 학생은 읽기 기술을 연습할 수 있다. 읽기에 미숙한 학생은 함께 읽으면서 자신감과 유창성을 발달시킬 수 있다. 학생에게 읽기의 명확한 역할 및 목표를 부여한다. 이는 공동의 책임이 따른다. 교사는 학생의 읽기 능력 및 유창성을 평가할 수 있다. | 학생은 교사의 유창하고 숙련된 읽기의 시범을 접할 기회가 없다. 학생은 그룹 활동을 하면서 주의가 산만해지기 쉽다. 학생은 읽기에만 집중하게 되므로 글 이해에 방해가 될 수 있다. |
| **반복 읽기** | 반복 읽기는 어린아이 및 능숙한 학생 모두에게 통합적 읽기 방법으로 사용된다. 반복 읽기는 지리학에서 인과적 논쟁에 대한 증거를 명확하게 판별하기 위해 사용되기도 한다. | 학생이 읽기 기술을 연습할 수 있다. 반복 읽기가 읽기 능력을 향상시킨다. 반복 읽기는 이해력 (특히 교사 또는 시범 오디오로 처음으로 배운 경우)을 향상시킨다. 읽기에 미숙한 학생은 자신감과 유창성을 기를 수 있다. 교사는 학생의 읽기 | 학생은 교사의 유창하고 숙련된 읽기의 시범을 접할 기회가 없다. 학생은 반복적 연습의 중요성을 인식하지 못하므로 산만해지거나 수동적인 태도가 될 수도 있다. 교육과정 운영에 상당한 시간이 소요되는 전략이므로, 교육과정의 계획이 일부 |

| 읽기 지도 접근법 | 정의 | 잠재적 이점 | 잠재적 한계점 |
|---|---|---|---|
| | 능력 및 유창성을 평가할 수 있다. | | 수정될 수도 있다. 일부 학생은 반복 읽기로 학습할 수 있는 읽기 전략이 부족할 수도 있다(예를 들어 반복 읽기에서 구체적인 정보 탐색을 위한 읽기). |
| 혼자 묵독하기 | 학생이 개별적으로, 독립적으로 읽는다. | 학생이 읽기 기술을 연습할 수 있다. 읽기에 미숙한 학생은 다른 학생과의 상호작용 없이도 자신감과 유창성을 기를 수 있다. 학생의 개별적 읽기 능력 및 유창성을 교사가 효율적으로 평가할 수 있다. | 학생은 교사의 유창하고 숙련된 읽기의 시범을 접할 기회가 없다. 읽기가 유창하지 않은 독자에게 개별적 읽기는 매우 어려울 수 있다. 일부 학생에게는 이해도를 점검하는 데 필요한 읽기 전략을 학습할 기회가 적을 수도 있다(예를 들어 구체적인 정보를 찾기 위해 읽기). 학생의 집중력이 흐트러지고, 수동적인 태도가 되기 쉽다. |

**a** 섀너핸(Shanahan, T.) (2019), 돌려 읽기가 정말 그렇게나 나쁜 걸까? (Is round robin reading really that bad?) 출처: www.shanahanonliteracy.com/blog/is-round-robin-readin g-really-that-bad.

**b** 차드(Chard D. J.), 본(Vaughn, S.) & 타일러(Tyler, B.-J.) (2002), 「학습 장애가 있는 초등학교 학생들의 읽기 유창성을 형성하는 효과적인 방법에 대한 연구 동향(A synthesis of research on effective interventions for building reading fluency with elementary students with learning disabilities)」, 학습장애저널(Journal of Learning Disabilities), 35(5), 386-406.

학급 전체 읽기의 교육적 효과는 개별 학생의 읽기 능력, 읽기 목표, 읽는 대상에 따라 다를 수 있다.

가령 4학년을 가르치는 교사가 어려운 어휘와 긴 문장 구조를 지닌 기후 변화라는 새로운 주제의 정보 글을 소개하려면, 글 이해의 집중도를 높이는 '교사 주도의 학급 전체 읽기'를 선택할 것이다. 동일한 주제에 대한 다른 관점이나 형식의 여러 글을 읽은 후에는 읽기 연습 및 유창성 개발을 위하여 '짝지어 읽기'를 시도할 것이다. 여러 글을 동시에 읽을 수 있는 지도법이 '짝지어 읽기'이기 때문이다. 이로써 교사는 순회 지도를 하며 유창성과 독해력 모두를 다룰 수 있을 것이다.

반대로 10학년 GCSE 시험을 대비하는 프랑스어 수업에서 중요한 어휘들이 제시된 여행과 관광을 주제로 한 글을 지도할 때는 읽기 유창성, 정확한 발음, 친밀감 형성을 위해 '합창 읽기'를 진행할 수 있다. 여기서 '반복 읽기'를 연계 지도하면 학생들의 읽기 유창성을 신장할 수 있다. 마지막으로 독해 문제와 관련이 있는 '혼자 묵독하기'는 주제에 대한 이해력을 높이고 개별 학생의 반응에 대한 교사의 개별적 피드백을 제공할 수 있다는 이점이 있다.

교사가 학생이 읽을 책이나 글을 선정할 때에도 이상의 읽기 지도 접근법을 고려해 볼 수 있을 것이다. 우리에게 익숙한 '골디락스 원리 (Goldilocks principle)'도 적용해 볼 수 있다. 교사가 교실에서 학생들이 읽을 교재를 선택할 때는 학생들의 배경 지식을 확장할 수 있는 '약간 어렵게 느끼는 수준(frustration level)'[18]의 글을 고른다. 이 상황에서는 분명 교사 주도의 읽기 지도가 이루어질 수밖에 없다. 반면에 읽기 과제를 제시할 때는 혼자 묵독하기를 경험하도록 다소 어렵지만 수업에서 배운 글보다 쉬운 글을 선정한다(제5장에서 언급한 '속산표'를 기억하는가?).

영국 학교에서 공통으로 사용하는 독해력 신장을 위한 지도법이 있다. 약어 목록은 다음과 같다.

- *DEAR*(아무것도 하지 않고 읽기, *Drop Everything And Read*)
- *SSR*(혼자 조용히 읽기, *Sustained Silent Reading*)[19]
- *ERIC*(학급 전체 읽기, *Everybody Reads In Class*)
- *RRR*(기록하고, 읽고, 반응하기, *Register, Read, Respond*)[20]
- *FUR*(자유롭게 연달아 읽기, *Free Uninterrupted Reading*)

이처럼 과다한 약어로 명명하는(labelling) 읽기 지도법은 교사라면 누구나 알고 있을지는 모르나 교실 현장에서 실행하기는 어려울 수 있다. 예를 들어 읽기 수업에서 'RRR(기록하고, 읽고, 반응하기)'을 적용한다면, 명시적인 독해 질문을 바탕으로 정해진 시간 동안에 기록하면서 짧은 정보 글을 종합적으로 읽는 데에 중점을 두어야 한다. 반면에 'FUR(자유롭게 연달아 읽기)'을 적용한다면, 학생에게 선택을 읽을 글의 선택을 맡기되 독해 문제 범위에 제한을 두어야 한다.

우리가 귀중한 교과 시간에 수행할 읽기 활동을 선택할 때에는 그 결정이 바람직한지 비판적으로 따져 보아야 한다. SSR(혼자 조용히 읽기) 활동이 읽기 능력에 다양한 영향을 미친다는 연구 결과도 있다. '혼자 조용히 읽기'는 학교에서 아침 시간에 체계적인 독서 활동을 시작할 수 있다는 점에서 여러 긍정적인 효과가 있었지만, 읽기 동기 형성에 있어서는 상반된 효과를 보였다고 한다.[21] 물론 연구 결과가 이렇다고 해서 혼자 조용히 읽기 활동이 학교 전체 독서 문화 형성에 아무런 가치가 없다고 보기는 어렵다. 혼자 조용히 읽기는 학생을 독자로 성장시키는 유의미한 경험을 제공할 수도 있다. 그러나 학생이 책을 읽는 시간을 내실 있게 활용하려면 교육 목표 및 지원 요소가 적절한지를 자문해야 한다. 이를 위해 다음과 같은 질문을 자문해 보길 권한다.

- 학생은 읽을 글을 어떻게 선정하는가?
- 학생이 읽을 글을 선정할 수 있도록 교사는 명시적인 지원을 해야 하는가? 아니면 읽기 능력이 낮은 학생에게만 지원해야 하는가?
- 읽기 중에 글의 이해도를 점검해야 하는가? 아니면 읽기 후에 질문을 통해

이해 점검을 촉진해야 하는가?

- 읽기 능력이 낮은 학생은 읽기 중에 어떻게 도와야 하는가?
  (예를 들어 소그룹 활동 또는 일대일 지도?)

- 독서 시간에 구체적인 읽기 전략을 명시적으로 제공해야 하는가?

- 수업 시간에 학급 전체를 대상으로 어떤 읽기 전략을 사용하는 것이 효과적인가? (예를 들어 짝지어 읽기)

- 읽기 시간은 교육과정 개발과 일치해야 하는가?
  (예를 들어 다른 교과의 학습 내용과 관련한 정보 글 및 허구적인 글 읽기)

- 혼자 조용히 읽기 활동이 읽기 동기와 읽기 능력에 미치는 영향을 어떻게 장기적으로 관리하는가?

위와 같이 자문한 뒤에는 특정 교과에 따라 학급 전체 읽기의 효과가 어떻게 다른지 확인해야 한다. 간혹 이 같은 선택은 교사의 성향이나 특정 지도 방식에 대한 익숙함에 이끌려 결정되기도 한다. 중학교 영어 교실을 대상으로 한 최근 연구에 따르면, 읽기에 취약한 학생에게는 구조가 복잡한 긴 소설이라 하더라도 여러 가지 정교한 활동을 수반하는 더딘 단계별 지도법보다는 속도감 있는 지도법이 글 이해에 도움이 된다고 한다.[22] 과연 '단순히 읽어 주기만 하는' 지도가 생물학의 질병과 관련된 주제의 글을 읽을 때에도 적용될 수 있을까? 그럴 것 같지는 않다. 따라서 학문적 읽기를 위한 교수법은 향후 연구가 더 필요하며, 교사가 교수법을 결정할 때에는 읽기에 대한 해박한 지식과 실천적 연구가 뒷받침되어야 한다.

## ● 읽기 유창성 향상을 위한 실천 전략

• **여러 번 읽기:** 우수한 독자의 시범에 따라 여러 번 읽는 방법으로, 읽기 유창성 발달을 위하여 주로 교사나 보조 교사가 학생을 일대일로 지도할 때 활용된다. 한 연구에서는 이 전략으로 읽기 유창성을 지도하려면 반드시 단어 오류에 대한 피드백을 제공해야 한다고 제안한다.[23] 예를 들어 학생이 단어를 읽는데 3초가량 머뭇거린다면, 교사가 단어를 읽고 학생이 다시 따라 읽도록 해야 한다. 이러한 피드백 과정이 수반되지 않으면 교육적 효과를 기대하기 어려우며, 오히려 학생이 단어 오류를 반복하다가 잘못된 읽기 습관이 굳어질 가능성도 있다.

• **대화처럼 읽기:** 대화처럼 읽기는 교사 주도의 일대일 지도법으로, 숙련된 독자가 한 문장을 읽으면 곧바로 학생이 따라 읽는 방법이다. 교사는 학생의 읽기에 대하여 속도, 끊어 읽기, 부드러움, 표현력, 성량뿐 아니라 글을 얼마나 '자연스럽고' '대화처럼' 읽는지에 대한 피드백을 제공해야 한다(제3장에서의 '다차원적 유창성 척도'를 기억하는가?).

• **메아리 읽기:** 교사가 학생에게 짧은 문장을 읽어 주어 전문적인 읽기를 시범 보이는 것이다. 학생은 교사가 읽은 부분을 따라 읽는다.

• **문장 끊어 읽기[24]:** 유창성이 부족한 학생은 작가가 의도적으로 사용한 단서, 예를 들면 한 문장 내에서 문장 부호를 사용해서 분리한 단

어나 별개의 단어가 아닌 하나 구로 읽어야 하는 구절 등을 알아차리지 못할 때가 많다. 학생과의 신속한 일대일 읽기 지도는 문장을 의미 단위로 끊어 읽고 문장 내 구조와 문장 부호에 주의를 기울이며 읽는 데에 집중할 수 있다.

· **읽고, 기록하기**: 학생이 독해한 내용을 녹음하고, 교사와 학생이 녹음 파일을 함께 들으며 이야기를 나누는 방법으로, 학생의 읽기 행위에 대하여 면밀하게 성찰할 수 있는 지도 방법이다. 교사는 학생이 잘못 읽은 부분을 정확하게 다시 들려주면서, 단어를 구로 읽어야 하는 때가 언제인지도 알려 줄 수 있다. 혼자서 이 전략을 시도하는 학생에게는 누군가의 접촉이나 방해 없이, 독해 연습할 수 있다는 장점이 있다.

· **순서대로 읽기**: 학생들이 짝을 지어 순서대로 돌아가면서 문장을 읽거나 상대방의 문장을 따라 읽는 방법이다. 이 과정에서 누가 더 글을 잘 읽었는지, 또 그 이유는 무엇인지에 대해 고민하며 자신의 읽기를 비판적으로 성찰할 수 있으며, 교정 피드백도 받을 수 있다.

· **짝 학습하기**[25]: 이 전략은 대체로 그룹을 연령별로 조직한다. 주로 교실 밖에서 활용되는 경우가 많으며 상급생이 하급생의 글 읽기를 듣고 교정 피드백을 제공하는 방식이다. 이 전략의 교육적 효과를 높이기 위해서는 가르치는 역할(tutor)의 학생도 읽기 방법에 대한 훈련을 받으면 좋다. 물론 배우는 역할로 참여하면서 더욱 많이 배울 수 있다.

## ● 전략적인 독자로 키우는 실천 전략

• **'3, 2, 1' 전략**: 전략적인 독자들은 자신이 읽은 것에 대해 끊임없이 질문하고, 평가하고, 연결한다. '3, 2, 1' 전략은 먼저 숙고하고 연결하고 기억해야 할 논점 3개를 생성하고, 그 다음에는 알고 사용하고 기억해야 할 중요한 어휘 2개를 생성한 뒤, 최종적으로 이해하고 설명하고 기억해야 할 중심 내용 1개를 생성하도록 권장하는 방식이다. 이를 통해 자신이 이해한 내용을 바탕으로 중요한 내용을 가려내고 글을 요약할 수 있다.

• **단락 요약하기**: 학생이 늘 우리가 기대하는 독자의 모습을 보여 주지는 못한다. 능숙한 독자는 글을 읽으면서 주기적으로 잠시 멈추어서 생각하고, 읽은 내용에서 인상 깊은 부분을 머릿속이나 노트에 정리한다. 여기서 중요한 사실은 능숙한 독자가 느린 속도로 읽거나, 잠시 멈추어서 생각을 연결하는 행위들이 자유롭게 이루어진다는 점이다. 우리는 미숙한 독자에게 글을 읽다가 멈추기, 잠시 고민하기, 글의 관습 해독하기 등의 일반적인 읽기 전략을 우선 연습시켜야 한다. 그런 다음 긴 글의 한 쪽, 한 구절에서 '내가 기억해야 할 것은'으로 시작하는 문장으로 3가지 요점을 정리하고 하나의 주제 문장으로 요약하도록 지도한다.

• **여섯 단어로 요약하기**: 글을 읽고 요약하는 또 다른 전략은 까다로운 핵심 내용을 6개의 단어로 요약하는 것이다. 예를 들어 셰익스피어의

햄릿(Hamlet)은 '슬픔에 잠긴 비극적 영웅: 무위, 죽음, 카타르시스 (Grieving tragic hero; inaction, death, catharsis)'이 될 수 있다. 헨리 8세(Henry VIII) 부인들의 운명을 기억하기 위하여 '이혼, 참수, 죽음, 이혼, 참수, 생존(divorced, beheaded, died, divorced, be- headed, survived)'과 같이 운율을 가진 단어들로 요약하는 방법도 글의 내용을 기억하는 데 도움이 된다.

• **책임 있는 대화하기**[26]**와 독서 습관 만들기**: 체계적으로 잘 짜인 수준 높은 독서 토론은 독해력을 강화시킨다.[27] 쉽게 만들 수 있는 다음과 같은 문장 열기 방식으로 학생들이 아는 내용을 전략적으로 상술하게 할 수 있다.[28] 예를 들면 다음과 같이 질문할 수 있다. 당신은 …에 대해 어떻게 생각 하는가? …을 어떻게 알고 있는가? 그 증거는 무엇인가? …에 대하여 궁금한 점은 무엇인가? 당신이 이해한 바를 어떻게 요약할 수 있는가?

교사와 대화를 나누기 전에 2인 1조로 짝을 지어 질문에 대한 답변을 미리 준비하도록 하면, 학생들은 자신의 대답을 논리적으로 구성할 수 있으며 나아가 교실 전체의 토론 수준이 향상될 것이다.

• **자기 설명하기**: 자신의 생각을 설명하는 단순한 행위(자기 설명 또는 사고 구술)는 독해에 상당한 영향을 미칠 수 있다. 이는 학생이 정신 모델을 형성하는 데에 기여한다. 여기에는 교사가 시간 제한하기(예를 들어 '잠깐만'으로 중지하기), 분명한 담화 표지 사용을 요구하기(예를

들어 우선 … 다음으로 … 게다가 … 그에 반해서 … 결론적으로) 등의 구조화된 발문을 하거나 단순한 인용을 넘어 새로운 아이디어를 창조할 수 있도록 명시적 교수 역할을 해야 할 수도 있다.

- **핵심 질문하기**: 읽은 글에 대한 정신 모델 형성은 학생이 읽은 내용의 통일성을 찾고 추론을 독려하는 핵심 질문에서 시작할 수 있다. 식품공학에서 '음식이 환경에 얼마나 중요한가?'라는 질문은 학생의 배경지식을 활성화하지만 결정적으로는 음식 자원, 음식물 쓰레기 등의 지속가능성과 관련한 질문과 문제들에 집중하게 한다. 이 전략은 읽기에 대한 동기를 높이고 전략적인 독자로 기를 수 있는 간편한 전략이다.

- **개념 연결하기**: 에이단 챔버스(Aidan Chambers)는 "우리는 글을 읽는 동안 계속해서 한 개념과 다른 개념 사이의 연결 고리와 관계 방식을 찾는다."고 하였다.[29] 학생이 전략적인 독자가 되어 갈수록 글을 읽으면서 개념을 연결하는 행위는 '당연해'진다고 한다. 교사는 학생이 개념 연결하기에 능숙해지도록 "글에 제시된 이 개념이 우리가 알고 있는 것과 어떤 관련성에 있는가?"라는 질문을 반복적으로 해야 한다. 예를 들어 종교과목 수업에서 불교의 윤리에 대한 글을 읽는다면, 교사는 학생에게 "우리가 알고 있는 기독교의 윤리와 불교의 윤리가 어떤 관련성이 있는가?"라는 질문을 던질 수 있다. 이 질문에 대한 학생의 답변은 아마도 '관련성'에 관한 내용일 것이다. 이 전략은 교사가 잠깐의 훈련만 받으면 교실 대화에서 학생들의 풍부한 추론과 개념 연

결을 유도할 수 있다.

• **학습 공동체 만들기**: 읽기 지도에 있어서 변화를 주는 좋은 방법은 '학습 공동체'에서 협동적 읽기 전략을 사용하는 것이다. 이 전략에서는 교사가 학생에게 개별적으로 읽을 수 있는 여러 단락의 문장을 배분해 주기 때문에 학생은 다양한 글을 많이 읽을 수 있다는 이점이 있다. 예를 들면 컴퓨터과학 수업에서 그룹별로 학생에게 다양한 문제가 주어질 수 있다. 이에 학생은 함께 다양한 자료를 읽고 비판적으로 평가한 뒤, 해결책을 합의하여 한 편의 글로 정리할 것이다. 또 상급 수준의 정치학 수업에서 정치적 선언서를 읽을 때에도 학생은 각 쪽 번호가 적힌 단락을 나누어 읽은 뒤, 다시 모여서 자신이 맡은 부분의 요약한 결과를 서로 공유하고 각자의 생각을 자유롭게 나눌 수 있다.

• **요약, 분석, 종합, 설명(GASE, Gist, Analysis, Synthesis, Elaboration)**: 제2장에서 언급된 중세 시대 학자들을 기억하는가? 그들은 성경을 한 번, 두 번, 세 번 읽기로 여러 번 읽었다. 이처럼 꼼꼼한 읽기는 오늘날의 학술적 읽기의 주요 읽기 방법이다. 우리는 꼼꼼한 읽기를 GASE 시험 접근성(exam accessibility) 차원에서 단계별로 지도할 수 있다. 첫 번째 읽기에서는 글의 중심 내용을 파악한다. 두 번째 읽기에서는 글의 내용을 제대로 이해했는지 확인하고 추론하면서 심도 있게 내용을 분석한다. 세 번째 읽기에서는 글을 요약하고 다른 화제, 주제, 글과 연결하여 글의 핵심 화제를 종합한다. 마지막으로 네 번째 읽기

에서는 글의 핵심 화제에 대해 자세히 설명한 뒤, 그것을 다른 글과 연결하여 이해하도록 한다. 예를 들어 4학년 수업의 시 읽기에서 GASE를 다음과 같이 적용할 수 있다. 처음에는 시의 주제를 파악하고, 단어와 심상을 이해했는지 확인한다. 그리고 시의 심상, 시인의 사상과 감정을 분석한다. 그 다음에는 시에 나타난 주요 사상과 시의 형식적 특징을 종합한다. 마지막으로 해당 시와 관련이 있는 다른 시, 장르 및 문학적 주제의 작품과 연결하여 의미를 심화한다.

## ◖ 좋은 질문을 촉진하는 실천 전략

교실에서 좋은 질문하기(quality questioning)는 학생의 독해력 향상을 위한 전략적 사고를 촉진하는 필수적인 읽기 전략이다. 교실 읽기 활동에서 지속적으로 질문을 독려하고, 생성하고, 시범 보이는 방식으로 통합 지도함으로써 우리는 학생의 읽기 전, 중, 후 모든 단계의 읽기를 지원할 수 있다.

• **질문 분류하기**: 교사는 학생의 읽기를 지원하기 위하여 어떤 유형의 질문이 읽기 활동을 돕는지, 학생이 우리가 원하는 유형의 추론을 이끌어 낼 수 있는지를 먼저 고민해 보는 것이 좋다. 다음과 같이 안젤로 카티엘로(Angelo Cardiello)[30]가 제시한 질문 유형을 활용하면 질문을 쉽게 분류할 수 있다.

| 질문 유형 | 설명 | 예시 |
|---|---|---|
| 확인적 질문 | '누가, 무엇을, 언제, 어디서'와 같이 특정 대상을 지정하거나 의미를 묻는 질문 | • 중력이란 무엇인가?<br>• 누가 전구를 발명하였는가?<br>• 트라팔가 전투(Battle of Trafalgar)는 어디에서 이루어졌는가? |
| 수렴적 사고 질문 | '왜, 어떻게, 어떤 방식으로'와 같이 특정 대상에 대해 설명하거나 관계(원인 및 결과) 등을 묻는 질문. | • 기후 변화의 원인은 무엇인가?<br>• 화산은 왜, 어떻게 폭발하는가?<br>• 남아프리카공화국의 인종 차별정책은 1960년대 미국의 인종차별 정책과 어떤 관련이 있는가? |
| 전환적 사고 질문 | '상상하라, 예측하라, 만약 … 이렇다면…'등과 같이 가정, 예측, 추론을 하는 질문 | • 지구 기온의 영향을 미루어 볼 때 미래는 어떤 모습일까?<br>• 햄릿(Hamlet)의 우울한 정신적 상태의 원인은 무엇이었을까?<br>• 간디(Gandhi)가 영국의 소금 통제를 반대하지 않았다면 인도의 삶은 어떻게 달라졌을까? |
| 평가적 사고 질문 | '판단하라, 입증하라…' 등과 같이 자신의 주장을 펼치고, 상대의 의견에 반박하며, 쟁점을 논증하는 질문 | • 마약이 합법화 되어야 할까?<br>• 사람들은 왜 도시에서 살기를 선택할까?<br>• 독일의 나치(Nazi)가 2차 세계대전(World War II)에서 승리했다면 영국의 삶은 어떻게 달라질까? |

학생이 다양한 교과목에서 이해하기 어려운 학술적인 글을 읽을 때, 교사가 다양한 질문 유형의 예를 제시하고 기록하고 점검하기 위

해 다음과 같은 범주를 활용할 수 있다.

• **작가에게 질문하기**: 문해력 전문가 이사벨 벡(Isabel Beck)과 마가렛 맥코운(Margaret McKeown)은 꼼꼼히 읽기 활동을 촉진할 수 있는 고품질의 질문 모델을 고안하였다.[31] 이 모델에서는 읽은 글에 대한 구체적인 질문을 교사가 하면 학생이 작가의 글쓰기 목적에 대해 자세하게 설명한다. 예를 들어 '작가가 왜 이 단어를 사용 하였는가?', '작가가 등장인물의 고난으로 우리에게 전달하고자 한 의도는 무엇인가?' 등이 있다. 교사들이 협업하여 수업을 설계할 때는 교실에서 읽을 글과 관련하여 작가에 대한 질문 목록을 개발해 볼 수 있을 것이다. 벡과 맥코운은 수업시간에 이 전략을 활용할 때 교사가 수행할 3가지 단계를 다음과 같이 제안하였다.

① **글을 이해하기 위해 주요 내용을 확인하기**: 학생이 오독할 가능성이 있는 부분을 확인한다.

② **글을 문단별로 나누어서 읽기**: 교사는 글을 적절하게 나누어서 학생이 글의 내용을 제대로 이해하고 있는지 지속적으로 확인한다.

③ **글의 통합적인 이해를 위한 질문 만들기**: 교사는 읽기 전에 끊어 읽어야 하는 부분과 토론 준비를 위한 질문 목록을 확인한다.

• **자기 질문하기**: 자기 질문은 전략적 독자를 성공적으로 길러 내는 강력한 방법이다.[32] 이는 적극적 읽기를 생활화하는 전문 독자가 글을

읽으면서 자신에게 즉각적으로 또 습관적으로 질문하는 능동적인 읽기 행위이기도 하다. 교사는 글을 읽어가면서 스스로에게 질문하는 모습을 시범 보임으로써 독자가 자신에게 어떻게 질문을 던져야 하는지를 직접적으로 보여 줄 수 있다. 이로써 학생은 점차 자기 질문 전략을 내면화하게 된다. 누가, 언제, 어디서, 무엇을 왜와 같은 육하원칙 또는 카디엘로의 질문 범주를 하나의 질문 틀로 사용할 수 있다.

- **'왜'라는 질문의 힘**: 학생이 글을 제대로 이해했는지 확인하는 방법은 '왜'라는 질문을 던지는 것이다. 이 질문을 통해 학생은 배경 지식을 확인하고 이를 연계하여 추론하고 상술할 수 있다. 교사의 '왜'라는 질문에 학생이 오답을 하더라도 질문에 답하는 과정만으로 읽기 학습에는 도움이 된다.[33] 읽기 전에 왜 라는 질문을 던지면, 글을 읽는 동안 자신이 설정한 읽기 목적과 독자 역할에 더욱 집중하게 한다.

- **소크라테스의 순환 논법**: 역사가 깊은 이 대화법은 양질의 질문과 대화를 촉진하는 체계적인 소집단 지도 모델이다. 이 모델은 '내부의 원'에서 토론을 하면 '외부의 원'에서 듣고 질문을 구성하는 이 모델은 좋은 질문이 나올 수 있는 환경을 조성한다. 이 온라인 자료는 독서를 중심으로 소크라테스의 순환을 발전시킬 수 있는 명료한 수업 틀을 제공한다.[34]

## ◖ 읽기를 지원하는 글쓰기를 위한 실천 전략

읽기와 쓰기는 불가분의 관계에 있는 문해력을 위한 과정이다. 읽은 글에 대한 글쓰기 과제는 학생의 독해력을 높여주므로 교사는 읽기와 쓰기를 통합하여 지도해야 한다.[35]

• **목록 작성하기, 범주화하기, 명명하기:** 학교 현장에서 비교적 잘 정착된 이 읽기 전략[36]은 학생이 글의 주요 단어 및 정보에 대한 이해를 기록하면서 정리하는 방법이다. 우선 읽고 있거나 읽을 글의 주제/화제 하나를 선택한다. 그 다음에는 주제/화제에 관련한 단어나 연상되는 생각들을 최대한 많이 나열한다. 나열한 단어와 생각들은 기준에 따라 분류한 뒤 범주화한다. 마지막으로 범주화한 결과물에 적절한 이름을 붙인다. 이 전략을 이용하면 배경 지식을 정리할 수 있고, 체계적인 토론과 전략적인 읽기 활동을 할 수 있다.

• **전국적 추론하기:** 제4장에서 언급한 '전국적 추론'을 기억하는가? 단어, 문장, 아이디어를 글 전체의 구조와 연결하는 추론이다. 학생은 교사가 보여 주는 포괄적 추론 과정의 명시적인 시범을 관찰한 뒤에 이 전략을 내면화할 수 있다. 이 전략을 수업에서 활용한다면 학생은 먼저 글 구조를 보여 주는 단서로 한 단어, 구, 문장, 단락, 문단을 선택한다. 그 다음에는 글의 거시 구조를 나타내는 미시적 요소를 확장된 의미로 연결하여 글을 써 본다. 예를 들어 지리학 글을 읽을 때, 아

마존에서 일어난 화재 사건에 관한 글 읽기는 보다 광범위한 환경적, 경제적 및 정치적 논의로 이어질 수 있을 것이다.

• **체크리스트 작성하기**: 누군가는 체크리스트를 글을 정리하기 위한 단순한 방법에 불과하다고 생각할 수 있다. 그러나 교사를 비롯해 외과 의사나 비행기 조종사와 같은 전문가들이 작업 현장에서 간편한 체크리스트를 얼마나 잘 활용하고 있는지를 고려한다면, 우리는 이 체크리스트를 읽기를 위한 도구로서 유용하게 사용할 수 있을 것이다. 글을 읽을 때, 공신력 있는 체크리스트를 사용하면 중요한 정보를 기록하고 학문적 전문성을 바탕으로 읽을 수 있다. 예를 들어 역사학자가 책의 한 챕터를 읽을 때, 출처를 '확인'하거나 개별 근거를 '맥락화'하기 위해 체크리스트를 활용할 수 있다.

• **소제목으로 요약하기**[37]: 요약하기는 다양한 방법들이 있으며 독해력을 확실히 향상시키는 전략이다. 그중 소제목으로 요약하기는 독해력을 향상을 위한 전략이다.[38] GCSE의 체육 교과서 목차처럼 우선 중요한 정보를 선별하고 덜 중요한 정보를 제거하기 위해 소제목을 적절하게 활용하여 간결한 요약문을 만들어 낼 수 있다. 이를 통해 학생은 글을 읽는 동안에 반드시 기억해야 할 내용을 중심으로 이해할 수 있고, 몰입도가 높아지며, 내용도 오랫동안 기억할 수 있다.

• **필기하기, '선택하기, 요약하기, 질문하기'**: 필기하기는 글을 읽은 뒤에 자신의 생각을 정리하고 기록하는 대표적인 전략이다.[39] 그러나 필기 방법에 관한 일관된 예시나 구조화가 부족하여 숙련된 독자도 필기의 이점을 최대한 누리는 경우가 드물다. 교사는 '코넬 방법(Cornell Method)'으로 필기하기 전략을 명시적으로 가르칠 수 있다. 요약 질문을 넣어서 필기하면 나중에 필기한 내용을 다시 확인할 때에 도움이 된다.

## ◐ 읽기를 지원하는 어휘 학습을 위한 실천 전략

어휘 지식이 성공적인 읽기에 필수인 점은 재론의 여지가 없다. 그래서 어휘 교수(vocabulary instruction)는 읽기 지도에 있어 핵심적인 역할을 해야 한다. 읽기 전, 중, 후 단계에서 어휘의 중요성을 강조하는 읽기 전략 몇 가지를 살펴보자.

• **말하기, 시도하기, 평가하기**: 새로운 학술적 어휘는 학교 교육과정 내내 학습 대상이 되며 교육과정 단계가 올라갈수록 누적된다. 교사가 글에서 자주 노출되는 어휘들을 중요도에 따라 체계적으로 지도함으로써 학생의 독해력 신장을 도울 수 있다. '말하기, 시도하기, 평가하기'는 주요 어휘를 반복하여 노출함으로써 체계적인 어휘 학습을 지도하는 방법이다(교사가 교육과정을 계획할 때에 유용하다).

- **노출 1단계:** 교사/학생이 단어에 대해 이야기를 나눈다.

- **노출 2단계:** 이야기를 나누었던 단어로 말하기/글쓰기에 사용하게 한다.

- **노출 3단계:** 단어에 대한 지식을 평가한다.


• **어휘 책갈피 만들기:** 간단하면서도 효과적인 이 전략은 정보 글, 교과서, 허구적인 글에서 등장하는 중요한 어휘를 기록하여 책갈피를 만드는 방법이다. 이 전략은 다양한 상황에서 활용될 수 있다. 책갈피 상단에는 각각 다른 제목 또는 색상을 사용하여 만들 수 있다. 예를 들면 조금 더 조사해야 하는 어려운 단어는 빨간색으로 표시하고, 글을 쓸 때 사용하고 싶은 중요한 단어나 어휘는 초록색으로 표시할 수 있을 것이다. 흥미로운 단어, 학문적 어휘, 자주 헷갈리는 단어 등을 선택할 수 있다.


• **단어 그물망 만들기:** 단어 그물망은 노트 필기의 일종으로 중요한 어휘를 중심으로 관련된 단어들을 범주화한 뒤, 연결 관계를 나타내는 전략이다. 중요한 어휘를 시각화하여 단어의 사전적 정의, 문맥적 의미를 비롯하여 어원과 단어의 구조를 탐구할 수 있다.


• **관용구 식별하기:** 학교에서 읽는 대부분의 학문적 언어에는 학생이 단번에 이해하기 어려운, 마치 판독하기 어려운 숨겨진 암호와 같은 관용구를 포함하고 있다. 교사는 학생이 관용구를 오독하지 않도록

관용구를 쉽게 식별하는 방법을 알려 줄 필요가 있다. 예를 들어 '대충 해치우다(cut corners)' 또는 '선의의 비판자(devil's advocate)' 등과 같은 관용구는 학술적 글에서도 자주 등장하므로 미리 알아두고 학습하면 좋다.

읽기에 있어 어휘의 역할에 대해 더욱 자세히 알고 싶다면 이 책의 시리즈 중의 첫 번째 책인 『어휘 격차의 해소(Closing the Vocabulary Gap)』를 읽어 보자.

읽기 과정에서 다양한 실천 전략이 얼마나 유용하고 또 매력적인지 아는 것도 중요하지만, 아무리 새롭고 좋은 전략이라도 교실 현장에서는 그 가치가 약화될 수도 있다는 현실이 있다는 것도 알아야 한다. 따라서 이 장에서 언급한 전략들 중에서 수업에서 이미 사용하고 있는 전략은 무엇인지, 어떤 전략을 우선적으로 지도할지, 수업에서 전략을 어떻게 적용할지를 고려해야 한다.

또한 교실 현장에서 읽기 전략 사용에 있어 문맥(context)도 중요하다. 만약 우리가 5학년 수업에서 새롭고 어려운 과학 주제, 예를 들어 중력의 힘과 이론[40]에 대해 가르친다면 학생들과 무엇을 읽을 것인지[그들이 뉴턴(Newton)에 대해서 얼마나 알고 있는가?], 어떤 방법으로 읽을 것인지, 어떻게 전략적 읽기를 촉진할 것인지에 대해서도 고려해야 할 것이다.

# 주석

1. Cain, S. (2018). Nearly 130 public libraries closed across Britain in the last year. *Guardian*. Retrieved from www.theguardian.co m/books/2018/dec/07/nearly-130-public-libraries-closed-acr oss-britain-in-the-last-year.

2. Great School Libraries (2019). *Great school libraries survey findings and update on phase 1*. London: Great School Libraries, p. 5.

3. Evans, M. D. R., Kelly, K., Sikora, J., & Treiman, D. J. (2010). Family scholarly culture and educational success: Books and schooling in 27 nations. *Research in Social Stratification and Mobility, 28*(2), 171-197.

4. Mullis, I. V. S., Martin, M. O., Foy, P., & Hooper, M. (2017). *PIRLS 2016 international results in reading*. Retrieved from http://tims sandpirls.bc.edu/pirls2016/international-results.

5. Cremin, T., Mottram, M., Bearne, E., & Goodwin, P. (2008). Exploring teachers' knowledge of children's literature. *Cambridge Journal of Education, 38*(4), 449-464.

6. 웹사이트 https://bit.ly/31XOpWK 참조.

7. Alexander. J., & Jarman, R. (2018). The pleasures of reading non -fiction. *Literacy, 52*(2). https://doi.org/10.1111/lit.12152.

8. 웹사이트 https://bit.ly/2KNGEwA 참조.

9. Education Endowment Foundation (2019). *Working with parents to support children's learning.* London: Education Endowment Foundation.

10. Education Endowment Foundation (2018). *Preparing for literacy: Improving communication, language and literacy in the early years.* London: Education Endowment Foundation.

11. Kolb, C. (2014). *Relationships between discourse, reader identity, and reading self-efficacy in a high school English classroom: A mixed methods, critical ethnographic study.* Minneapolis: University of Minnesota Press.

12. 웹사이트 www.bbc.co.uk/newsround 참조.

13. 웹사이트 https://bit.ly/2NtRVnB에서 '학교 도서 선정 목록' 참조.

14. Young, N. D. (2017). *From floundering to fluent: Reading and teaching struggling readers.* London: Rowman & Littlefield.

15. Wigfield, A., & Guthrie, J. T. (1997). Relations of children's motivation for reading to the amount and breadth of their reading. *Journal of Educational Psychology, 89*, 420-432.

16. 웹사이트 www.cori.umd.edu/measures/MRQ.pdf 참조.

17. Fulmer, S. M., & Frijters, J. C. (2011). Motivation during an excessively challenging reading task: The buffering role of relative topic interest. *Journal of Experimental Education, 79*(2), 185-2

08. https://doi.org/10.1080/00220973.2010.481503.

18. Brown, L. T., Mohr, K. A. J., Wilcox, B. R., & Barrett, T. S. (2018). The effects of dyad reading and text difficulty on third-graders' reading achievement. *Journal of Educational Research, 111*(5), 541–553. doi:10.1080/00220671.2017.1310711.

19. Gardner, T. (2003). Drop everything, and read! Retrieved from https://eric.ed.gov/?id=ED476414.

20. Lyndsey Dyer와 Alice Visser-Furay가 개발함. https://readingforp leasureandprogress.com 참조.

21. Education Endowment Foundation (2019). *Improving literacy in secondary school.* London: Educational Endowment Foundation.

22. Westbrook, J. Sutherland, J., Oakhill, J. V., & Sullivan, S. (2018). 'Just reading': The impact of a faster pace of reading narratives on the comprehension of poorer adolescent readers in English classrooms. *Literacy, 53*(2), 60–68.

23. Therrien, W. J., & Kubina, R. M., Jr. (2006). Developing reading fluency with repeated reading. *Intervention in School and Clinic, 41*(3), 156–160.

24. Stoddard, K., Valcante, G., Sindelar, P., O'Shea, L., & Algozzin, B. (1993). Increasing reading rate and comprehension: The effects of repeated readings, sentence segmentation, and intonation

training. *Literacy Research and Instruction, 32*(4), 53–65. doi:10.1080/19388079309558133.

25. Education Endowment Foundation (2019). *Peer tutoring: Toolkit strand.* Retrieved from https://educationendow mentfoundati on.org.uk/evidence-summaries/teaching-learning-toolkit/pee r-tutoring.

26. Resnick, L., Asterhan, C., & Clarke, S. (2018). *Accountable talk: Instructional dialogue that builds the mind. educational practi ces series.* International Academy of Education and the Interna tional Bureau of Education. Retrieved from www.researchgate. net/publication/324830361_Accountable_Talk_Instructional_ dialogue_that_builds_the_mind.

27. Wilkerson, I., Murphy, K., & Binici, S. (2015). Dialogue-intensive pedagogies for promoting reading comprehension: What we know, what we need to know. In L. Resnick, C. Asterhan, & S. Clarke (Eds.), *Socializing intelligence through academic talk and dialogue* (pp. 37–50). Washington, DC: American Educational Research Association.

28. Resnick, L., Asterhan, C., & Clarke, S. (2018). *Accountable talk: Instructional dialogue that builds the mind. educational practic es series.* International Academy of Education and the Internatio nal Bureau of Education. Retrieved from www.researchgate.net/ publication/324830361_Accountable_Talk_Instructional_dial

ogue_that_builds_the_mind, p. 19.

29. Chambers, A. (1993). *Tell me: Children, reading and talk.* Stroud, UK: Thimble Press, p. 18.

30. Ciardiello, A. V., & Cicchelli, T. (1994). The effects of instructional training models and content knowledge on student questioning in social studies. *Journal of Social Studies Research, 19,* 30-37.

31. Beck, I., & McKeown, M. G. (2002). Questioning the author: Ma king sense of social studies. *Reading and Writing in the Content Areas, 60*(3), 44-47. Retrieved from www.reading rockets.org/content/pdfs/ASCD_358_1.pdf. See also www. readingrockets.org/strategies/question_the_author.

32. Joseph, L. M., Alber-Morgan, S., Cullen, J., & Rouse, C. (2016). The effects of self-questioning on reading comprehension: A literature review. *Reading & Writing Quarterly, 32*(2), 152-173. doi:10.1080/10573569.2014.891449.

33. Pressley, M., Wood, E., Woloshyn, V. E. Martin, V., King, A., & Menke, D. (1992). Encouraging mindful use of prior knowledge: Attempting to construct explanatory answers facilitates learning. *Educational Psychologist, 21*(1), 91-109.

34. 웹사이트 www.corndancer.com/tunes/tunes_print/soccirc.pdf 참조.

35. Graham, S., Liu, X., Aitken, A., Ng, C., Bartlett, B., Harris, K., & Holzapfel, J. (2017). Effectiveness of literacy programs balancing reading and writing instruction: A meta-analysis. *Reading Research Quarterly, 53*(3), 279–304. doi:10.1002/rrq.194; Graham, S., & Hebert, M. (2011). Writing to read: A meta-analysis of the impact of writing and writing instruction on reading. *Harvard Educational Review, 81*(4), 710–744. doi:10.17763/haer.81.4.t2k0m13756113566.

36. Reading Rockets (2019). List-group-label. Retrieved from www.readingrockets.org/strategies/list_group_label.

37. Graham, S., & Hebert, M. A. (2010). *Writing to read: Evidence for how writing can improve reading. A Carnegie Corporation time to act report.* Washington, DC: Alliance for Excellent Education, p. 23.

38. Rinehart, S. D., Stahl, S. A., & Erickson, L. G. (1986). Some effects of summarization training on reading and studying. *Reading Research Quarterly, 21,* 422–438.

39. Graham, S., & Hebert, M. A. (2010). *Writing to read: Evidence for how writing can improve reading. A Carnegie Corporation time to act report.* Washington, DC: Alliance for Excellent Education.

40. Department for Education (2013). *Science programmes of study: Key stages 1 and 2: National curriculum in England.* London: Department for Education.

# VIII. 다음 단계

나는 레베카와 함께 학교 도서관에서 잠시 앉아 쉬고 있었다.

기나긴 가을날 끝자락 무렵, 나는 레베카에게 삶의 활력을 불어 넣어 주기 위해서 읽고 싶던 책이 있으면 한번 읽어 보라고 슬쩍 권유했다.

축 처진 모습으로 책상에 털썩 주저앉은 레베카는 그저 찢어진 교복 소매를 습관처럼 만지작거릴 뿐이었다. 레베카는 나의 열의와 집요한 태도에 일절 반응하지 않다가 이내 "그런데요. 선생님, 저는 독서를 싫어해요(I hate reading)!"라고 겨우 한마디 했다.

교사로서 수년을 지냈던 나는 이런 이야기를 들을 때마다 즉각 반박하고는 했다. 하지만 레베카의 솔직하지만 한편으론 착잡한 말을 듣고 독서가 왜 필요하며, 우리의 삶에 얼마나 많은 세상을 보여 주는지에 대한 이야기를 꺼내지 못했다.

레베카가 툭 내뱉은 "저는 독서를 싫어해요."라는 말은 주변에서 흔히 들을 수 있는, 날카롭지만 솔직한 분노를 표출한 것에 불과하다. 게으른 십대의 반항은 절대 아니었다. 레베카는 매일 학교에 와서 읽기와 수없이 씨름하면서 크고 작은 상처를 많이 입었다. 모든 챕터, 연습 문제, 교사의 설명과 교실에서 이루어지는 토론들은 레베카에게 읽기가 얼마나 어려운 일인지 계속 상기시키는 일이었다. 그녀는 남들에게 보이지 않는 곳에서 혼자 매번 힘들어하고, 의문을 던지고, 잊어버리기를 반복했을 것이다.

성공의 희열을 경험하지 못한 레베카의 학교생활과 읽기 태도는 시간이 지날수록 당연히 학업 실패로 이어질 수밖에 없다. 나의 열정만으로는 레베카의 상실감을 보상해 주지 못할뿐더러 읽기를 쉽고 자연스럽고 즐거운 행위로 느끼게 하는 필수적인 지식과 기술을 주지도 못한다.

나는 늘 마음속에 품고 있던 독서의 중요성에 대한 이야기를 한마디도 하지 않았다. 대신에 학교 도서관에서 조용한 수업을 시작하듯, 잠들기 전 내 자식들에게 책을 읽어 주듯, 레베카에게 책을 읽어 주기 시작하였다. 레베카는 가만히 앉아서 듣기 시작했다.

몇 분 후, 레베카는 허리를 세우고 바르게 앉았다. 소매를 만지작거리던 손동작을 멈추고 책을 펴서 읽기 시작하였다.


## ◖ 읽기 격차 해소의 중요성

교사들이 하는 대부분의 일들이 중요하지만 읽기 지도는 특히 중요하다. 이는 어린아이들이 첫 소리를 낼 수 있도록 돕는 일이나 10대들이 어려운 책을 읽도록 돕는 일을 모두 포함한다.

레베카 같은 학생들이 유창하게, 폭넓은 지식을 쌓으면서 전략적으로 읽지 못한다면 우리가 아무리 최고의 교육과정을 계획하여 제공한다고 해도 그들은 받아들이지 못할 것이다. 안타까운 현실이지만 자신만의 책장이 없는 학생은 교실뿐 아니라 어디에서든 그렇지 않은 학생과의 읽기 격차를 좁히기 힘들다.

초등학교를 졸업할 무렵에도 초등학생 읽기 능력의 '표준 기대치'에 못 미치는 학생 4명 중 1명이 지금껏 읽기 실패를 경험했을 것임은 충분히 짐작 가능하다. 그리고 그들이 읽기 능력을 빠르게 향상시키지 못한다면 앞으로의 학업 성공도 불투명하다.[1]

세계적으로 저명한 아동 문학가인 캐서린 런델은 "책은 세상을 열어 주는 도구이다. 당신이 읽은 모든 책이 당신의 상상력을 크게 키워 줄 것이다."라는 유명한 말을 남겼다.[2] 허구적인 세상에서 상상력을 확장하든 또는 정보 글에서 전문적인 지식을 습득하든, 학생이 그러한 세상을 열 수 있도록 인도하는 힘은 교사가 갖고 있다.

모든 교사는 새로운 시각으로 읽기를 바라보아야 하고, 모든 학생이 봉착한 읽기의 어려움, 읽기 장벽과 기회들을 인식해야 한다. 이와 더불어 우리의 삶을 풍요롭게 하는 읽기의 커다란 잠재력을 인정하는 것이 중요하다. 대체로 이미 학교라는 경쟁 사회에서 승리한 경험이 있는 교사들은 학생이 지닌 읽기 문제를 감지하지 못하거나 감지하더라도 학교의 다른 전문가가 해결해 주길 기대할 때가 많다. 학생의 읽기 문제가 난독증 때문인지, 독해력이 부족한 탓인지를 확신하지 못할 경우, 특수 교육 코디네이터(SENCO) 또는 이와 유사한 전문가에게 이 문제를 전가하는 것이다.

이 책에서 밝혔듯이 읽기 발달과 부수적인 읽기 장벽에 대한 일반 교사의 지식은 빈약한 편이다. 그래서 읽기와 관련한 문제를 해결하고, 그 기회를 극대화하는 데에 우리의 능력이 따라주지 못 할 때가 많다. 다른 차원에서 보면 학생들의 읽기 격차는 교사의 '읽기에 대한 지식' 문제에서 비롯되기도 한다. 호주(Australia)부터 애크링턴(Accrington)에 이르기까지 이러한 격차가 전 세계적으로 문제가 되고 있다.[3] 내가 교실에서 보낸 15년이라는 시간 동안, 아이들이 가장 잘 읽는 방법에 대한 지식, 가장 효과적인 읽기 교수법에 대한 지식의 대부분은 개인적으로 읽었던 몇 가지 자료와 이 문제를 다루는 고작 몇 시간짜리 교사 연수에 의존했었다.

우리는 읽기 문제라는 진퇴양난 속에 학생을 지도하지 않은 채 방치해서는 안 된다. 이 상황을 타개하기 위해서는 교사의 지원이 필요하다. 레베카와 같은 학생들은 교사의 지원이 더욱 절실하다.

교사가 읽기를 더욱 잘 가르치고, 날마다 교실에서 읽기와 관련된 의사 결정을 현명하게 내리려면 시간과 전문성이 뒷받침되어야 한다. 그래야만 교사가 읽기의 격차를 줄이기 위한 도전을 기꺼이 할 수 있는 것이다.

# 🌓 학생들의 독해력이 향상하고 있는지 어떻게 알 수 있을까?

교실에서 읽기에 대한 지식을 실천하기 위해서는 읽기 능력을 효과적으로 평가하는 방법을 이해하는 일이 가장 중요하다.

앞서 언급한 대로 읽기 능력 평가는 어려운 일이다. 롭 코(Rob Coe) 교수의 말처럼 교실에서 평가를 시도하는 것은, 읽기 문제에 대해 '여러 번 힐끗 보기(multiple inadequate glances)'를 누적한 것이다.[4] 그러한 눈길로 학생의 다채로운 모습을 쫓는 시도는 교사가 할 수 있는 최선의 노력이자 교실에서 이루어지는 중요한 일과 중 하나이다.

교사가 의미 있는 '힐끗 보기'를 통해 얻을 수 있는 정보는 학생들의 단편적인 모습뿐이다. 하지만 읽기 평가에서 어떤 측면을 평가해야 하며, 그 결과는 무엇을 의미하는지 안다면 보다 학생에게 유의미한 정보를 제공할 수 있다.

우리는 다음과 같은 질문을 통해 제3장에서 다룬 단어 읽기에 중요한 음소 인식 능력을 진단할 수 있다.

① **음소 일치(phonemic matching)**

같은 소리로 시작하는 단어를 구별할 수 있는가?
예를 들어 'fat'과 'fact'를 구분할 수 있는가?

② **음소 변형(phoneme manipulation)**

단어에 있는 특정 소리를 바꾸거나 위치 변경을 할 수 있는가?
예를 들어 'black'에서 'b'를 삭제하고 'lack'을 말할 수 있는가?

### ③ 음소 합성(phoneme blending)

'sh-o-p'는 조합하여 샵(shop)으로 발음한다.

### ④ 음소 분할(phoneme segmentation)

음소 합성과 반대로 단어를 음소별로 나누어서 발음한다.
예를 들어 'street'는 's - t - r - ee - t'가 된다.

읽기 유창성 및 읽기 속도 평가는 '다차원적 유창성 척도'(부록 참고) 등을 사용하면 몇 분 이내로 평가가 가능하다. 읽기 유창성은 단어 학습과 독해 사이의 가교 역할을 하므로 읽기 능력을 진단할 수 있는 유의미한 교사의 힐끗 보기가 된다. 또한 읽기 속도 평가는 단순하게 분당 읽는 단어의 수(WPM)를 기록하기 때문에 읽기 문제 및 이상 징후를 빠르게 판별할 수 있다.

반대로 '오독 분석(miscue analysis)' 평가를 실시할 수도 있다.[5] 오독 분석은 주어진 글에 대한 학생의 독해를 보다 면밀하게 분석하는 평가로, 유창성과 정확성을 동시에 파악할 수 있다. 학생의 읽는 과정을 녹화하거나 글을 읽는 동안 메모를 하도록 함으로써 우리는 그들의 읽기 능력을 더 오랫동안 '힐끗 보기'를 할 수 있게 된다.

다음과 같은 오류 양상[6] 분류표를 활용해 학생의 오독을 분석할 수 있다.

| 오류 | 기호 | 내용 |
|---|---|---|
| 생략 | $\bigcirc$ | 글을 읽으면서 생략된 단어를 동그라미로 표시한다. |
| 삽입 | ∧ | 학생이 삽입한 문장에 없는 단어를 기록한다. |
| 반복 | 밑줄 긋기 | 여러 번 잘못 읽은 단어에 밑줄을 긋는다. |
| 수정 | c | 글을 이해하기 위해서 수정해야 하는 단어들 표시한다. |
| 망설임 | / // | 조금 망설인 부분은 /로 표시하고 길게 망설인 부분은 //로 표시 한다. |
| 대체 | PILOT plot | 글에 있는 단어와 학생이 다르게 읽은 단어를 기록한다. |

특정 학생의 오독 양상을 자세히 들여다보면 복잡한 문장 구조로 읽기가 중단되는 문제와 어려운 어휘로 오독한 문제의 차이를 구별할 수 있다. 제5장에서 언급한 '속산표'처럼 100개 단어당 오독의 개수도 시간 경과에 따른 읽기 성취도를 점검할 수 있는 유용한 진단 도구이다. 뿐만 아니라 학생이 다시 읽기 또는 자기 교정하기 등의 바람직한 읽기 전략들을 사용했던 순간도 알아차릴 수 있다.

어휘 지식[7]과 추론 능력은 교실에서 간편하게 평가할 수 있는 퀴즈나 객관식 문제와 더불어 '영국 그림 어휘력 척도(British picture vocabulary scale)'나 '그림 어휘력 테스트(Peabody picture vocabulary test)와 같은 공신력 있고 표준화된 방법으로 평가할 수 있다.[8]

독해력은 복잡한 요인으로 구성되어 있어 진단 자체도 어렵기 때문에 "독해력을 진단하려는 모든 시도는 불완전할 수밖에 없다." 그럼에도 불구하고 독해력은 교육적 가치가 크기 때문에 읽기 평가는 반드시 이루어져야 한다.[9] 교사는 학생에게 글에 대한 질문을 하면서 학생의 독해 정도를 추측할 수 있다. 독해력 평가는 교실에서 간단한 퀴즈로만 확인하기보다는 더 종합적으로 평가할 수 있는 표준화된 평가 도구로 실시하는 것이 바람직하다.

교사가 직접 독해력 퀴즈를 만든다면 다음과 같은 다양한 문제 유형을 활용할 수 있다.[10]

- **선택형 문제:** 답을 선택해야 하는 문제.
  > 예) 객관식 문제, 답을 고를 수 있는 폐쇄형 문제, 참/거짓 질문.
- **구상형 문제:** 답을 전체적으로 구성해야 하는 질문.
  > 예) 개방형 질문, 단락을 구성하는 응답, 논술형 응답

두 유형의 문제 모두 각각 장단점이 있다. '선택형 문제'는 교사가 쉽게 만들 수 있으나 학생들이 문제의 답을 찍어서 맞힐 수도 있다는 단점이 있다. 반대로 '구상형 문제'는 교사가 채점을 위해 평정 척도를 개발하는 과정은 까다롭지만 학생들이 답을 맞히기 어렵고 그들의 배경 지식을 확장하여 답을 구성해야 한다는 장점이 있다.

대부분의 교사는 평가에 대한 막중한 책임을 갖고 있기 때문에 학생의 독해력의 향상 및 요구에 대하여 꽤 직관적으로 통찰할 수 있다. 하지만 학생들의 연령별 기준에서 현재 읽기 능력이 어디에 위치하는지까지 판단하려면 표준화된 평가 도구가 필요하다. 감사하게도 학교 현장에서 활용할 수 있는 공신력 있고 표준화된 읽기 평가들이 있다.

이는 다음과 같다.

- **새로운 집단 읽기 검사(NGRT, New Group Reading Test)**

  이 검사는 세부 검사로서 문장 완성(주로 해독 능력 측정) 및 지문 이해 요소를 포함한다. 다양한 연령대의 대규모 학생 집단을 대상으로 평가할 때 유용하다.

- **호더 집단 읽기 검사(Hodder group reading tests)**

  이 검사는 세부 검사로서 단어 수준, 문장 수준, 문단 수준의 독해 분석을 포함하고 있다. NGRT처럼 다양한 연령대의 대규모 학생 집단을 평가하는 데에 사용할 수 있다.

- **요크 독해력 평가(YARC, York Assessment of Reading Comprehension)**

  이 평가는 다양한 문학 및 정보 글을 통해 해독 능력과 독해력을 연령별로 평가한다. 이 평가는 전문가가 진행하는 일대일 평가이다.

- **샐포드 읽기 검사(The Salford reading test)**

  이 검사는 독해를 위한 문장 읽기가 포함되어 있으며 일대일 평가로 진행된다.

- **읽기 진단 분석(Diagnostic reading analysis)**

  이 평가는 7~16세의 고전하는 독자를 대상으로 읽기 정확도, 유창성, 속도, 독해력을 평가한다. 이 평가도 일대일 평가이다.

읽기 동기는 읽기에 도전하는 의지에 영향을 미치는 결정적인 요인으로 읽기에 고전하는 학생의 읽기 능력 향상을 견인하는 주요 지원 요소임이 입증되었다. 읽기가 취약한 독자의 경우, 대체로 낮은 읽기 동기로 인하여 읽기 행위가 이어지지 못하는 악순환에 놓여 있다. 읽기 동기의 중요성을 고려하면 읽기 동기 평가 결과를 주목할 필요가 있다. 대표적인 검사 도구로 읽기 동기 설문지가 있다.[11]

교사는 교실에서도 읽기 평가를 실시할 때마다 학생의 읽기 능력에 대한 유의미한 정보를 얻을 수 있다. 앞으로도 읽기 평가를 통해 학교 교육과정에 필요한 교수법, 교재 선정, 수업 방향을 알려 주는 유의미한 정보를 발견할 수 있을 것이다.


## ◗ 독서 문화 조성 및 읽기 교육과정 개발

비어 있는 책장 앞으로 돌아가 보자. 학생들의 책에 대한 접근성이 그토록 문제가 된다면, 이들을 위하여 교육 기획과 예산 배정의 우선순위는 수단과 방법을 가리지 않고서라도 좋은 읽기 자료들을 제공해야 하지 않겠는가?

학교에는 수많은 우선순위가 있으며 이에 대한 논의는 늘 시급한 동시에 필수적이다. 학생에게 책을 선물하고, 독서 문화를 바꾸고, 교육과정 개발을 위한 여러 혁신적인 시도들이 있었지만, 결국에는 실패하게 되는 참담한 현실을 자주 마주하곤 한다. 이러한 시도들은 노력에 비해 기대했던 성과를 거두지 못한 때가 많았다.

독서에 몰입하기, 가정과 학교에 독서 습관 형성하기, 책을 읽고 충분하게 대화 나누기는 모두 높이 평가받을 만하다. 그러나 우리의 단편적인 대책들이 학생, 학부모, 교사의 관행과 실천에 전면적인 변화를 가져다줄 것이라는 성급한 가정은 경계해야 한다. 물론 '책 선물하기(book gifting)'는 잘 알려진 접근법이지만 독서 문화 조성의 성공적인 요인으로 보기 어렵다. 무엇보다 읽기 발달은 공교육이 시작되는 시기보다 훨씬 이전에 시작된다.[12] 학생은 이미 주사위가 던져진 상태인 것이다. 뿐만 아니라 읽기에 고전하는 학생이나 학교 밖의 재정적 지원이 부족한 학생을 위하여 책을 선물할 수는 있지만, 읽기 발달에 유리한 가정환경과의 견고한 구조적인 차이(책이 가득한 책장, Wi-Fi/기술 접근성, 숙제 지원, 과외 활동 등)는 여전히 학교 차원의 읽기 격차 해소에 한계로 작용한다.

책 선물하기는 전 세계의 읽기 격차 문제에 대한 대안에서 시작했으며, 대표적으로 영국에서 실시한 '북스타트 베이비(Bookstart Baby)'라는 전국적 프로젝트가 있다. '레터박스 클럽(Letterbox Club, 가족에게 선물하는 예쁜 꾸러미라는 의미)'이라는 이름의 한 연구에서 돌봄 아동에게 책 꾸러미와 필기구 세트 등의 다양한 학습 도구가 가득 담긴 선물을 주는 실험을 했다. 이 연구에서는 학생이 처음 책 선물을 받았을 때의 즐거움 그 이상의 긍정적인 효과는 거의 나타나지 않았다고 보고했다. 이와 같은 연구 결과는 '책 선물'의 긍정적인 효과를 기대하려면 부모에게도 동시에 지원해야 한다.[13]

단순히 학생에게 또는 가족들에게 책을 주는 것만으로는 책을 잘 읽고 또 더 많이 읽게 하는 읽기 동기의 문제를 해결하지 못한다는 결론에 이른다.

'여름 방학 이후에 나타나는 학업 부진 현상(summer slide)'을 해결하기 위한 프로그램인 '여름 독서 프로그램(summer reading programmes)'에서는 책을 읽지 않은 학생이 또래보다 뒤처질 수 있다는 가능성을 보여 주었다. 이뿐만 아니라 학교에서 부모들에게 문자 메시지로 독서와 문해력 활동에 대한 안내, 독려, 제안을 하는 것만으로도 학생들의 문해력 발달에 도움이 되었다고 보고하였다.[14]

물론 부모들에게 단순히 문자 메시지를 발송하는 것도 좋지만 이 간편한 방식에 다른 지원 요소들을 결합하면 우리가 조성해야 하는 교실 속 독서 문화의 핵심인 학생들의 독서 습관 형성에 학부모들이 관심을 갖고 참여할 가능성이 높아진다. 또한 '여름 집중 읽기 프로그램(Summer Active Reading Programme)'이라고 불리는 교육기금협회(Education Endowment Foundation)의 프로젝트에는 많은 긍정적인 성과가 있었다.[15] 이 프로젝트에서는 무료 책 나눔과 두 번의 여름 행사가 있었다. 이를 통해 학생들은 독해력이 약간 상승하였다고 한다. 그런데 놀랍게도, 읽기 발달에 유리한 가정환경을 가진 학생은 책 읽기에 대한 즐거움이 향상되었으나 무료 급식(FSM)을 받는 학생, 즉 열악한 가정환경을 가진 학생들은 그렇지 않았다.

우리는 독서 문화 조성 및 교육과정 개발과 더불어 어떻게 하면 학생들의 읽기를 효과적으로 지원할 수 있을까라는 질문으로 되돌아가서 계속 성찰하고 재차 도전해야만 한다.

읽기 자료의 접근성, 읽기 동기와 성취도는 복잡한 소용돌이 속에서 작동한다. 레베카의 경우처럼 오르락내리락할 수 있다. 그렇기 때문에 더더욱 읽기 환경, 읽기 훈련, 읽기 능력을 통합한 독서 문화를 확산하기 위하여 협력적인 연대를 강화해야 한다. 이를 위해서는 다음과 같은 질문이 필요하다.

- 교실, 학교도서관, 가정에서 책에 대한 접근성을 높이기 위해 필요한 지원 요소는 무엇일까?
- 학생이 책을 더 많이 읽게 하고 그들의 읽기 능력을 향상하기 위하여 교사, 부모, 학생은 어떤 훈련을 받아야 하는가?
  예) 더욱 전략적이고 박학다식하게 읽기
- 우리가 독서 문화를 조성하고 읽기 교육과정을 개발할 때, 무엇을 기대하고, 지원받고, 보상받을 수 있을까?[16]
- 우리는 독서 문화를 어떻게 평정하고 평가할 수 있을까?
  예) 독서량, 독서 습관 변화, 교실 활동, 읽기 성취도 등

우리는 읽기 교육과정의 내용에 더 많은 관심을 갖고 다음과 같은 질문도 할 수 있다.

- 읽기 교육과정을 개발할 때, 허구적인 글과 정보 글의 적정 비율은 무엇인가?
- 읽기 교육과정을 개발할 때, 읽기 자료 선정에 있어 이독성 단계와 교육 내용의 계열성을 어떻게 결정할 것인가?

- 읽기 교육과정을 개발할 때, 글 선정, 학습 순서와 진도 점검에 대한 결정을 어떻게 할 것인가?
- 읽기 교육과정을 개발할 때, 학문적 읽기 교육과 어떻게 차별화할 것인가?

이상의 질문에 답을 얻기 위해선 학교 교사와 학교 지도자를 위한 교육이 필요하다. 그리고 우리는 교실과 학교, 더 넓은 문화와 공동체에서 독서를 발전시킬 수 있는 효과적인 접근법을 어떻게 모색할 것인가를 성찰해야 한다.

모든 학생이 성공적인 독자가 되려면 교사에게는 시간, 훈련, 도구가 필요하다. 성공적인 읽기가 학생에게 가져다주는 무궁무진한 가치를 고려할 때, 읽기 격차의 해소를 최우선 과제로 삼고 최선을 다해야 한다.

## ◖ 읽기 격차를 해소하는 학교 차원의 전략

다음 두 학교의 연구 사례는 학교 차원에서 독서 교육을 어떻게 계획하고 실천하고 있는지를 보여 주는 예다. 초등학교와 중학교는 각각 다른 차원에서 어려운 교육적 과제를 안고 있지만 읽기 격차 해소를 위한 계획을 세울 때 공통적으로 고려해야 할 요소들이 있다.

읽기를 가르치는 것도 중요하지만 결핍과 경쟁이 심한 지역에선 특히 교사가 읽기를 잘 가르치는 전문가가 되는 일은 매우 중요하다. 세인트 매튜의 초등학교는 즐거움과 성장을 읽기 경험을 제공하기 위해 글의 주제 지식(subject knowledge)의 개발을 위해 노력했으며, 즐거움과 성장이라는 두 목적의 균형을 유지하기로 결심했다. 사실 이 두 목표 중에 어느 하나를 버리면 읽기의 본질이 사라지는 것이므로 두 목표에 대한 신중한 접근이 읽기 지도의 성공을 이끌었다고 볼 수 있다.

즐거움을 위한 읽기 활동은 학교의 두근대는 심장 역할을 했다. 즐거움을 위한 읽기 활동이 상호적, 개인적, 사회적으로 매일 잘 이루어지도록 교육과정 시간을 확보하고 에너지를 쏟아 부었다. 학교 교사들은 한 연구물에서 아동의 읽기 애착 발달에 지대한 영향을 준 효과적인 교수법을 특별 연수로 배우고 있다.[17] 우리 학교에서 거듭 강조하는 것은 '독자가 가르치고, 교사가 읽는' 교실 문화이다. 우리는 학교 차원에서 교사가 능숙하게 독립적 읽기를 지도할 수 있도록 지원할 때 비로소 학생을 독립적인 독자로 키우려는 교사의 의지가 강해진다는 사실을 발견했다. 학생이 책을 폭넓게, 심층적으로 읽도록 노력하려는 교사의 의지는 더욱 강해졌다.

우리 학교의 환경과 교실의 읽기 공간은 즐거움을 위한 읽기의 가치와 목적을 드러내는 분위기로 조성했다. 교사의 '도덕적 의무'를 반드시 실천하기 위해 학교 개선 계획(SIP)에 즐거움을 위한 읽기를 의도적으로 명시하였다. 이는 우리 학교만의 약속을 공식적으로 선언한 것이며 우리 학교를 지탱하는 역할을 했다.

즐거움을 위한 읽기의 위상은 읽기의 지식 및 기술을 가르치는 우리의 명시적이고 정교한 접근 방식과 완전히 일치한다.[18] 그리고 우리는 광범위한 연구 결과를 바탕으로 읽기를 잘 가르치기 위해 배우고 이를 전체 학급 교사들과 공유하였으며, 독자적인 전략을 개발하여 수업에 적용할 수 있도록 철저하게 훈련받았다.[19] 이러한 훈련은 교실에서의 언어 이해 및 단어 인지를 지도하는 데에 활용된다.

학급 전체 읽기에 대한 지도법은 더그 레모프(Doug Lemov)의 '꼼꼼히 읽기(close-reading)' 전략에 기초한다. 이틀 동안 진행하는 레모프의 워크숍에 참석 후, 교사들은 그의 저서 『읽기를 다시 생각하다(Reading Reconsidered)』에 정리된 모든 전략을 실행할 수 있도록 훈련을 받았다.[20] 이 워크숍에서는 꼼꼼히 읽기 전략뿐 아니라 단어를 가르치는 방법과 이를 교육과정 전체에 반영하고 적용하는 것까지도 엄격하게 훈련받았다.

이러한 교사 훈련은 학교 교육과정 전반에 변화를 가져왔다. 각 교과목에 맞는 읽기 방법을 지도하면서부터 학생은 배운 대로 배경 지식을 열정적으로 개발해 나갔으며 가정에서 책을 읽거나 읽은 책을 수업에 다시 가져와서 참고하는 학생도 있었다. 그 뿐만 아니라 라틴어 '공부에 도움이 되는 단어의 어원 및 어형을 조사하고 기록하기 위해 열심히 단어장을 활용하기도 했다.

즐거움과 성장의 균형을 위한 의도적인 읽기 교육의 효과를 학생 성취도 평가 및 설문 조사로 측정한 결과, 학생들은 온갖 종류의 책 읽기를 선호하게 되었다고 하였다.

---

### ● 연구 사례 2 ●
### 세인트 메리 가톨릭 아카데미(St Mary's Catholic Academy)의
### 문학 정전 읽기 – 블랙풀(Blackpool)의 EEF 연구학교

---

우리 학교는 학교 전체적으로 읽기 교육의 문제가 부상하면서부터 본격화되었다. 중간 관리자들과 함께 우리 학교 학생의 학업성취도 및 읽기 연령 자료를 면밀하게 분석하고 토론한 결과, 학생들의 독서의 양과 빈도를 늘리고 읽기 교육의 효과를 증대해야 한다는 결론을 내렸다.

세인트 메리 가톨릭 아카데미에서는 정기적인 읽기 시간과 구체적인 단어 교수를 통합하는 방식으로 언어 발달에 있어 신중하고 계획적인 지도를 하고 있다. 우리는 학생이 학교 교육과정을 성공적으로 마치려면 읽기 능력이 중요한 열쇠라는 점을 인지하고 있기 때문에 학교 전체 학생이 유창성과 독해력을 갖출 수 있도록 최선을 다하고 있다.

학생에게 더 자주 책을 읽으라고 권장하기보다는 학교 수업시간에 책을 읽는 시간을 정기적으로 확보하여 '문학적 지식'을 쌓을 수 있는 책을 읽게 하였다.

정기적으로 책 읽는 시간을 제공하기 위해 수업 일정을 조정하고 학교 시간표에는 일주일에 4번, 오후에 30분씩 독서 시간을 마련하였다. 이 시간 동안 학생들은 『세인트 메리의 문학 정전』 중 한 권을 선택해서 읽는다. 정전에 속한 다소 어려운 글들은 다양한 장르, 문화, 시대를 아우르며 여러 주제와 핵심 아이디어들을 다루고 있다.

독서 시간에는 전문 강사가 혼합 성취 그룹(mixed-attainment form group)을 대상으로 진행하였으며, 계속적 전문성 개발(CPD, continuing professional development) 시간에는 전 교직원에게 교사 주도 읽기 및 짝지어 읽기 등의 다양한 읽기 전략을 소개하는 시간을 가진다. 읽기 프로그램이 진행되면서 CPD 시간에는 독서 습관 형성에 대한 모범 사례를 공유한다. 정기적인 독서 시간에는 전 직원들이 동료를 관찰할 수 있는 기회가 주어진다.

'책 안내자(book leads)'로 임명된 직원은 문학 정전을 읽은 뒤 읽기 자료(직원과 학생을 위해 배경 지식을 정리한 자료)를 개발하고 전문 강사와 함께 CPD를 이끄는 역할을 담당한다. 증거에 기반하여 운영되는 CPD 자료에서 알 수 있듯이, 이 시간은 지속적이고 반복적이며 교사들은 나름의 방식으로 전문 강사보다 책 읽기 면에서 훨씬 앞서 있게 된다.

배경 지식을 정리하는 사람은 함께 정한 방식을 따라야 한다. 교직원을 위하여 장별로 요약하고 추천받은 토론 질문과 학생들을 위한 어휘 목록, 참고용 읽기 자료를 포함하여 정리해야 한다. 참고용 읽기 자료는 문자 메시지를 통해 부모에게 전달되며 그들의 자녀가 읽고 있는 문학 작품명과 자녀와의 토론을 위한 추천 질문들도 함께 매주 공지한다.

KS3 단계의 학생들을 두 집단으로 나누어 GL 평가의 '새로운 집단 읽기 검사'를 실시한 결과, 그들의 읽기 점수가 '전국 평균'에서 '상당히 높은' 수준으로 이동했음을 보여 주었다는 점에서 조기의 경과는 매우 만족스럽다.

이상에서 살펴본 학교의 핵심적인 읽기 교육적 요소를 잠시 생각해 보자. 각 학교 환경이 어떻게 비슷하거나 다른지, 그리고 우리 학교에 긍정적인 변화를 주려면 어떤 지원 요소가 필요한지도 생각해 보자.

몇몇 학교들은 어떤 형태의 읽기 교육도 실천하고 있지 않지만, 위와 같은 학교 사례에서 보여 준 독서 계획은 우리가 속한 학교의 맥락에서 독서 교육을 성찰하는 데에 도움이 된다.

## ◖ 읽기의 힘

지금부터는 읽기의 위력을 격찬하며 이 책을 마무리하는 것이 적절할 듯싶다.

지난 5,000년 동안 읽기는 우리 삶의 방식에 변화를 가져왔고 보다 인간다운 삶을 살 수 있는 수단을 제공하였다. 읽기는 사고를 자유롭게 하고, 마음을 고양시키며, 학교에서의 성공으로 약속된 미래의 관문을 열어 주는 힘을 지닌 행위로 널리 수용되고 있다. 또한 많은 이에게는 마음 깊숙이 간직한 열정이기도 하다.

읽기의 역사를 살펴보기만 해도 읽기의 힘을 누구나 인정할 수밖에 없을 것이다. 칼리굴라(Caligula)가 호머(Homer)의 책 불태우기, 악명 높은 히틀러(Hitler)의 책을 불태우기, 크리스탈나흐트(Kristallnacht)의 악행 등 역사의 어두운 구석에 존재하는 독재자들에 얽힌 이야기는 읽기가 심신의 권력과 자유를 가져다준다는 사실을 일깨워 준다. 더불어 읽기의 접근성에 따라 취약함이 드러난다는 사실도 깨닫게 된다.

만일 우리가 읽기의 중요성을 잊는다면 이 책의 서두에서 언급했던 과거에는 노예였지만 훗날 위대한 정치가이자 작가가 된 프레더릭 더글러스(Frederick Douglass)의 말로 되돌아가야 한다. "읽는 법을 배우는 순간, 당신은 영원히 자유로울 수 있다."

글 읽기를 배우려고 고군분투했던 더글러스와 함께 나의 의식 속에 깊은 영감을 준 한 사람의 이야기가 있다. 미국에서 노예 신분으로 인권을 유린당했던 오클라호마(Oklahoma)의 독 다니엘 다우니(Doc Daniel Dowdy)가 들려준, 자신의 동료인 노예들이 고통 받았던 잔혹한 이야기다. "우리는 읽기와 쓰기를 배우다가 처음 잡히면 소가죽으로 된 채찍으로 맞았고, 다음에 또 걸리면 9개의 가닥으로 갈라진 채찍으로 맞았으며, 세 번째에는 집게손가락의 첫 마디가 잘렸다."[21] 수많은 백인은 흑인 노예들에게 글을 읽는 법을 가르쳐 주다가 붙잡혀 교수형에 처했다고 한다.

이와 같은 냉혹한 진실의 의미를 잠시 생각해 보자.

이렇게 끔찍하고 부당한 이야기는 우리를 부끄럽게도 만들지만 동시에 문식 사회(literate society)에서 살아가는 특권을 상기시켜 주기도 한다. 오늘날의 교사는 폭넓게 그리고 무탈하게 책을 읽을 귀중한 기회를 갖고 있으며, 나아가 다른 이의 삶을 바꿀 기회까지 주어졌음에 겸손해야 한다. 또한 우리는 교사로서 학생의 책장뿐 아니라 교실의 책장까지 관리해야 하며, 읽기를 얼마나 잘 가르치느냐와 함께 학교 발전 계획에서 독서를 얼마나 중시하느냐가 중요하다는 사실도 깨닫게 된다.

독서와 독자들은 줄곧 다양한 모습으로 항상 위협을 받아 왔다. 1613년에 작가 겸 군인인 바나비 리치(Barnaby Rich)는 다음과 같이 말했다.

> 오늘날의 병폐 중 하나는 세상에 무수히 쏟아지는 책들이다. 세상에 책들이 너무 많다 보니 날마다 일어나는 세상의 모든 시시콜콜한 일들을 충분히 소화하지 못하고 있다.
> – F. 스톡웰(F. Stockwell)의 「정보 검색 및 저장의 역사
> (A History of Information Retrieval and Storage)」에서
> 바나비 리치(Barnaby Rich) 인용, p. 172[22]

여기서 가장 아이러니한 사실은 아마도 아이들이 수많은 책을 기술과 의지로 읽어 낸다면 오늘날 우리 시대의 병폐를 막을 수 있을 것이라는 점이다.

우리는 아직 가야할 길이 멀다. 2013년에 경제협력개발기구(OECD)가 진행한 국제 연구에 따르면, 우리 세대의 16~24세는 조부모보다 문

해력 수준이 낮다고 한다.[23] 이 결과를 통해 사회적 기동성의 실체, 학교 예산 삭감, 도서관 폐쇄로 인해 우리에게 닥쳐올 위험이 무엇을 보여 주는지 생각해 보자. 어쩌면 이것이 이 시대의 진정한 병폐가 아닐까?

레베카와 같은 학생들에게 읽기는 과거에는 결코 주어지지 않았던 선택권과 경험을 선물한다. 여기에는 눈부신 자유의 순간도 '헐리우드식 결말'도 존재하지 않는다. 대신에 우리는 읽기 능력, 읽기 접근성, 읽기 훈련에 대해 느리고 신중하게 접근하고 있다. 이와 같은 읽기에 대한 지원은 모든 학생에게 의심의 여지없이 중요하겠지만 아직은 전문성을 담보하기까지는 아직 미흡한 실정이다.

우리는 즐거움과 어떤 목적을 위하여 읽기에 열정을 가지고 그 열정을 지속시켜야 할 것이다. 또한 교과목의 핵심 개념과 공동체 문화에서 사유하고 구전된 읽기의 장점을 열정적으로 소통해야 한다. 그러나 읽기에 대한 열정을 갖고 있는 것만으로는 부족하다.

모든 교사가 읽기 전문가가 되도록 훈련시키는 것이 이 시대의 목표가 되어야 할 것이다. 그래야만 전문적인 정보에 입각해 전문가로서의 의사 결정을 내릴 수 있을 것이다. 이를 통해 교사가 갖고 있는 읽기에 대한 전문적인 지식이 양질의 읽기 교육 및 학습으로 치환될 때 학생은 엄청나게 심오한 읽기의 힘을 갖게 된다. 마지막으로 이 책에서 논의한 읽기 격차 해소를 위한 방법들 중에서 정수만 뽑아 다음과 같이 6단계로 정리하였다.

① 학생이 어떻게 '읽기 위한 학습'을 배우고 '학습 위한 읽기'로 나아가는지에 대해 전문성을 갖출 수 있도록 교사 훈련하기

② 학생이 읽기를 꾸준하게 체계적으로 배울 수 있도록 '읽기 활동이 풍성한' 교육과정을 개발하고 가르치기

③ 개별 학생의 읽기 접근성, 읽기 훈련, 읽기 능력에 중점을 두고 가르치기

④ 학생이 전략적이고 박식한 독자가 될 수 있도록 읽기 방법을 가르치고, 시범 보이고 수업 틀 만들기

⑤ 학생이 읽기 목적과 즐거움을 갖고 읽을 수 있도록 동기 부여하기

⑥ 학교 안팎의 독서 문화를 조성하고 읽기 교육과정을 장려하기

이 책에 제시한 아이디어와 통찰력에 공감하고 자신감을 얻었다면 당신은 이러한 6단계를 실행에 옮기고 아이들이 성공적인 독자가 되도록 지원할 수 있다.

이 책의 독자이자 선생님, 그리고 책을 읽는 선생님이 되어 주셔서 감사드립니다. 오래도록 자유롭게 읽을 수 있길 소망합니다.

# ◖● 주석

1. Save the Children (2014). *Read on, get on: How reading can help children escape poverty.* London: Save the Children.

2. Rundell, K. (2019). Words for life interview. Retrieved from www.wordsforlife.org.uk/katherine-rundell.

3. Fielding-Barnsley, R. (2010). Australian pre-service teachers' knowledge of phonemic awareness and phonics in the process of reading. *Australian Journal of Reading Difficulties, 15*(1), 99–110; Moats, L. (2009). Still wanted: Teachers with knowledge of language. *Journal of Reading Disabilities, 42*(5), 387–391; Hurry, J., Nunes, T., Bryant, P., & Pretzlik, U. (2005). Transforming research on phonology into teacher practice. *Research Papers in Education, 20*(2): 187–206.

4. Personal communication with author, summer 2017.

5. 웹사이트 www.excellencegateway.org.uk/content/etf1257에서 휴대용 소책자 'Excellence Gateway'를 참고할 것.

6. Adapted from Klein, C. (1993). *Diagnosing dyslexia: A guide to the assessment of adults with specific learning difficulties.* Retrieved from https://files.eric.ed.gov/fulltext/ED356398.pdf.

7. 어휘 지식 평가에 대한 자세한 내용은 알렉스 퀴글리의 저서 『어휘 격차의 해소』 8장을 참고할 것[Quigley, A. (2018). *Closing the vocabulary*

*gap.* Abingdon, UK: Routledge].

8. 교실 어휘 평가에 대한 자세한 내용은 웹사이트 Reading Rockets(www.readingrockets.org/article/classroom-vocabulary-assessment-content-areas)을 참조할 것.

9. Francis, D. J., Fletcher, J. M., Catts, H. W., & Tomblin, J. B. (2005). Dimensions affecting the assessment of reading comprehension. In S. G. Paris & S. A. Stahl (Eds.), *Children's reading comprehension and assessment* (pp. 369–394). Mahwah, NJ: Lawrence Erlbaum Associates.

10. Caldwell, J. (2008). *Comprehension assessment: A classroom guide.* New York, NY: Guilford Press.

11. 웹사이트 www.cori.umd.edu/measures/MRQ.pdf 참조.

12. Mol, S. E., & Bus, A. G. (2011). To read or not to read: A meta-analysis of print exposure from infancy to early adolescence. *Psychological Bulletin, 137*(2), 267–296

13. Roberts, J., Winter, K., & Connolly, P. (2017). The Letterbox Club book gifting intervention: Findings from a qualitative evaluation accompanying a randomised trial. *Children and Youth Services Review, 73,* 467–473.

14. Kraft, M. A., & Monti-Nussbaum, M. (2017). Can schools enable parents to prevent summer learning loss? A text-messaging field

experiment to promote literacy skills. *Annals of the American Academy of Political and Social Science, 674*(1), 85–112.

15. Maxwell, B., Connolly, P., Demack, S., O'Hare, L., Stevens, A., Clague, L., & Stiell, B. (2014). *Summer active reading programme: Evaluation report and executive summary. Project report.* London: Education Endowment Foundation.

16. Education Endowment Foundation (2018). *Putting evidence to work: A school's guide to implementation.* London: Education Endowment Foundation.

17. Cremin, T., Mottram, M., Collins, F. M., Powell, S., & Safford, K. (2014). *Building communities of engaged readers: Reading for pleasure.* Abingdon, UK: Routledge.

18. Scarborough, H. S. (2001). Connecting early language and literacy to later reading (dis)abilities: Evidence, theory, and practice. In S. Neuman & D. Dickinson (Eds.), *Handbook for research in early literacy* (pp. 97–110). New York, NY: Guilford Press.

19. Oakhill, J. V., Cain, K., & Elbro, K. (2014). *Understanding reading comprehension: A handbook.* Abingdon, UK: Routledge; Hobsbaum, A., Gamble, N., & Reedy, D. (2010). *Guided reading at key stage 2: A handbook for teaching guided reading at key stage 2.* London: Institute of Education Publications.

20. Lemov, D. (2016). *Reading reconsidered: A practical guide to*

    *rigorous literacy instruction.* San Francisco, CA: Jossey-Bass.

21. Baker, T. L., & Baker, J. P. (1996). *The WPA Oklahoma slave narratives.* Oklahoma: University of Oklahoma Press, p. 129.

22. Stockwell, F. (2007). *A history of information storage and retrieval.* Jefferson, NC: McFarland & Co., p. 172.

23. OECD (2013). *Survey of adult skills (PIAAC). Country notes: England and Northern Ireland.* Retrieved from www.oecd.org/skills/piaac/Country%20note%20-%20United%20Kingdom.pdf

# 부록

## ● 이름, 다차원적 유창성 루브릭[1]

| | 1 | 2 | 3 | 4 |
|---|---|---|---|---|
| **표현력 및 성량** | 단어를 겨우 입 밖에 내는 것처럼 조용한 목소리로 읽는다. 글을 자연스럽게 읽으려는 시도조차 거의 하지 않는다. | 조용한 목소리로 읽는다. 글의 어떤 부분에서만 자연스럽게 읽지만 여전히 다른 부분은 자연스럽게 읽지 않는다. | 전반적으로 표현력과 성량이 적절하다. 대부분을 자연스럽게 읽지만, 그렇지 못하는 부분도 있다. | 표현력과 성량에 적절하게 변화를 주면서 읽는다. 글 내용을 해석하여 적절한 성량으로 자연스럽게 읽는다. |
| **끊어 읽기** | 단조로운 어조로 자주 단어를 하나씩 끊어 읽는다. | 2~3개 단어를 묶어 구 단위로 끊어 읽고, 문장 혹은 절 끝에서 적절한 강세와 억양을 주지 못한다. | 보통 적절히 끊어 읽지만 문장 중간에 쉬거나 머뭇거림이 혼재되기도 한다. 강세와 억양으로 어느 정도 조절하며 읽는다. | 문장 혹은 절 끝에서 적절한 강세와 억양을 주면서 읽는다. |

| | 1 | 2 | 3 | 4 |
|---|---|---|---|---|
| **부드러움** | 자주 긴 휴지를 두거나 머뭇거리고, 처음부터 단어나 어구를 잘못 읽고 반복한다. 동일한 구절을 읽기 위해 여러 번 시도가 필요하다. | 어려운 부분에서 자주 멈추거나 머뭇거리며 읽는다. 글을 읽다가 '어려운 부분'이 꽤 있다. | 부드러운 느낌이 자주 끊기는 특정 부분이 있다. 특정 단어 또는 문장 구조를 어려워한다. | 적절한 휴지를 두어 매끄럽게 읽으며, 어려운 단어나 문장은 틀리더라도 스스로 교정하며 읽는다. |
| **속도** | 천천히 읽고 힘들게 읽는다. | 다소 천천히 읽는다. | 빠르게 읽다가 천천히 읽기도 하는 등 읽는 속도가 고르지 않다. | 읽는 내내 대화하듯이 읽는다. |

10점 이상의 점수를 받았다면, 읽기 유창성이 잘 발달한 수준이다.
점수(          )

## 🔴 주석

1. Adapted from Zutell, J., & Rasinski, T. V. (1991). Training teachers to attend to their students' oral reading fluency. *Theory to Practice, 30*, 211-217.

| 모음 | | 자음 | |
|---|---|---|---|
| 국제음성기호/<br>소리 | 예시 | 국제음성기호/<br>소리 | 예시 |
| /iː/ (ee) | Seat, green, tree, relief | /p/ (p) | Pull, stop, apple |
| /i/ (i) | Sit, grin, fish | /b/ (b) | Bet, about, beer |
| /ʊ/ (short oo) | Good, foot, pull | /h/ (h) | Hot, head, heart |
| /uː/ (long oo) | Food, rule, shoe | /f/ (f) | Four, food, fish |
| /e/ (e) | Head, bet, said | /v/ (v) | Observer, vow, vote |
| /ə/ (uh) | Teacher, observer, about | /m/ (m) | Money, lamb, my |
| /ɜː/ (er) | Girl, nurse, earth | /t/ (t) | Tree, stop, want |
| /ɔː/ (or) | Walk, door, four | /d/ (d) | Door, food, huddle |
| /a/ (a) | Had, lamb, apple | /n/ (n) | Grin, green, nurse |
| /ʌ/ (u) | Cup, love, money | /θ/ (th) | Earth, thigh, throw (unvoiced) |
| /aː/ (ar/ah) | Heart, dark, fast | /d/ (th) | They, there, bathe (voiced) |
| /ɒ/ (o) | Hot, stop, want | /ŋ/ (ng) | Sing, English, drank |

| 모음 | | 자음 | |
|---|---|---|---|
| 국제음성기호/소리 | 예시 | 국제음성기호/소리 | 예시 |
| **Diphthongs** | | /tʃ/ (ch) | Tea<u>ch</u>er, <u>ch</u>air, <u>ch</u>oice |
| /ɪə/ (eer) | Y<u>ear</u>, b<u>eer</u>, <u>ear</u> | /dʒ/ (j) | <u>J</u>oke, <u>j</u>oy, loun<u>ge</u>, ri<u>dge</u> |
| /eə/ (air) | Ch<u>air</u>, wh<u>ere</u>, th<u>ere</u> | /r/ (r) | <u>R</u>ule, g<u>r</u>in, t<u>r</u>ee |
| /əʊ/ (oh) | J<u>o</u>ke, v<u>o</u>te, thr<u>ow</u> | /s/ (s) | <u>S</u>top, <u>s</u>ince, <u>c</u>ity, <u>ps</u>eudonym |
| /aʊ/ (ow) | V<u>ow</u>, l<u>ou</u>nge, <u>ou</u>t | /z/ (z) | Ob<u>s</u>erve, noi<u>s</u>e, Pre<u>s</u>ident |
| /eɪ/ (ay) | Th<u>ey</u>, b<u>a</u>the, w<u>ay</u> | /l/ (l) | Pu<u>ll</u>, <u>l</u>ove, ru<u>l</u>e |
| /aɪ/ (igh) | Th<u>igh</u>, d<u>i</u>ce, m<u>y</u> | /ʃ/ (sh) | <u>Sh</u>oe, fi<u>sh</u>, <u>s</u>ure, Pollu<u>ti</u>on |
| /ɔɪ/ (oi) | J<u>oy</u>, n<u>oi</u>se, ch<u>oi</u>ce | /ʒ/ (zh) | Ca<u>s</u>ual, mea<u>s</u>ure, Plea<u>s</u>ure |
| | | /w/ (w) | <u>W</u>ant, <u>w</u>ay, <u>wh</u>ere |
| | | /k/ (k) | Wal<u>k</u>, dar<u>k</u>, <u>c</u>up, pla<u>que</u> |
| | | /g/ (g) | <u>G</u>reen, g<u>r</u>in, g<u>r</u>l |
| | | /j/ (y) | <u>Y</u>ear, <u>y</u>es, <u>y</u>ellow |

# 참고문헌

Adler, M. J., & Doren, C. V. (2014). *How to read a book: The classic guide to intelligent reading.* New York, NY: Simon & Schuster.

Alexander, J., & Jarman, R. (2018). The pleasures of reading non-fi ction. *Literacy, 52*(2). https://doi.org/10.1111/lit.12152.

Allington, R. L. (2014). How reading volume affects both reading fluency and reading achievement. *International Electronic Journal of Elementary Education, 7*(1), 13–26.

Alloway, T. P., Williams S., Jones, B., & Cochrane, F. (2014). Exploring the impact of television watching on vocabulary skills in toddlers. *Early Childhood Education Journal, 42*(5), 343–349.

Amzil, A. (2014). The effect of a metacognitive intervention on college students' reading performance and metacognitive skills. *Journal of Educational and Developmental Psychology, 4*(1), 27–45.

Ann Evans, M., & Saint-Aubin, J. (2005). What children are looking at during shared storybook reading: Evidence from eye movem ent monitoring. *Psychological Science, 16*(11), 913–920. https://doi.org/10.1111/j.1467-9280.2005.01636.x.

AQA (2016). Making questions clear: GCSE science exams from 201 8. Retrieved from https://filestore.aqa.org.uk/resources/ scien ce/AQA-GCSE-SCIENCE-QUESTIONS-CLEAR.PDF.

AQA (2016), Our exams explained: GCSE science exams from Sum mer 2018. Retrieved from https://filestore.aqa.org.uk/resource s/science/AQA-GCSE-SCIENCE-EXAMSEXPLAINED.PDF.

Bacon, F. (n.d.). Of studies. In *Essays of Francis Bacon*. Retrieved fr om www.authorama.com/essays-of-francis-bacon-50.html.

Baines, L. (1996). From page to screen: When a novel is interpreted for film, what gets lost in the translation? *Journal of Adolescent & Adult Literacy, 39*(8), 612–622.

Baker, T. L., & Baker, J. P. (1996). *The WPA Oklahoma slave narratives.* Oklahoma: University of Oklahoma Press.

Barton, S. B., & Sanford A. J. (1993). A case study of anomaly detection: Shallow semantic processing and cohesion establishment. *Memory and Cognition, 21*(4), 477–487.

BBC News (2019). Mr Greedy 'almost as hard to read' as Steinbeck Classics. Retrieved from www.bbc.co.uk/news/uk-47426551.

Beck, I., & McKeown, M. G. (2002). Questioning the author: Making sense of social studies. *Reading and Writing in the Content Areas, 60*(3), 44–47.

Beck, I., McKeown, M., & Kucan, L. (2002). *Bringing words to life.*

New York, NY: Guilford Press.

Beck, I., & Sandora, C. (2016). *Illuminating comprehension and close reading.* New York, NY: Guilford Press.

Bergman, J. (2012). *Hitler and the Nazi Darwinian worldview: How the Nazi eugenic crusade for a superior race caused the greatest Holocaust in world history.* Ontario, Canada: Joshua Press.

Best, R. M., Floyd, R. G., & Mcnamara, D. S. (2008). Differential competencies contributing to children's comprehension of narrative and expository texts. *Reading Psychology, 29*(2), 137–164. doi:10.1080/02702710801963951.

Biber, D., & Gray, B. (2016). *Grammatical complexity in academic English.* Cambridge, UK: Cambridge University Press.

Biemiller, A. (2000). Teaching vocabulary. *American Educator,* Spring, 24–28.

Blythe, H., & Joseph, H. S. S. (2011). Children's eye movements during reading. In S. P. Liversedge, I. Gilchrist, & S. Everling (Eds.), *The Oxford handbook of eye movements* (pp. 643–662). Oxford: Oxford University Press.

Booker, C. (2004). Seven basic plots: *Why we tell stories.* New York, NY: Continuum Books.

Breadmore, H., Vardy, E. J., Cunningham, A. J., Kwok, R. K. W., & Carroll, J. M. (2019). *Literacy development: A review of the evidence.*

Retrieved from https://educationendowmentfoundation.org.uk /public/files/Literacy_Development_Evidence_Review.pdf.

Bromley, K. (2007). Nine things every teacher should know about words and vocabulary instruction. *Journal of Adolescent & Adult Literacy, 50*(7), 528–537.

Brown, L. T., Mohr, K. A. J., Wilcox, B. R., & Barrett, T. S. (2018). The effects of dyad reading and text difficulty on third-graders' reading achievement. *Journal of Educational Research, 111*(5), 541–553. doi:10.1080/00220671.2017.1310711.

Bryce, N. (2011). Meeting the reading challenges of science textbooks in the primary grades. *The Reading Teacher, 64*(7), 474–485.

Brysbaert, M. (2019). *How many words do we read per minute? A review and meta-analysis of reading rate.* https://doi.org/10. 31234/osf.io /xynwg.PsyArXiv preprint.

Burns, M. K., Appleton, J. J., & Stehouwer, J. D. (2005). Meta-analytic review of responsiveness-to-intervention research: Examining field-based and research-implemented models. *Journal of Psychoeducational Assessment, 23*, 381–394.

Butler, S., Urrutia, K., Buenger, A., Gonzalez, N., Hunt, M., & Eisenhart, C. (2010). *A review of the current research on vocabulary instruction.* Portsmouth, NH: National Reading Technical Assistance Center.

Cain, K., & Oakhill, J. V. (1998). Comprehension skills and inference-making ability: Issues of causality. In C. Hulme & R. M. Joshi (Eds.), *Reading and spelling: Development and disorders* (pp. 329–342). Princeton, NJ: Lawrence Erlbaum Associates.

Cain, K., & Oakhill, J. V. (1999). Inference making and its relation to comprehension failure. *Reading and Writing, 11,* 489–503.

Cain, K., & Oakhill, J. V. (2006). Profiles of children with specific rea ding comprehension difficulties. *British Journal of Educational Psychology, 76*(4), 683–696. https://doi.org/10.1348/00070990 5X 67610.

Cain, K., & Oakhill, J. V. (2007). Reading comprehension difficulties: Correlates, causes and consequences. In K. Cain & J. V. Oakhill (Eds.), *Children's comprehension problems in oral and written language* (pp. 41–76). New York, NY: Guilford Press.

Cain, K., Oakhill, J. V., Barnes, M. A., & Bryant, P. E. (2001). Comprehension skill, inference-making ability, and their relation to knowledge. *Memory & Cognition, 29,* 850–859.

Cain, K., Oakhill, J. V., & Elbro, C. (2003). The ability to learn new word meanings from context by school-age children with and without language comprehension difficulties. *Journal of Child Language, 30,* 681–694.

Cain, K., & Towse, A. S. (2008). To get hold of the wrong end of the stick: Reasons for poor idiom understanding in children with re ading comprehension difficulties. *Journal of Speech, Languag e, and Hearing Research, 51*(6), 1538–1549. https://doi.org/1 0.1044/1092–4388(2008/07-0269.

Cain, S. (2018). Nearly 130 public libraries closed across Britain in the last year. *Guardian.* Retrieved from www.theguardian. com /books/2018/dec/07/nearly-130-public-libraries-closed-acr oss-britain-in-the-last-year.

Caldwell, J. (2008). *Comprehension assessment: A classroom guide.* New York, NY: Guilford Press.

Camden, B. (2017). Single textbook approved for maths mastery teaching. *Schools Week,* 21 July. Retrieved from https://school sweek.co.uk/single-textbook-approved-for-maths-mastery-t eaching.

Cameron, S. (2009). *Teaching reading comprehension strategies.* New Zealand: Pearson.

Carrier, S. J. (2011). *Effective strategies for teaching science vocabu-lary.* UNC-Chapel Hill, NC, LEARN North Carolina. Retrieved fro m www.learnnc.org/lp/pages/7079.

Carver, R. (1992). Reading rate: Theory, research, and practical implications. *Journal of Reading, 36*(2), 84–95. Retrieved from www.jstor.org/stable/40016440.

Castles, A., Rastle, K., & Nation, K. (2018). Ending the reading wars: Reading acquisition from novice to expert. *Psychological Science* in the *Public Interest, 19,* 5–51. doi:10.1177/1529100618772271.

Centre for Literacy in Primary Education (2019). *Reflecting realities: A survey of ethnic representation within UK children's literature 2018.* Retrieved from https://clpe.org.uk/publications-and-boo kpacks/reflecting-realities/reflecting-realities-survey-ethnic-r epresentation.

Cesi, S. J., & Papierno, P. B. (2005). The rhetoric and reality of gap closing: When the 'have nots' gain but the 'haves' gain even mo re. *American Psychologist, 60*(2), 149–160.

Chall, J. S., Jacobs, V. A., & Baldwin, L. E. (1990). The reading crisis: *Why poor children fall behind.* Cambridge, MA: Harvard Univer sity Press.

Chambers, A. (1993). *Tell me: Children, reading and talk.* Stroud, UK: Thimble Press.

Chapman, J., Tunmer, W., & Prochnow, J. (2000). Early reading-related skills and performance, reading self-concept, and the development of academic self-concept: A longitudinal study. *Journal of Educational Psychology, 92,* 703–708. doi:10.1037/0 022-0663.92.4.703.

Chard D. J., Vaughn S., & Tyler B. -J. (2002). A synthesis of research on effective interventions for building reading fluency with elementary students with learning disabilities. *Journal of Learning Disabilities, 35*(5), 386–406.

Chen, X., & Meurers, D. (2018). Word frequency and readability: Predicting the text-level readability with a lexical-level attribute. *Journal of Research in Reading, 41*(3), 486–510.

Ciardiello, A. V., & Cicchelli T. (1994). The effects of instructional training models and content knowledge on student questioning in social studies. *Journal of Social Studies Research, 19,* 30–37.

Clark, C., & Picton, I. (2018). *Book ownership, literacy engagement and mental wellbeing.* London: National Literacy Trust.

Clarke, P. J., Snowling, M. J., Truelove, E., & Hulme, C. (2010). Ameliorating children's reading comprehension difficulties: A randomised controlled trial. *Psychological Science, 21,* 1106–1116. doi:10.1177/0956797610375449.

Clarke P. J., Truelove E., Hulme C., & Snowling M. J. (2013). *Developing reading comprehension.* Chichester, UK: John Wiley & Sons.

Clarke, R. (2018). *The 2018 KS2 reading SATs: Expert analysis.* Retrieved from https://freedomtoteach.collins.co.uk/the-2018-ks2-reading-sats-expert-analysis.

Clemens, N. H., Ragan, K., & Widales-Benitez, O. (2016). Reading difficulties in young children: Beyond basic early literacy skills. *Policy Insights from the Behavioral and Brain Sciences, 3*(2), 177–184.

Conti, G. (2016). *Eleven low-preparation/high-impact tips for enh ancing reading tasks.* Retrieved from https://bit.ly/2KUPjft.

Counsell, C. (2004). *History in practice: History and literacy in Y7 – building the lesson around the text.* London: Hodder Murray.

Counsell, C., Fordham, M., Foster, R., & Burn, K. (2016). *Teaching History: Scales of Planning Edition, 162,* March.

Counsell, C., Fordham, M., Foster, R., & Burn, K. (2016). *Teaching History: Excited and Carry On Edition, 163,* June.

Counsell, C. (2018). *Senior curriculum leadership 1: The indirect m anifestation of knowledge: (A) curriculum as narrative.* Retriev ed from https://thedignityofthethingblog.wordpress. com.

Coxhead, A. (2000). A new academic word list. *TESOL Quarterly, 34*(2), 213-238.

Crawford, H. (2017). *Oxford international primary history: Workbook 2.* Oxford: Oxford University Press.

Cremin, T., Mottram, M., Bearne, E., & Goodwin, P. (2008). Exploring teachers' knowledge of children's literature. *Cambridge Journal of Education, 38*(4), 449-464.

Cremin, T., Mottram, M., Bearne, E., & Goodwin, P. (2008). Primary teachers as readers. *English in Education, 41*(1), 8-23.

Cremin, T., Mottram, M., Collins, F. M., Powell, S., & Safford, K.

(2014). *Building communities of engaged readers: Reading for pleasure.* Abingdon, UK: Routledge.

Crystal, D. (2007). *Words, words, words.* New York, NY: Oxford University Press.

Cunningham, A. E., & Stanovich, K. E. (1998). What reading does for the mind. *American Educator, 22,* 8-15.

Dahl, R. (2001). *The witches.* London: Puffin Books.

Davis, M. H., McPartland, J. M., Pryseski, C., & Kim, E. (2018). The effects of coaching on English teachers' reading instruction practices and adolescent students' reading comprehension. *Literacy Research and Instruction, 57*(3), 255-275. doi:10.1080/ 19388071.2018.1453897.

Dawson, N., Rastle, K., & Ricketts, J. (2018). Morphological effects in visual word recognition: Children, adolescents, and adults. *Journal of Experimental Psychology: Learning, memory and cognition, 44*(4), 645-654.

de Glopper, K., & Swanborn, M. S. L. (1999). Incidental word learning while reading: A meta-analysis. *Review of Educational Research, 69*(3), 261-285. https://doi.org/(...)02/0034654306 9003261.

Delgado, P., Vargas, C., Ackerman, R., & Salmeron L. (2018). Don't throw away your printed books: A meta-analysis on the effects of reading media on reading comprehension. *Educational Research Review, 25*, 23–38.

Department for Education (2013). *Science programmes of study: Key stages 1 and 2 – national curriculum in England.* London: Department for Education.

Department for Education (2018). *The childcare and early years survey of parents 2017.* Retrieved from https://assets.publishing.service.gov.uk/government/uploads/system/uploads/attachment_data/file/766498/Childcare_and_Early_Years_Survey_of_Parents_in_England_2018.pdf.

Department for Education (2018). *2018 key stage 1 teacher assessment exemplification: English reading – working at the expected standard.* Retrieved from https://assets.publishing.service.gov.uk/government/uploads/system/uploads/attachment_data/file/762975/2018_key_stage_1_teacher_assessment_exemplification_expected_standard.pdf.

Department for Education (2018). *2018 national curriculum assessments: Key stage 1 phonics screening check, national assessments.* Retrieved from https://assets.publishing.service.gov.uk/government/uploads/system/uploads/attachment_data/file/715823/2018_phonics_pupils_materials_standard.pdf.pdf.

Department for Education (2019). *2019 key stage 2 English reading test mark schemes Reading answer booklet.* Retrieved from https://assets.publishing.service.gov.uk/government/uploads /system/uploads/attachment_data/file/803889/STA198212e_ 2019_ks2_English_reading_Mark_schemes.pdf.

Department for Education (2019). *National curriculum assessments at key stage 2 in England, 2019 (interim)*. Retrieved from www.g ov.uk/government/publications/national-curriculum-assessm ents-key-stage-2-2019-interim/national-curriculum-assessm ents-at-key-stage-2-in-england-2019-interim.

Department for Education: Education Standards Research Team (2012). *Research evidence on reading for pleasure*. London: Department for Education.

Dickinson, D. K., Griffith, J. A., Golinkoff, R. M., & Hirsh-Pasek, K. (2012). How reading books fosters language development arou nd the world. *Child Development Research*. http://dx. doi.org/ 10.1155/2012/602807.

Dictionary.com (2018). Which words did English take from other languages? Retrieved from www.dictionary.com/e/borrowed- words.

Dougherty Stahl, K. A., & Bravo, M. A. (2010). Contemporary classroom vocabulary assessment for content areas. The *Reading Teacher, 63*(7), 566–578.

Dunlosky, J., & Rawson, K. A. (2012). Overconfidence produces underachievement: Inaccurate self-evaluations undermine students' learning and retention. *Learning and Instruction, 22,* 271-280. Retrieved from https://pdfs.semanticscholar.org/b0 bb/ 624eb91d713137f7a8a2a93952cf72750f29.pdf.

Eagleton, T. (2014). *How to read literature.* New Haven, CT: Yale University Press.

Education Endowment Foundation (2017). *Improving literacy in key stage 1.* London: Education Endowment Foundation.

Education Endowment Foundation (2017). *Improving literacy in key stage 2.* London: Education Endowment Foundation.

Education Endowment Foundation (2017). *Making best use of teaching assistants.* London: Education Endowment Foundation.

Education Endowment Foundation (2018). *Making best use of teaching assistants.* London: Education Endowment Foundation.

Education Endowment Foundation (2018). *Metacognition and self-regulation.* London: Education Endowment Foundation.

Education Endowment Foundation (2018). *Preparing for literacy: Improving communication, language and literacy in the early years.* London: Education Endowment Foundation.

Education Endowment Foundation (2018). *Putting evidence to work: A school's guide to implementation.* London: Education Endowment Foundation.

Education Endowment Foundation (2019). *Improving literacy in secondary schools.* London: Education Endowment Foundation.

Education Endowment Foundation (2019). *Peer tutoring: Toolkit st rand.* Retrieved from https://educationendowmentfoun datio n.org.uk/evidence-summaries/teaching-learning-toolkit/pee r-tutoring.

Education Endowment Foundation (2019). *Reciprocal reading.* Retrieved from https://educationendowmentfoundation.org. uk/pdf/generate/?u=https://educationendowmentfoundation .org.uk/pdf/project/?id=956&t=EEF%20Projects&e=956&s=.

Education Endowment Foundation (2019). *Working with parents to support children's learning.* London: Education Endowment Foundation.

Ehri, L. C., & McCormick, S. (1998). Phrases of word learning: Implications for instruction with delayed and disabled readers. *Reading & Writing Quarterly, 14*(2), 135-163. doi:10.1080/ 1057356980140202.

Elleman, A. (2017). Examining the impact of inference instruction on the literal and inferential comprehension of skilled and less skilled readers: A meta-analytic review. *Journal of Educational Psychology, 109.* doi:10.1037/edu0000180.

Elliott, J. G., & Grigorenko, E. L. (2014). *The dyslexia debate.* New York, NY: Cambridge University Press.

Ellman, A. M., Lindo, E. J., Morphy, P., & Compton, D. L. (2009). The impact of vocabulary instruction on passage-level comprehension of school-age children: A meta-analysis. *Journal of Research on Educational Effectiveness, 2*(1), 1–44.

Ellroy, J. (2010). *American tabloid.* London: Windmill Books.

Eunice Kennedy Shriver National Institute of Child Health and Human Development, NIH, DHHS (2010). *What content-area teachers should know about adolescent literacy (NA).* Washington, DC: US Government Printing Office.

Evans, M. D. R., Kelly, K., Sikora, J., & Treiman D. J. (2010). Family scholarly culture and educational success: Books and schooling in 27 nations. *Research in Social Stratification and Mobility, 28*(2), 171–197.

Fang, Z., & Schleppegrell, M. J. (2010). Disciplinary literacies across content areas: Supporting secondary reading through functional language analysis. *Journal of Adolescent & Adult Literacy, 53*(7), 587–597. doi:10.1598/JAAL.53.7.6.

Ferreiro, E., & Teberosky, A. (1982). *Literacy before schooling.* Portsmouth, NH: Heinemann Educational Books.

Fielding-Barnsley, R. (2010). Australian pre-service teachers' knowledge of phonemic awareness and phonics in the process of reading. *Australian Journal of Reading Difficulties, 15*(1), 99–110.

Finkel, I., & Taylor, J. (2015). *Cuneifrom*. London: British Museum Press.

Fleming, M., Smith, P., & Worden, D. (2016). *GCSE religious studies for AQA A: GCSE Islam*. Oxford: Oxford University Press.

Foster, R. (2013). The more things change, the more they stay the same: Developing students' thinking about change and continuity. *Teaching History, 151,* 8-17.

Francis, D. J., Fletcher, J. M., Catts H. W., & Tomblin, J. B. (2005). Dimensions affecting the assessment of reading comprehension. In S. G. Paris & S. A. Stahl (Eds.), *Children's reading comprehension and assessment* (pp. 369-394). Mahwah, NJ: Lawrence Erlbaum Associates.

Fricke, S., Bowyer-Crane, C., Haley, A. J., Hulme, C., & Snowling, M. J. (2013). Efficacy of language intervention in the early years. *Journal of Child Psychology and Psychiatry, 54*(3), 280-290.

Fuentes, P. (1998). Reading comprehension in mathematics. *The Clearing House, 72*(2), 81-88. doi:10.1080/00098659809599602.

Fulmer, S. M., & Frijters, J. C. (2011). Motivation during an excessively challenging reading task: The buffering role of relative topic interest. *Journal of Experimental Education, 79*(2), 185-208.

Gamble, N. (2013). *Exploring children's literature: Reading with pleasure and purpose*. London: Sage.

Gambrell, L. B. (2011). Seven rules of engagement: What's most important to know about motivation to read. *The Reading Teacher, 65*(3), 172–178.

Gambrell, L. B. (2015). Getting students hooked on the reading habit. *The Reading Teacher, 69*(3), 259–263.

Gardner, T. (2003). Drop everything, and read! Retrieved from https://eric.ed.gov/?id=ED476414.

Gelzheiser, L. M., Scanlon, D. M., Hallgren-Flynn, L., & Connors, P. (2019). *Comprehensive reading intervention in grades 3–8: Fostering word learning, comprehension, and motivation.* London: Guilford Press.

The Geographical Association (n.d.). Coasts lesson plans: Look at it this way lesson 8. Retrieved from www.geography.org.uk/download/ga_hydrologycoastsl8informationsheet8.pdf.

Gilkerson, J., Richards, J. A., & Topping, K. (2017). The impact of book reading in the early years on parent-child language interaction. *Journal of Early Childhood Literacy, 17*(1), 92–110. doi:10.1177/1468798415608907.

Gladfelter, I., Barron, K. L., & Johnson, E. (2019). Visual and verbal semantic productions in children with ASD, DLD, and typical language. *Journal of Communication Disorders, 82,* 105921. https://doi.org/10.1016/j.jcomdis.2019.105921.

Gladwell, M. (2014). *David and Goliath: Underdogs, misfits and the art of battling giants.* London: Penguin.

Glenberg, A. M., Meyer, M., & Lindem K. (1987). Mental models contribute to foregrounding during text comprehension. *Journal of Memory and Language, 26*(1), 69-83.

Goldman, S. R., Britt, M. A., Brown, W., Cribb, G., George, M., Greenleaf, C. ··· Project READI. (2016). Disciplinary literacies and learning to read for understanding: A conceptual framework for disciplinary literacy. *Educational Psychologist, 51*(2), 219-246. doi:10.1080/00461520.2016.1168741.

Goodwin, B. (2011). Research says ··· don't wait until 4th grade to address the slump. *Educational Leadership, 68*(7). Retrieved from www.ascd.org/publications/educational-leadership/apr11/vol68/num07/Don%27t-Wait-Until-4th-Grade-to-Address-the-Slump.aspx.

Gough, P. B., Hoover, W. A., & Peterson, C. L. (1996). Some observations on a simple view of reading. In C. Cornoldi & J. V. Oakhill (Eds.), *Reading comprehension difficulties: Processes and interventions* (pp. 1-13). Mahwah, NJ: Lawrence Erlbaum Associates.

Gough, P. B., & Tunmer, W. E. (1986). Decoding, reading, and reading disability. *Remedial and Special Education, 7,* 6-10.

Graham, S. (1999). Handwriting and spelling instruction for students with learning disabilities: A review. *Learning Disability Quarterly, 22*(2), 78–98.

Graham, S., & Hebert, M. A. (2010). *Writing to read: Evidence for how writing can improve reading. A Carnegie Corporation time to act report.* Washington, DC: Alliance for Excellent Education.

Graham, S., & Hebert, M. (2011). Writing to read: A meta-analysis of the impact of writing and writing instruction on reading. *Harvard Educational Review, 81*(4), 710–744. doi:10.17763/haer.81.4.t2k0m13756113566.

Graham, S., Liu, X., Aitken, A., Ng, C., Bartlett, B., Harris, K., & Holzapfel, J. (2017). Effectiveness of literacy programs balancing reading and writing instruction: A meta-analysis. *Reading Research Quarterly, 53*(3), 279–304. doi:10.1002/rrq. 194.

Great School Libraries (2019). *Great school libraries survey findings and update on phase 1.* London: Great School Libraries.

Greene, G. (1999). The lost childhood. In G. Greene, *Collected essays.* London: Vintage.

Grenby, M. O. (2014). *The origins of children's literature.* Retrieved from www.bl.uk/romantics-and-victorians/articles/the-origins-of-childrens-literature?ga=2.199556525.2090890301.1549926532-624299337.1549926532.

Griffiths, Y. M., & Snowling, M. J. (2002). Predictors of exception word and nonword reading in dyslexic children: The severity hypothesis. *Journal of Educational Psychology, 94*(1), 34–43. http://dx.doi.org/10.1037/0022-0663.94.1.34.

Hamilton, L. G., Hayiou-Thomas, M. E., Hulme, C., & Snowling, M. J. (2016). The home literacy environment as a predictor of the early literacy development of children at family-risk of dyslexia. *Scientific Studies of Reading, 20*(5), 401–419. doi:10.1080/1088 8438.2016.1213266.

Hart, B., & Risley, T. R. (1995). *Meaningful differences in the everyday experiences of young American children: The everyday experience of one- and two-year-old American children.* Baltimore, MD: Paul H. Brookes.

Hasbrouck, J., & Tindal, G. (2017). *An update to compiled ORF norms (technical report no. 1702).* Eugene, OR: Behavioral Research and Teaching, University of Oregon.

Hatcher, P. J., Hulme, C., Miles, J. N. V., Carroll, J. M., Hatcher, J., S mith, G., & Gibbs, S. (2006). Efficacy of small-group reading inte rvention for beginning readers with reading delay: A randomised controlled trial. *Journal of Child Psychology & Psychiatry, 47*(8), 820–827. https://doi.org/10.1111/j.1469- 7610.2005.01559.x.

Henderson L. M., Tsogka N., & Snowling M. J. (2013). Questioning the benefits that coloured overlays can have for reading in students with and without dyslexia. *Jorsen, 13,* 57–65.

Herman, P., & Wardrip, P. (2012). Reading to learn: Helping students comprehend reading in science class. *The Science Teacher, 79*(1), 48–51.

Hillman, A. M. (2014). A literature review on disciplinary literacy: How do secondary teachers apprentice students into mathematical literacy? *Journal of Adolescent & Adult Literacy, 57*(5), 397–406. doi:10.1002/jaal.256.

Hirsch, E. D. (1994). *Cultural literacy: What every American needs to know.* Boulder, CO: Westview Press.

Hirsch, E. D. (2003). Reading comprehension requires knowledge of words and the world. *American Educator, 27*(1), 10–13.

Hirsch, E. D., Jr (2000). You can always look it up – or can you. *American Educator, 24*(1), 4–9.

Hirsch, E. D., Jr (2013). A wealth of words. The key to increasing upward mobility is expanding vocabulary. *City Journal, 23*(1). Retrieved from www.cityjournal.org/html/wealth-words-13523.html.

Hirsch E. D., Jr, & Moats, L. C. (2001). Overcoming the language gap. *American Educator, 25*(2), 4–9.

Hobsbaum, A., Gamble, N., & Reedy D. (2010). *Guided reading at key stage 2: A handbook for teaching guided reading at key stage 2.* London: Institute of Education Publications.

Hurry, J., Nunes, T., Bryant, P., & Pretzlik, U. (2005). Transforming research on phonology into teacher practice. *Research Papers in Education, 20*(2), 187–206.

International Literacy Association (2018). *Reading fluently does not mean reading fast.* Newark, DE: Author.

Jenner, T. (2019). Making reading routine: Helping KS3 pupils to become regular readers of historical scholarship. *Teaching History,* March, 42–48.

Jerrim, J. (2013). *The reading gap: The socio-economic gap in children's reading skills: A cross-national comparison using PISA 2009.* London: Sutton Trust.

Jerrim, J., & Moss, G. (2019). The link between fiction and teenagers: Reading skills: International evidence from the OECD PISA study. *British Educational Research Journal, 45*(1), 181–200.

Johnson, H., Watson, P. A., Delahunty, T., McSwiggen, P., & Smith T. (2011). What is it they do: Differentiating knowledge and literacy practices across content disciplines. *Journal of Adolescent and Adult Literacy, 55*(2), 100–109.

Joseph, H. S. S. L., Liversedge, S., & Nation, K. (2013). Using eye movements to investigate word frequency effects in children's sentence reading. *School Psychology Review, 42*(2), 207–222.

Joseph, L. M., Alber-Morgan, S., Cullen, J., & Rouse, C. (2016). The effects of self-questioning on reading comprehension: A literature review. *Reading & Writing Quarterly, 32*(2), 152-173. doi:10.1080/10573569.2014.891449.

Kaefer, T. (2018). The role of topic-related background knowledge in visual attention to illustration and children's word learning during shared book reading. *Journal of Research in Reading, 41*(3), 582-596.

Kame'enui, E. J., & Baumann, J. F. (Eds.). (2012). *Vocabulary instruction: Research to practice.* New York, NY: Guilford Press.

Kispal, A. (2008). *Effective teaching of inference skills for reading: Literature review.* Department for Education Research Report. Retrieved from www.nfer.ac.uk/publications/EDR01/EDR01.pdf.

Klein, C. (1993). *Diagnosing dyslexia. A guide to the assessment of adults with specific learning difficulties.* Retrieved from https://files.eric.ed.gov/fulltext/ED356398.pdf.

Kolb, C. (2014). *Relationships between discourse, reader identity, and reading self-efficacy in a high school English classroom: A mixed methods, critical ethnographic study.* Minneapolis: University of Minnesota Press.

Kraft, M. A., & Monti-Nussbaum, M. (2017). Can schools enable parents to prevent summer learning loss? A text-messaging field experiment to promote literacy skills. *Annals of the American*

*Academy of Political and Social Science, 674*(1), 85–112.

Lapp, D., Grant, M., Moss, B., & Johnson, K. (2013). Students' close reading of science texts: What's now? What's next? *The Reading Teacher, 67*(2), 109–119.

Laufer, B. (2017). From word parts to full texts: Searching for effective methods of vocabulary learning. *Language Teaching Research, 21*(1), 5–11. https://doi.org/10.1177/1362168816 683118.

Law, J., Charlton, J., Dockrell, J., Gascoigne, M., McKean, C., & Theakston, A. (2017). *Early language development: Needs, provision, and intervention for pre-school children from soci-economically disadvantaged backgrounds.* Newcastle University review for the Education Endowment Foundation. London: Education Endowment Foundation.

Law, J., Charlton, J., McKean, C., Beyer, F., Fernandez-Garcia, C., Mashayekhi, A., & Rush, R. (2018). *Parent–child reading to improve language development and school readiness: A systematic review and meta-analysis (final report).* Newcastle and Edinburgh: Newcastle University & Queen Margaret University.

Lemov, D. (2016). Reading reconsidered: *A practical guide to rigorous literacy instruction.* San Francisco, CA: Jossey-Bass.

Lindgren, W., Roberts, G., & Sankey, A. (1999). *Introduction to mathematical thinking.* Retrieved from www.tec.iup.edu/mho

gue/literary_review.html.

Lockiewicz, M., Bogdanowicz, K., & Bogdanowicz, M. (2013). Psychological resources of adults with developmental dyslexia. *Journal of learning disabilities, 47*(6), 543–555. doi:10.1177/0022219413478663.

Logan, J. A. R., Justice, L. M., Yumuş, M., & Chaparro-Moreno, L, J. (2019). When children are not read to at home: The million-word gap. *Journal of Developmental & Behavioral Pediatrics, 40*(5), 383–386. doi:10.1097/DBP.0000000000000657.

McCormick, S., & Zutell, J. (2015). *Instructing students who have literacy problems* (7th ed.). Boston, MA: Allyn & Bacon.

Manguel, A. (1997). *A history of reading*. London: Flamingo.

Marshall, C. M., & Nation, K. (2003). Individual differences in semantic and structural errors in children's memory for sentences. *Educational and Child Psychology, 20*(3), 7–18.

Maxwell, B., Connolly, P., Demack, S., O'Hare, L., Stevens, A., Clague, L., & Stiell B. (2014). *Summer active reading programme: Evaluation report and executive summary. Project report.* London: Education Endowment Foundation.

Mayhew, H. (2018). *London labour and the London poor* (Vol. 3 of 4). A Project Gutenberg e-book. Retrieved from www. gutenberg.org/files/57060/57060-h/57060-h.htm#Page_43.

Melekoglu, M. A., & Wilkerson, K. L. (2013). Motivation to read: How does it change for struggling readers with and without disabilities? *International Journal of Instruction, 6*(1), 77–88.

Merrell, C., & Tymms, P. (2007). Identifying reading problems with computer-adaptive assessments. *Journal of Computer Assisted Learning, 23*, 27–35. doi:10.1111/j.1365-2729.2007. 00196.x.

Meschyan, G., & Hernandez, A. (2002). Is native-language decoding skill related to second-language learning? *Journal of Educational Psychology, 94*(1), 14–22.

Meyer, J. B. F. (1985). Prose analysis: Purposes, procedures, and problems. In B. K. Britten & J. B. Black (Eds.), *Understanding expository text: A theoretical and practical handbook for analyzing explanatory text* (pp. 11–64). Hillsdale, NJ: Lawrence Erlbaum Associates.

Meyer, J. B. F. (2003). Text coherence and readability. *Topics in Language Disorders, 23*(3), 204–224. doi:10.1097/00011363-200307000-00007.

Moats, L. C. (2005). How spelling supports reading. *American Educator, 6*(12–22), 42–43.

Moats, L. (2009). Still wanted: Teachers with knowledge of language. *Journal of Reading Disabilities, 42*(5), 387–391.

Moje, E. B. (2008). Foregrounding the disciplines in secondary literacy teaching and learning: A call for change. *Journal of Adolescent and Adult Literacy, 52*(2), 96–107. doi:10.1598/JAAL.52.2.1.

Mol, S. E., & Bus, A. G. (2011). To read or not to read: A meta-analysis of print exposure from infancy to early adulthood. *Psychological Bulletin, 137*(2), 267–296.

Mol, S. E., Bus, A. G., de Jong, M. T., & Smeets, D. J. H. (2008). Added value of dialogic parent–child book readings: A meta-analysis. *Early Education and Development, 19*(1), 7–26. doi:10.1080/10 409280701838603.

Morgan, W. P. (1896). A case of congenital word blindness. *British Medical Journal, 2*(1871), 1378. doi:10.1136/bmj.2.1871.1378.

Mullis, I. V. S., Martin, M. O., Foy, P., & Hooper, M. (2017). *PIRLS 2016 international results in reading.* Retrieved from http://tim ssandpirls.bc.edu/pirls2016/international-results.

Munzer, T. G., Miller, A. L., Weeks, H. M., Kaciroti N., & Radesky J. (2019). Differences in parent–toddler interactions with electronic versus print books. *Pediatrics, 143*(4), e20182012. doi:10.1542/p eds.2018-2012.

Nagy, W., & Townsend, D. (2012). Words as tools: Learning academic vocabulary as language acquisition. *Reading Research Quarterly, 47*(1), 91–108.

Nation, K. (2017). Nurturing a lexical legacy: Reading experience is critical for the development of word reading skill. *NPJ Science of Learning, 2*(1), 3.

Nation, K., Clarke, P., & Snowling, M. J. (2002). General cognitive ability in children with reading comprehension difficulties. *British Journal of Educational Psychology, 72*(4), 549–560. http://dx.doi.org/10.1348/00070990260377604.

Nation, K., Cocksey, J., Taylor, J. S., & Bishop, D. V. (2010). A longitudinal investigation of early reading and language skills in children with poor reading comprehension. *Journal of Child Psychiatry, 51,* 1031–1039.

National Institute of Child Health and Human Development (2000). *Report of the National Reading Panel: Teaching children to read – an evidence-based assessment of the scientific research literature on reading and its implications for reading instruction* (NIH Publication No. 00-4769). Washington, DC: U.S. Government Printing Office.

National Institute for Literacy (2007). *What content-area teachers should know about adolescent literacy.* Washington, DC: National Institute for Literacy.

Nutthall, G. (2007). *The hidden lives of learners.* Wellington, NZ: NZCER Press.

Oakhill, J. V., Cain, K., & Elbro, K. (2014). *Understanding reading* comprehension: A handbook. Abingdon, UK: Routledge.

O'Brien, D. G., Moje, E. B., & Stewart, R. A. (2001). Exploring the context of secondary literacy: Literacy in people's everyday school lives. In E. B. Moje & D. G. O'Brien (Eds.), *Constructions of literacy: Studies of teaching and learning in and out of secondary classrooms* (pp. 27–48). Mahwah, NJ: Lawrence Erlbaum Associates.

Ofsted (2018). *An investigation into how to assess the quality of education through curriculum intent, implementation and impact.* No. 180035. Retrieved from https://assets.publishing. service.gov.uk/government/uploads/system/uploads/attachm ent_data/file/766252/How_to_assess_intent_and_implementa tion_of_curriculum_191218.pdf?_ga=2.94315933.1884489255 .1566838991-1949876102.1566494836.

Olson L. A., Evans, J. R., & Keckler, W. T. (2006). Precocious readers: Past, present, and future. *Journal for the Education of the Gifted, 30*(2), 205–235. https://doi.org/10.4219/jeg-2006-260.

Olson, R. K., Keenan, J. M., Byrne, B., Samuelsson, S., Coventry, W. L., Corley, R., ··· Hulslander, J. (2007). Genetic and environmental influences on vocabulary and reading development. *Scientific Stu dies of Reading: The Official Journal of the Society for the Scientific Study of Reading, 20*(1–2), 51–75. http://doi.org/10.1007/s11145-006-9018-x.

Organisation for Economic Development (OECD) (2013). *Survey of adult skills (PIAAC). Country notes: England and Northern Irela nd.* Retrieved from www.oecd.org/skills/piaac/Country% 20no te%20-%20United%20Kingdom.pdf.

Orwell, G. (1949). *1984.* London: Penguin.

Oxford Reference (2017). *The tale of Madame d'Aulnoy.* Retrieved from https://blog.oup.com/2017/06/fairy-tale-of-madame- d aulnoy.

Palincsar, A., & Brown, A. L. (1984). Reciprocal teaching of comprehension-fostering and monitoring activities. *Cognition and Instruction, 1*(2), 117-175.

Panchyshyn, R., & Monroe, E. E. (1992). Vocabulary considerations in mathematics instruction. Paper presented at the Fourteenth World Congress on Reading, Maui, HI.

Paracchini, S., Scerri, T., & Monaco, A. P. (2007). The genetic lexicon of dyslexia. *Annual Review of Genomics Human Genetics, 8,* 57-79.

Pearson, P. D., & Hamm, D. N. (2005). The assessment of reading comprehension: A review of practices-past, present, and future. In S. G. Paris & S. A. Stahl (Eds.), *Children's reading compre-hension and assessment* (pp. 13-69). Mahwah, NJ: Lawrence Erlbaum Associates.

Pennac, D. (2006). *The rights of the reader.* London: Walker Books.

Perez, A. Joseph, H., Bajo, T., & Nation, K. (2016). Evaluation and revision of inferential comprehension in narrative texts: An eye movement study. *Language, Cognition and Neuroscience, 31*(4), 549–566.

Pichert, J. W., & Anderson, R. C. (1977). Taking different perspectives on a story. *Journal of Educational Psychology, 69*(4), 309–315. http://dx.doi.org/10.1037/0022-0663.69.4.309.

Pieper, K. (2016). *Reading for pleasure: A passport to everywhere.* Carmarthen: Crown House Publishing.

Pinker, S., & McGuiness, D. (1998). *Why children can't read and what we can do about it.* London: Penguin.

Pressley, M., Wood, E., Woloshyn, V. E., Martin, V., King, A., & Menke, D. (1992). Encouraging mindful use of prior knowledge: Attempting to construct explanatory answers facilitates learning. *Educational Psychologist, 21*(1), 91–109.

Protherough, R. (1983). *Developing a response to fiction.* Milton Keynes, UK: Open University.

Quigley, A. (2018). *Closing the vocabulary gap.* Abingdon, UK: Routledge.

Rasinski, T. V. (2006). Reading fluency instruction: Moving beyond accuracy, automaticity, and prosody. *The Reading Teacher,*

*59,* 704–706.

Rasinski, T. V., & Cheesman Smith, M. (2018). *The megabook of fluency.* New York, NY: Scholastic.

Rasinski, T. V., & Padak, N. (2005). *Three-minute reading assessments: Word recognition, fluency, and comprehension for grades 1–4.* New York, NY: Scholastic.

Rasinski, T. V., Rikli, A., & Johnston, S. (2009). Reading fluency: More than automaticity? More than a concern for the primary grades? *Literacy Research and Instruction, 48*(4), 350–361. doi:10.1080/19388070802468715.

Rastle, K. (2019). EPS mid-career prize lecture: Writing systems, reading and language. *Quarterly Journal of Experimental Psychology, 72*(4), 677–692. https://doi.org/10.1177/17470 21819829696.

Rayner, K., & Duffy, A. (1986). Lexical complexity and fixation times in reading: Effects of word frequency, verb complexity, and lexical ambiguity. *Memory and Cognition, 14,* 191–201.

Reading Rockets (2019). List-group-label. Retrieved from www.rea dingrockets.org/strategies/list_group_label.

Reed, D. K., Petscher, V., & Truckenmiller, A. J. (2016). The contribution of general reading ability to science achievement. *Reading Research Quarterly, 52*(2), 253–266.

Resnick, L., Asterhan, C., & Clarke, S. (2018). *Accountable talk: Instructional dialogue that builds the mind. educational practices series.* International Academy of Education and the International Bureau of Education. Retrieved from www.researchgate.net/publication/324830361_Accountable_Talk_Instructional_dialogue_that_builds_the_mind.

Reynolds, T., & Rush, L. S. (2017). Experts and novices reading literature: An analysis of disciplinary literacy in English language arts. *Literacy Research and Instruction, 56*(3), 199-216. doi:10.1080/19388071.2017.1299820.

Rinehart, S. D., Stahl, S. A., & Erickson, L. G. (1986). Some effects of summarization training on reading and studying. *Reading Research Quarterly, 21,* 422-438.

Roberts, J., Winter, K., & Connolly, P. (2017). The Letterbox Club book gifting intervention: Findings from a qualitative evaluation accompanying a randomised trial. *Children and Youth Services Review, 73,* 467-473.

Robinson, L., & Merrell, C. (2017). *Improving reading: A guide for teachers.* Durham, UK: Centre for Evaluation and Monitoring, Durham University. Retrieved from https://bit.ly/2l3iseN.

Rodd, J. (2017). Lexical ambiguity. In M. G. Gaskell & S. A. Rueschemeyer (Eds.), *Oxford handbook of psycholinguistics.* Oxford: Oxford University Press. Retrieved from https://psyarxiv.com/yezc6.

Roehling, J. V., Hebert, M., Nelson, J. R. R., & Bohaty, J. J. (2017). Text structure strategies for improving expository reading comprehension. *The Reading Teacher, 71*(1), 71–82. doi:10. 1002/trtr.1590.

Rose, J. (2006). *Independent review of the teaching of early reading.* London: DfE.

Rose, J. (2009). *Identifying and teaching children and young people with dyslexia and literacy difficulties.* An independent report from Sir Jim Rose to the Secretary of State for Children, Schools and Families. Retrieved from http://webarchive.nationalarchiv es.gov.uk/20130401151715/www.education.gov.uk/publicatio ns/eorderingdownload/00659-2009dom-en.pdf.

Rosenblatt, L. M. (1960). Literature: The reader's role. *English Journal, 49*(5), 304–310, 315–316. http://links.jstor.org/sici? sici=0013827 4%28196005%2949%3A5%3C304%3ALTRR% 3E2.0.CO%3B2-3.

Rowling, J. K. (1997). *Harry Potter and the philosopher's stone.* London: Bloomsbury.

Rundell, K. (2019). Words for life interview. Retrieved from www.w ordsforlife.org.uk/katherine-rundell.

Ryan, L. (Ed.) (2016). *AQA GCSE chemistry.* Oxford: Oxford University Press.

Saenger, P. (1997). *Space between words: The origins of silent reading.* Stanford, CA: Stanford University Press.

Samuels, S. J., & Farstrup, A. E. (2011). *What the research has to say about reading instruction* (4th ed.). Newark, DE: International Reading Association.

Save the Children (2014). *Read on, get on: How reading can help children escape poverty.* London: Save the Children.

Scanlon, D. M., Anderson, K. L., & Sweeney, J. M. (2017). *Early intervention for reading difficulties: The interactive strategies approach* (2nd ed.). London: Guilford Press.

Scarborough, H. S. (2001). Connecting early language and literacy to later reading (dis)abilities: Evidence, theory, and practice. In S. Neuman & D. Dickinson (Eds.), *Handbook for research in early literacy* (pp. 97–110) . New York, NY: Guilford Press.

Schell, V. (1982). Learning partners: Reading and mathematics. *The Reading Teacher, 35*(5), 544–548.

Schleppegrell, M. J. (2007). The linguistic challenges of mathematics teaching and learning: A research review. *Reading & Writing Quarterly, 23*(2), 139–159.

Schultz, P. (2011). *My dyslexia.* New York, NY: W. W. Norton & Company.

Schwidt-Wiegard, F., Kohnert A., & Glowalla, U. (2010). A closer look at split visual attention in system- and self-paced instruction in multimedia learning. *Learning and Instruction, 20*(2), 100–110.

Sedita, J. (2005). Effective vocabulary instruction. *Insights on Learning Disabilities, 2*(1), 33-45.

Seidenberg, M. (2013). The science of reading and its educational implications. *Language Learning and Development, 9*(4), 331-360. doi:10.1080/15475441.2013.812017.

Seidenberg, M. (2017). *Reading at the speed of sight: Why we read, why so many can't and what we can do about it.* New York, NY: Basic Books.

Shanahan, C. (2015). *Disciplinary literacy strategies in content area classes.* Newark, DE: International Literacy Association.

Shanahan, C., Bolz, M. J., Cribb, G., Goldman, S. R., Heppeler, J., & Manderino, M. (2016). Deepening what it means to read (and write) like a historian: Progressions of instruction across a school year in an eleventh grade U.S. history class. *The History Teacher, 49*(2), 241-270.

Shanahan, C., & Shanahan, T. (2014). The implications of disciplinary literacy. *Journal of Adolescent and Adult Literacy, 57*(8), 628-631.

Shanahan, T. (2017). What is close reading? Retrieved from https://shanahanonliteracy.com/blog/what-is-close-reading.

Shanahan, T. (2018). Which is best? Analytic or synthetic phonics? Retrieved from www.readingrockets.org/blogs/shanahan-literacy/which-best-analytic-or-synthetic-phonics.

Shanahan, T. (2019). Is round-robin reading really that bad? Retrieved from www.shanahanonliteracy.com/blog/is-round- robin-reading-really-that-bad.

Shanahan, T., & Shanahan, C. (2008). Teaching disciplinary literacy to adolescents: Rethinking content-area literacy. *Harvard Educational Review, 78*(1), 40–59.

Shanahan, T., & Shanahan, C. (2012). What is disciplinary literacy and why does it matter? *Topics in Language Disorders, 32*(1), 7–18. doi:10.1097/TLD.0b013e318244557a.

Shanahan, T., & Shanahan, C. (2017). Disciplinary literacy: Just the FAQs. *Educational Leadership: Journal of the Department of Supervision and Curriculum Development, N.E.A., 74*(5), 18–22.

Shaywitz, S. E. (1996). Dyslexia. *Scientific American,* November, 98–104.

Shulman, L. (2004). *The wisdom of practice: Collected essays of Lee Shulman: Volume 1.* San Francisco, CA: Jossey-Bass.

Siebert, D., & Draper, R. J. (2008). Why content-area literacy messages do not speak to mathematics teachers: A critical content analysis. *Literacy Research and Instruction, 47*(4), 229–245. doi:10.1080/19388070802300314.

Snow, C. E. (2002). *Reading for understanding: Toward a research and development programme in reading comprehension.*

London: Rand Corporation.

Snow, C. E., & Juel, C. (2005). Teaching children to read: What do we know about how to do it? In M. J. Snowling & C. Hulme (Eds.), *The science of reading: A handbook* (pp. 501–520). Malden, MA: Blackwell.

Snowling, M. J. (2008). Specific disorders and broader phenotypes: The case of dyslexia. *Quarterly Journal of Experimental Psychology, 61* (1), 142–156. https://doi.org/10.1080/17470 210701508830.

Snowling, M. J. (2014). Dyslexia: A language learning impairment. *Journal of the British Academy, 2,* 43–58.

Snowling, M. J. (2018). Language: The elephant in the reading room. Retrieved from https://readoxford.org/language-the-elephant -in-the-reading-room.

Snowling, M., Hulme, C., Bailey, A., Stothard, S., & Lindsay, G. (2011). *Better communication research programme: Language and literacy attainment of pupils during early years and through KS2: Does teacher assessment at five provide a valid measure of children's current and future educational attainments?* Department for Education Research Report, 172a. London: Department for Education.

Spencer, M., Wagner, R. K., & Petscher, Y. (2019). The reading comprehension and vocabulary knowledge of children with poor reading comprehension despite adequate decoding:

Evidence from a regression-based matching approach. *Journal of Educational Psychology, 111*(1), 1-14. http://dx.doi.org/ 10. 1037/edu0000274.

Stahl, S. A. (1999). *Vocabulary development.* Cambridge, MA: Brookline Books.

Stanovich, K. E. (1986). Matthew effects in reading: Some consequences of individual differences in the acquisition of literacy. *Reading Research Quarterly, 21,* 360-407.

Stockwell, F. (2007). *A history of information storage and retrieval.* Jefferson, NC: McFarland & Co.

Stoddard, K., Valcante G., Sindelar P., O'Shea, L., & Algozzin, B. (19 93). Increasing reading rate and comprehension: The effects of repeated readings, sentence segmentation, and intonation training. *Literacy Research and Instruction, 32*(4), 53-65. doi:1 0.1080/19388079309558133.

Sullivan, A., & Brown, M. (2013). *Social inequalities in cognitive scores at age 16: The role of reading.* London: Centre of Longitudinal Studies.

Sullivan, A., Moulton, V., & Fitzsimons, E. (2017). *The intergenerational transmission of vocabulary.* Working paper 2017/14. London: UCL.

Suttle, C. M., Lawrenson, J. G., & Conway, M. L. (2018). Efficacy of coloured overlays and lenses for treating reading difficulty: An overview of systematic reviews. *Clinical and Experimental Optometry, 101*(4), 514–520.

Taboada, A., Tonks, S., Wigfield A., & Guthrie, J. T. (2009). Effects of motivational and cognitive variables on reading comprehension. *Reading & Writing Quarterly, 22,* 85–106.

Teacher Tapp (2018). What teacher tapped this week. No. 60, 19 November. Retrieved from https://teachertapp.co.uk/what-teacher-tapped-this-week-60-19th-november-2018.

Tennant, W. (2014). *Understanding reading comprehension: Processes and practices.* London: Sage.

Tenner, E. (2006). Searching for dummies. *New York Times.* Retrieved from www.nytimes.com/2006/03/26/opinion/searching-for-du mmies.html.

Texas Education Agency (n.d.). Fluency: Instructional guidelines and student activities. Retrieved from www.readingrockets.org/articl e/fluency-instructional-guidelines-and-student-activities.

Therrien, W. J., & Kubina, R. M., Jr (2006). Developing reading fluency with repeated reading. *Intervention in School and Clinic, 41*(3), 156–160.

Thompson, D. R., & Rubenstein, R. N. (2000). Learning mathematics vocabulary: Potential pitfalls and instructional strategies. *The Mathematics Teacher, 93*(7), 568–574.

Treiman, R. (2018). What research tells us about reading instruction. *Psychological Science in the Public Interest, 19*(1), 1-4.

van Bergen, E., Snowling M. J., de Zeeuw, E. L., van Beijsterveldt, C. E. M., Dolan, C. V., & Boomsma D. I. (2018). Why do children read more? The influence of reading ability on voluntary reading practices. *Journal of Child Psychology and Psychiatry, 59*(11), 1205-1214.

van der Schoot, M., Reijntjes, A., & van Lieshout, E. C. D. M. (2012). How do children deal with inconsistencies in text? An eye fixation and self-paced reading study in good and poor reading comprehenders. *Reading and Writing, 25*(7), 1665-1690. doi:10.1007/s11145-011-9337-4.

Vellutino, F. R., Fletcher, J. M., Snowling, M. J., & Scanlon, D. M. (2004). Specific reading disability (dyslexia): What have we learned from the past four decades? *Journal of Child Psychology Psychiatry, 45*(1), 2-40.

Walsh, D. J., Price, G. G., & Gillingham, M. G. (1988). The critical but transitory importance of letter naming. *Reading Research Quarterly, 23*,108-122.

Warren, T., White S. J., & Reichie E. D. (2005). Investigating the causes of wrap-up effects: Evidence from eye movements and E-Z reader. *Cognition, 111,* 132-137.

Westbrook, J., Sutherland, J., Oakhill, J. V., & Sullivan, S. (2018).

'Just reading': The impact of a faster pace of reading narratives on the comprehension of poorer adolescent readers in English classrooms. *Literacy, 53*(2), 60–68.

Wexler, J., Mitchell, M. A., Clancy, E. E., & Silverman, R. D. (2017). An investigation of literacy practices in high school science classrooms. *Reading and Writing Quarterly, 33*(3), 258–277. http://dx.doi.org/10.1080/10573569.2016.1193832.

Wexler, N. (2019). *The knowledge gap: The hidden cause of America's broken education system – and how to fix it.* New York, NY: Avery.

What Works Clearinghouse (2016). *Foundational skills to support reading for understanding in kindergarten through 3rd grade.* Washington, DC: Institution of Education Sciences (IES), US Department of Education.

Wigfield, A., & Guthrie, J. T. (1997). Relations of children's motivation for reading to the amount and breadth of their reading. *Journal of Educational Psychology, 89,* 420–432.

Wilkerson, I., Murphy, K., & Binici, S. (2015). Dialogue-intensive pedagogies for promoting reading comprehension: What we know, what we need to know. In L. Resnick, C. Asterhan, & S. Clarke (Eds.), *Socializing intelligence through academic talk and dialogue* (pp. 37–50). Washington, DC: American Educational Research Association.

Willingham, D. (2006). How knowledge helps. *American Educator.* Retrieved from www.aft.org/periodical/american-educator/ spring-2006/how-knowledge-helps.

Willingham, D. (2015). *Raising kids who read: What parents and teachers can do.* San Francisco, CA: Jossey-Bass.

Willingham, D. (2017). *The reading mind: A cognitive approach to understanding how the mind reads.* San Francisco, CA: Jossey-Bass.

Wineburg, S. S. (1991). Historical problem solving: A study of the cognitive processes used in the evaluation of documentary and pictorial evidence. *Journal of Educational Psychology, 83*(1), 73-87. doi:10.1037/0022-0663.83.1.73.

Woelfle, G., *Katje the windmill cat.* London: Walker Books.

Woolf, M. (2008). *Proust and the squid: The story and science of the reading brain.* Cambridge, UK: Icon Books.

Woolf, M. (2009). *Reader come home: The reading brain in a digital world.* New York, NY: Harper Collins.

Woolf, V. (1927). *To the lighthouse.* Oxford: Oxford University Press.

Woolf, V. (2015). *The moment and other essays.* A Project Gutenberg e-book Retrieved from www.gutenberg.net.au/ebooks15/15002 21h.html.

Woore, R., Graham, S., Porter, A., Courtney, L., & Savory, C. (2018).

Foreign language education unlocking reading (FLEUR): A stud
y into the teaching of reading to beginner learners of French in
secondary school. Retrieved from https://bit.ly/2Qc7Mcg.

Vaknin-Nusbaum, V., Nevo, E., Brande, S., & Gambrell, L. (2018).
Developmental aspects of reading motivation and reading
achievement among second grade lo achievers and typical
readers. *Journal of Research in Reading, 41*(3), 438-454.

Young, N. D. (2017). *From floundering to fluent: Reading and
teaching struggling readers.* London: Rowman & Littlefield.

Zutell, J., & Rasinski, T. V. (1991). Training teachers to attend to their
students' oral reading fluency. *Theory to Practice, 30,* 211-217.

# 찾아보기

# 읽기 격차의 해소

© 글로벌콘텐츠, 2022

**1판 1쇄 발행**__2022년 06월 27일
**1판 2쇄 발행**__2024년 02월 20일

**지은이**__Alex  Quigley
**옮긴이**__김진희
**펴낸이**__홍정표
**펴낸곳**__글로벌콘텐츠
            등록__제25100-2008-000024호

**공급처**__(주)글로벌콘텐츠출판그룹
            대표_홍정표 이사_김미미
            편집_임세원 강민욱 백승민 권군오 **기획·마케팅**_이종훈 홍민지
            주소__서울특별시 강동구 풍성로 87-6
            전화__02) 488-3280 **팩스**__02) 488-3281
            홈페이지__http://www.gcbook.co.kr
            이메일__edit@gcbook.co.kr

**값** 22,000원
**ISBN** 979-11-5852-372-5 93370